KB057688

미디어
빅히스토리 입문

뉴스통신진흥총서 29

미디어 빅히스토리 입문

김동민 지음

미디어 역사 연구와
서술의 새로운 패러다임
자연과학과 융합한
미디어 인문학의 새 장을 연다

도서출판 모시는사람들

뉴스통신진흥총서 29

미디어 빅히스토리 입문

등록 1994.7.1 제1-1071
1쇄 발행 2020년 6월 25일

지은이 김동민
펴낸이 박길수
편집장 소경희
편 집 조영준
관 리 위현정
디자인 이주향
펴낸곳 도서출판 모시는사람들
03147 서울시 종로구 삼일대로 457(경운동 88번지) 수운회관 1207호
전 화 02-735-7173, 02-737-7173 / 팩스 02-730-7173
홈페이지 http://www.mosinsaram.com/

인 쇄 천일문화사(031-955-8100)
배 본 문화유통북스(031-937-6100)

값은 뒤표지에 있습니다.
ISBN 979-11-88765-86-7 03300

* 잘못된 책은 바꿔 드립니다.
* 이 책의 전부 또는 일부 내용을 재사용하려면 사전에 저작권자와 도서출판 모시는사람들의 동의를 받아야 합니다.

이 도서의 국립중앙도서관 출판예정도서목록(CIP)은 서지정보유통지원시스템 홈페이지(http://seoji.nl.go.kr)와 국가자료공동목록시스템(http://www.nl.go.kr/kolisnet)에서 이용하실 수 있습니다.(CIP제어번호: CIP2020022456)

* 이 책은 뉴스통신진흥기금을 지원받아 저술 · 출간되었습니다.

서문

> 화학 이외에는 아무것도 이해하지 못하는 사람은 화학조차도 이해하지 못하는 것이다.

대학에서 화학을 전공한 물리학자 볼(Philip Ball, 1962~)이 그의 책 『*Designing the Molecular World: Chemistry at the Frontier*』의 서문을 시작하며 인용한 말입니다. 국내에는 『화학의 시대』(사이언스북스, 2001)로 번역 출판되었습니다. 이 말은 독일 최초의 실험물리학 교수로 알려진 18세기의 게오르그 크리스토프 리히텐베르그(G. Lichtenberg, 1742~1799)가 한 말입니다. 이 말을 이렇게 바꿔보면 어떨까요?

> 커뮤니케이션학 이외에는 아무것도 이해하지 못하는 사람은 커뮤니케이션학조차도 이해하지 못하는 것이다.

우리말로 거대사(巨大史)로 표현되는 '빅히스토리'는 역사학의 대상을 우주의 시작인 '빅뱅'에서부터 서술하자는 역사학의 새로운 분야입니다. 호주 매쿼리 대학의 데이비드 크리스천(David Christian, 1946~) 교수가 우주론, 지구물리학, 생물학, 역사학 등 다양한 학문 분야를 통합해 빅뱅에서부터 미래까지의 역사를 포괄하는 학문 분야로 제시한 것입니다. 크리스천 교수는 빌 게이츠의 후원을 받아 빅히스토리 온라인 교육과정을 개발하는 프로젝트에 참여하기도 했습니다. 크로프톤(Ian Crofton)과 블랙(Jeremy Black), 그리고 브라운(Cynthia S. Brown) 등도 이 분야의 저서를 남겼습니다.

한국에서는 고인이 된 이화여대 사학과의 조지형 교수가 이화여대 지구사연구소 소장과 한국거대사연구회 회장 등을 맡으며 빅히스토리 분야를 개척했습니다. 조지형 교수는 크리스천 교수의 *BIG HISTORY*를 번역 출판하기도 했습니다. 지금은 조지형 교수의 제자인 김서형 교수가 빅히스토리의 맥을 이어가고 있는 중입니다. 김서형 교수는 러시아 빅히스토리 유라시아센터 연구교수이자 조지형빅히스토리협동조합 이사장을 맡고 있습니다. 이화여대 지구사연구소 연구교수를 지내기도 했습니다.

'미디어 빅히스토리'는 이분들의 저서에서 착안한 것입니다. 크리스천 교수의 책은 '(1)빅히스토리란, (2)빅뱅, (3)별과 원소, (4)태양계와 지구, (5)생명, (6)초기 인류, (7)농경과 문명, (8)확장과 상호연결, (9)가속, (10)미래' 등 모두 10장으로 구성되어 있습니다. 우주의 역사와 인류 역사의 발췌 요약이라고 볼 수 있습니다. 8장은 교통 통신의 발달에 힘입은 네트워크를 강조하고 있습니다. 이런 부분도 있습니다. "가장 최근에는 종이와 인쇄의 발명으로 정보의 저장과 확산에 혁명이 일어났습니다. 저는 지금 한국의 청주에 와 있습니다. 이곳은 금속활자를 이용하여 서적을 처음 인쇄한 곳입니다." 9장은 인류 역사에도 나타나는 가속도의 법칙을 거론하는 게 눈에 띕니다.

미디어 빅히스토리는 다른 방식을 취하기로 했습니다. 이분들의 방식을 따르지 않고 독자적으로 창의적인 역사 서술의 길을 개척하고자 합니다. 당초에는 기존의 빅히스토리의 구성 체계에 따라 집필을 하려고 했는데, 그러다가는 크리스천 등의 책들과 별로 차별성을 갖기 어렵다는 판단을 했습니다. 책은 1부와 2부, 그리고 에필로그로 구성했습니다.

제1부는 역사 서술의 새로운 지평을 개척한다는 생각에서 기존 역사 서술의 문제점을 지적하고 새로운 방향을 제시하는 한편으로 사회과학의 한계를 함께 지적하는 내용으로 전반부를 구성했습니다. '왜 미디어 빅히스토리인가'를 충분히 설명할 필요가 있기 때문입니다. 역사학을 포함하여 사회과학은 패러다임의 대전환을 요구받고 있습니다. 겨우 명맥을 유지하는 미디어 역사 연구도 사실 위주의 따분한 편년체적 서술을 탈피해야 합니다. 인문학과 사회과학의 위기는 사회의 추세 때문이기도 하지만 내부의 요인도 분명히 있습니다. 기존 패러다임을 버리고 새로운 패러다임으로 전환해야 합니다.

제2부는 우주와 생명, 지구를 인식하는 새로운 세계관을 제시했고, 과학 · 기술의 발달과 자연과학, 미디어의 역사를 유기적으로 서술했습니다. 역사학자들이 새롭게 개척한 빅히스토리를 사회과학 분야에서 벤치마킹할 수 있는 분야는 미디어 연구가 유일할 겁니다. 왜냐하면 우주 역사의 시작인 빅뱅에서부터 존재했던 빛이 곧 미디어이기 때문입니다. 이를테면 태양의 빛이 지구에 도달하기까지는 빛의 속도로 8분 19초가 걸립니다. 그러니까 우리가 보는 태양은 8분 19초 전의 모습입니다. 태양은 쉴 새 없이 빛을 보냄으로써 자신의 존재를 지구에 알리고 있는 셈입니다. 수백만 광년 떨어진 곳에 있는 별도 마찬가집니다. 오늘 우리의 밤하늘을 밝히고 있는 어떤 별은 지금은 초신성 폭발로 사라지고 없는 별일 수도 있을 겁니다. 거시세계인 코스모스에 이어서 미시세계인 마이크로 코스모스에 대한 이야기가 이어집니다.

그리고 제3부에서는 근현대 미디어의 간략한 역사 서술로 이어집니다.

근현대 미디어는 동시대 과학기술의 발전과 맥락을 같이 합니다. 자연과학의 새로운 발견은 바로 새로운 미디어의 등장으로 이어집니다. 자연과학이 없는 미디어의 발전은 상상할 수도 없습니다. 고전역학과 윤전기의 발전이 신문의 대중화, 영리화에 미친 영향에서부터 양자역학의 도움을 받은 전자혁명, 그리고 현재의 스마트 미디어에 이르기까지 간략하게 정리했습니다.

모든 개념은 역사의 산물이라는 사실과 더불어 생물학적 인간의 분석을 동원한 저널리즘의 공정성과 객관성에 대해 정리했습니다. 공정성이나 객관성과 관련하여 제각기 습득한 경험과 학습에 기반한 주관적 의견과 주장이 난무하는 현실을 타개할 방안을 모색해보았습니다.

이어서 복잡계 물리학과 커뮤니케이션입니다. 물리학에서 21세기는 복잡계 이론이 대세입니다. 이전의 물리학은 복잡한 우주를 단순화해서 이론을 구성했지만, 복잡계 이론은 복잡한 현상을 복잡한 대로 분석하는 것입니다. 사회과학 연구자들도 복잡계 이론으로 자기 분야의 현상을 설명하기도 합니다. 에필로그는 종합 · 정리하는 마무리 글입니다.

크리스천의 책은 마이크로소프트의 빌 게이츠가 지원하는 빅히스토리 프로젝트(Big History Project)의 교재에 해당합니다. 이 프로젝트는 고등학생을 대상으로 한 것입니다. 빌 게이츠는 이 책의 추천사에서 "저는 생물학을 조금, 물리학을 조금, 문명이 어떻게 더욱 전문적인 역할을 하게 되었으며 시간의 흐름에 따라 인구가 어떻게 증가했는지를 조금 알고 있었습니다. 그러나 저는 이 모든 것을 융합시켜 본 적이 없습니다."라고 아쉬워하면서 빅히스토리 학습을 권했습니다.

인문사회 분야 연구자들에게 융합 학문으로서의 빅히스토리를 공부하기를 권합니다. 그리고 미디어 연구자들에게는 이 '미디어 빅히스토리'의 일독을 권합니다. 미디어 빅히스토리는 인문학과 사회과학, 그리고 자연과학까지를 융합한 역사입니다. 어쩌면 젊은 연구자와 학생들에게 권하는 게 빠를지 모르겠습니다. 제 강의 경험으로는 학생들의 호응이 큽니다. 학생들은 이미 편협하고 기존 틀에 박힌 전문주의 강의의 한계를 알고 있는 듯합니다. 그러나 이 학생들을 위해서라면 가르치는 사람들이 더 앞서 나가야 하겠지요.

미디어 연구와 자연과학의 융합을 지향하는 책이 어언 네 번째입니다. 그덕에 반응이 조금은 있습니다. 나 같은 둔재도 뒤늦게 자연과학 공부를 하다 보니 눈이 밝아지고 아이디어가 넘칩니다. 너무나 익숙한 전공 영역을 벗어나 다른 분야에 도전해 보면 후회하지 않을 것입니다. 특히 자연과학에 도전하면 지적 충만함을 느낄 수 있을 겁니다. 이 책이 그런 공부를 위해 다소나마 길라잡이 역할을 할 수 있다면 영광이겠습니다.

2020년 5월

김동민

차례

미디어 빅히스토리 입문

제1부 미디어 빅히스토리를 위한 논의

제1장

역사란 무엇인가?

역사와 사회과학

빅히스토리에 진입하기 전에 일반적으로 생각하는 역사에 대한 문제의식을 정리해 보겠습니다. 자연 현상의 법칙이 있듯이 역사에도 법칙이 있을까요? 다시 말해서, 자연의 현상이 일정한 법칙을 따르듯이 역사의 사실들도 우연의 덩어리가 아니라 일반화의 법칙이나 경향에 따라 일관성을 갖고 설명할 수 있는가 하는 문제입니다. 물론, 역사에도 일반화할 수 있는 법칙과 같은 것이 있습니다. 우연의 연속이 아니라, 그런 가운데서도 인과의 법칙에 따라 발전해 온 과정을 설명할 수 있다는 겁니다. 무릇 과학이란 보편적 법칙이나 경향을 찾아내 이론으로 정리하는 것이며, 그 이론은 현실의 실천에서 검증합니다. 역사학도 마찬가지입니다.

그러나 대다수 역사학자들은 역사를 서술할 때 보편적 법칙을 무시하는 경향이 있습니다. 편년체나 기사본말체처럼 사실들의 나열에 그치거나 사실들의 관계를 주관적으로, 또는 도덕적으로 해석할 뿐입니다. 그 뿌리는 콩트의 실증주의에 있으며 신칸트학파의 역사주의, 미국의 프래그머티즘과 논리실증주의 등이 그 연장선에 있습니다. 영국의 경험론은 그 원조라고 할 수 있습니다. 콩트는 경험적 현상이나 사실만이 확실한 것이고 실증적이며, 과학은 그것을 기술하는 데 불과한 것이라고 주장했습니다. 그는 현상이나 사실, 사물의 본질을 거론하는 것을 비과학적이라며 반대했습니다. 왜냐하면 본질은 경험적 현실을 초월해서 존재하기에 인식할 수 없기 때문이라고 생각한 것입니다. 경험할 수 있는 것만이 인식의 대상이라고 간주한 것이지요.

콩트는 인류의 지적 발전이 신학적 단계, 형이상학적 단계, 그리고 과학적(실증적) 단계를 거친다고 주장했습니다. 바로 이 과학적 · 실증적 단계에 이르러 사람들은 경험적 현상들을 초월하는 것이 어리석은 일이라는 것을 깨닫고 현상들의 상호관계를 탐구하기에 이르렀다는 것입니다. 그도 '법칙'이라는 용어를 사용하는데, 그 법칙이란 현상들을 지배하는 근본적인 원인이나 본질이라 여기지 않고 사실들에 관한 일반화된 언명이라고 보았습니다. 법칙과 현상들의 관계는 일반적인 사실과 구체적 사실들과의 관계와 같으며, 철저하게 경험의 범주 안에 머무르면서 설명을 위해 사이비 원리들을 끌어들이지 않는다는 것입니다.(Lamprecht, 1955/1990) 그로써 법칙은 현상을 이해하는 데 도움을 준다는 것입니다.

'칸트에게로 돌아가자'는 신칸트주의는 1860년대에 발생하여 1900년을 전후로 한 시기에 유행했습니다. 1848년 혁명과 1871년의 파리 코뮌 등을 겪으면서 부르주아 시민계급은 민중의 변혁 에너지를 봉건세력이나 절대왕권보다 더 두려워하게 되었습니다. 특히 영국과 프랑스에 비해 100~200년 뒤진 후진국이었던 독일에서도 부르주아 계급이 자본주의 시민사회를 주도할 만큼 성장함에 따라 역시 민중 세력을 적대시하게 되었습니다. 이즈음 과학적 사회주의 이론이 뿌리를 내리고 노동운동과 사회주의 정당이 전 유럽에서 성행했음은 물론입니다. 한편, 19세기 전반과 중반에 자연과학은 눈부신 발전을 거듭했습니다. 유기화학의 발전, 탄소화합물의 동족열 조직,

세포이론의 발견, 에너지 보존과 전화의 법칙 발견, 진화론 등이 그 대표적인 것으로, 그 결과 자연스럽게 형이상학을 대체하는 자연변증법과 변증법적 유물론이 대두되기에 이릅니다.

그러나 랑케(Leopold von Ranke, 1795~1886)와 리브만(Otto Liebmann, 1840~1912), 코헨(Hermann Cohen, 1842~1918) 등 신칸트학파는 이런 자연과학의 성과를 관념적으로 해석했습니다. 특히, 신칸트주의의 한 부류인 프라이부르크학파는 자연과 역사, 나아가서 자연과학과 역사과학을 떼어 놓았습니다. 자연과학은 영원히 존재하면서 변하지 않는 자연 현상을 대상으로 보편적 법칙을 연구하는 반면에 역사는 일회적인 사실들을 대상으로 하기 때문에 보편적 법칙을 확정할 수 없다는 입장을 견지했습니다. 인류 사회의 역사는 자연에서 분리된 인간 사회에서 발생하는 우연적인 현상의 덩어리로서 전혀 법칙성이 존재하지 않는다고 주장했지요. 인류가 자연으로부터 생활에 필요한 물자를 취득하고 생산 활동을 하는 과정에서 역사가 발전해 온 사실에서 볼 때 자연과 역사를 분리하는 인식 자체가 비과학적이라는 사실을 어렵지 않게 확인할 수 있습니다. 무엇보다도 인류는 생명의 역사에서 가장 늦게 등장한 포유류의 한 종이라는 사실을 고려하지 않습니다. 그러나 이런 인식의 근원이 부르주아 계급의 이해를 반영하는 것이기 때문에 역사 연구의 주류를 형성해 왔다고 볼 수 있습니다. 자본과 노동이 대립하는 자본주의의 모순이 심각하게 대두되는 현상을 목도하면서 그 본질을 회피하고 현상을 경험적, 실증적 현상으로서만 인식하게 만드는 것입니다.

이즈음 근대적 사회과학이 성립합니다. 봉건사회가 해체되면서 근대 시민사회가 형성되고, 자본주의가 발달하여 도시 사회가 넓어지고 복잡해지면서 이 새로운 사회를 설명해야 할 필요성이 제기되었습니다. 이때 사회과학은 사회를 총체적으로 인식하는 하나의 과학이었습니다. 근대사회의 정치, 경제, 사회, 역사를 아우르는 종합적인 연구가 기본이었지요. 사회과학은 17세기 영국에서 시작되었습니다. 부르주아 시민혁명과 자본주의 사회가 앞서 이루어진 결과였습니다. 영국의 사회과학은 먼저 정치학이 대두된 후 정치경제학으로 결실을 맺었습니다. 프랑스는 영국에 비해 자본주의가 100년 정도 늦은 만큼 18~19세기에 사회학으로 결실을 맺었습니다. 자본주의의 발달이 가장 늦은 독일은 19세기 전반기에 사회과학이 성립했습니다. 독일의 사회과학은 역사학이 대표했습니다. 그러나 아직은 분화되지 않은 통합적 사회과학이었지요. 나라의 사정에 따라 대표하는 분야는 달랐지만 근대 사회를 종합적으로 설명하고 정통성을 수립하려는 태도를 기본으로 공유했습니다.

그러나 근대 사회가 더욱 더 진전되면서 사회과학은 분화되어 경제학, 정치학, 사회학, 법학, 철학, 역사학, 교육학 등으로 전문화되었습니다. 나중에 합류한 언론학도 포함됩니다. 이렇게 분업화된 제반 사회과학 분야들은 이제 사회를 총체적으로 인식하는 것이 불가능해졌습니다. 제각기 자기 분야에 대한 전문적인 연구를 심화시키면서 하나의 분과학문으로서만 존재하게 된 것입니다. 이 구조에서 사회에 대한 총체적 인식이나 비판적 연구는 불가능하겠지요. 필요성 자체를 느끼지 않을 겁니다. 제각기 자기 전문분야를 깊이 파고들어 가면서 넓게 볼 수 있는 안목을 상실한 것입니다.

현대 사회는 변함없이, 어쩌면 더욱 더 종합적인 성격을 갖습니다. 과학기술이 발전할수록 사회는 점점 더 복잡해집니다. 최근 미디어 기술의 혁명적 변화도 마찬가집니다. 그러면서도 모든 분야가 유기적으로 관계를 맺으면서 질서를 유지하고 있는 것입니다. 따라서 사회에 대한 종합적인 분석이 절대적으로 필요합니다. 그러나 사회과학의 분화와 전문화는 더욱 심화되었고, 나아가서 학문 간의 연계와 종합적인 연구는 요원해졌습니다. 학제간 연구의 필요성이 제기되고 부분적으로 실행되기도 하지만 매우 제한적이고 형식적입니다. 경험론으로 근대적 유물론의 세계관을 제시한 프란시스 베이컨(Franis Bacon, 1561~1626)의 네 가지 우상 중에서 '동굴의 우상'에 갇힌 지식인에 비유할 수 있겠습니다. 전문적 지식의 선입견을 고수하며 동굴 속에서 좁은 시야로 사물을 관찰하는 경향입니다. 현실은 종합적인데 학문은 갈기갈기 쪼개져서 한 분야 외에는 설명하지 못하게 된 것이지요. 사회과학은 다시 종합을 지향해야 합니다. 제반 사회과학(sciences) 분야들은 전문성에 안주하지 않는 가운데 다른 사회과학 분과학문들과의 만남을 시도하고, '사회과학(Science)'의 광장에서 만나야 합니다. 그래서 현대 자본주의 사회를 종합적으로 인식하면서 진보의 방향을 찾고 실천을 도모해야 합니다.

『논어』에 공자의 이런 말이 있습니다. 군자불기(君子不器). "군자는 그릇처럼 국한되지 않는다."는 말입니다. 그릇은 제각기 고유한 쓸모가 있는데, 군자는 그릇 하나의 역할에 머물러서는 안 된다는 뜻입니다. 막스 베버(Max Webber, 1864~1920)는 그의 『중국의 종교』라는 책에서 이 말을 정색하고 비판한 바 있습니다.

> 유자(儒子)들에게는, 세분화된 전문직이 얼마나 사회적으로 유용한 것인가를 불문하고, 진정으로 긍정적인 권위를 갖는 위치로서 인식될 길이 없었다. 가장 결정적인 원인은 공자가 『논어』에서 한 말, 문화적으로 교양을 쌓은 인간들, 즉 군자는 하나의 기(器)로 국한되어서는 아니 된다는 군자불기(君子不器)의 사상과 관련되어 있다. 즉 군자는 이 세계에 대한 적응 즉 처세

나 자신의 완성을 지향하는 수신의 방식에서, 그는 그 자신이 최종적 목적이라고 생각할 뿐, 어떠한 기능적 목적을 위한 수단이라고 생각해 본 적이 없다는 것이다. 유교 윤리의 이러한 핵심은 전문직의 분업, 근대적인 전문가 관료제도, 및 특별 훈련을 거부했다. 무엇보다도 이윤 추구를 위한 경제학(economics) 훈련을 거부했다.(김용옥, 2008, 526쪽에서 재인용)

베버는 서양문명과 동양문명의 차이를 대조함으로써 자본주의가 왜 서양에서 먼저 나타났으며 그 기원과 성격이 무엇인지를 설명하려고 했습니다. 그는 자본주의 사회의 등장 및 그 정신을 금욕적인 경건주의 기독교 신앙에서 찾았지요. 그는 “자본주의적 경제 질서는 돈벌이의 ‘소명’에 대한 헌신을 필요로 하는바, 이러한 헌신은 물질적 재화에 대한 일종의 자기 태도로서, 이 태도는 오늘날의 경제 구조에 매우 적합하고 경제적 생존경쟁에서 승리하는 조건과 매우 밀접하게 연결되어 있기 때문에, 저 ‘이재학적’(理財學的) 생활양식이 그 어떠한 통일적인 ‘세계관’과 필연적인 연관 관계에 있다는 말은 오늘날에 사실 더 이상 할 수 없다.”(Weber, 1905/2010, 95쪽)라고 하여, 종합적인 사회과학의 기본이라고 할 수 있는 정치경제학(political economy)을 ‘이재학’으로 격하시켰습니다.

『국부론』을 쓴 아담 스미스(Adam Smith, 1729~1790)만 해도 천문학자요 철학자였듯이 성립기의 사회과학자들은 자본주의 사회를 총체적으로 접근했습니다. 그러나 베버 시기에는 사회과학이 전문화·세분화되었으며, 도덕철학의 일환으로 성립한 정치경제학은 19세기 한계효용의 법칙 이후 근검·절약을 미덕으로 삼으며 마치 물리학(physics)처럼 자연과학적 정밀성을 표방하는 경제학(economics)으로 바뀌었습니다. 경제학자(economist)는

역사란 단순히 사실을 모아 놓은 것이 아닙니다. 사실의 본질, 나아가서 역사의 본질을 파악해야 합니다. 역사적 사실들의 배후를 꿰뚫는 진실, 즉 인과관계에서의 원인을 밝혀야 한다는 겁니다.

아담 스미스 시대에 '수전노'라는 뜻으로 통했습니다. 사실 현대경제학은 베버가 소망한 대로 이재학 수준으로 자리를 잡았습니다. 사회과학의 정체성을 포기한 것입니다. 베버의 공자 비판은 자본주의 옹호자의 입장에서 '군자불기'라는 가르침이 동양에서 전문직과 나아가서 자본주의로의 길을 가로막았다는 주장입니다. 무릇 모든 이론과 사상은 시대의 산물입니다. 그러니 그 시대에는 베버가 옳았겠지요.

김용옥은 이에 대해 "진정한 스페시알리스트의 위치는 존중되면 존중될수록 진정한 제너랄리스트의 가치가 높아진다."면서 베버의 군자불기 비판은 과녁이 빗나간 것이라고 지적했습니다. 그리고 "하 · 은 · 주 삼대의 왕들은 물에 제사 지낼 적에 모두 반드시 작은 하천에서 먼저 지내고 큰 바다에서는 나중에 지냈다. 하천이 근원이요, 바다는 말류이기 때문이다. 이것을 일컬어 근본에 힘쓴다고 일컫는 것이다."(三王之祭川也, 皆先河而後海; 或源也, 或委也. 此之謂務本)라는 대목을 인용하여 "군자가 힘써야 할 것은 근본이지 말류가 아니다."라고 했습니다. 불기(不器)란 기(器)를 부정하는 것이 아닙니다. 따라서 "불기(不器)의 보편주의가 전제되지 않는 기(器)의 기능은 편견과 독선과 혼선을 낳을 뿐입니다."(김용옥, 2008, 522~533쪽) 종합하자면, 사회가 발전하고 세상이 넓어지는 만큼 학문의 분화와 전문적 깊이가 불가피하지만, 하나의 전문 분야인 그릇에 국한되지 않고 오케스트라의 지휘자처럼 총괄적인(general) 관점을 가져야 하는 것입니다.

역사 연구도 마찬가지입니다. 역사적 사실을 찾아 나열해 놓는 것이 역사학은 아닐 것입니다. 사실들의 관련성을 주관적으로 해석한다든지, 민족사관이니 영웅사관이니 하는 식으로 특정 관점에서 역사를 편협하게 서술하는 것도 삼가야 합니다. 이런 종류의 역사 서술은 역사의 법칙을 인정하지 않는 데서 오는 현상으로서 지배계급의 이해를 반영하게 됩니다. 정치적 승리자의 입장에서 역사를 왜곡하기도 합니다.

실증주의 역사학 비판

자연과학이 자연 현상의 법칙을 찾아 이론을 구축하고 근본 원인을 설명하듯이, 역사과학도 역사적 사실들의 내면의 본질과 법칙을 탐구하여 이론을 구축하고 역사를 논하는가? 단재 신채호는 역사-세계사-한국사의 정의를 다음과 같이 정리했습니다.

> 역사란 무엇인가? 인류 사회의 '아(我)'와 '비아(非我)'의 투쟁이 시간으로 발전하고 공간으로 확대되는 심적(心的) 활동 상태의 기록이니, 세계사라 하면 세계 인류가 그렇게 되어 온 상태의 기록이요, 조선사라 하면 조선 민족이 이렇게 되어 온 상태의 기록이다. (신채호, 1948, 9쪽)

단재는 아와 비아에 대해 조선과 다른 나라, 무산(無産) 계급과 지주 · 자본가 등 다양한 층위가 있다고 하면서 이 둘 사이의 쉴 새 없는 투쟁의 기록이 역사이므로 "역사의 전도가 완결될 날이 없다."고 했습니다. 이 관점을 확대 해석하면 집단과 조직, 계급, 나라들 사이의 끊임없는 투쟁의 변증법적 기록이 역사가 되는 것이니, 역사의 기록도 다양한 층위에서 이루어지게 됩니다. 단재는 물론 조선민족을 아(我)로 보는 관점에서 역사를 기록했지요. 그러나 민족과 민족이 대립하여 투쟁하는 근본 원인에 대해서는 설명이 없습니다. 모든 역사는 계급투쟁의 역사라는 마르크스의 주장을 상기시키지만 그 원인에 대한 설명은 없습니다.

"역사란 역사가와 사실 사이의 상호작용의 부단한 과정이며, 현재와 과거 사이의 끊임없는 대화"라고 했던 역사학자 E. H. 카(Edward Hallett Carr, 1892~1982)는 사실을 신성시하는 실증주의와 경험론을 신랄하게 비판한 바 있습니다. "역사의 토대는 움직일 수 없는 사실에 있다고 보고 '끈기 있게 부단히 사실만을 쌓아올려야 한다는 신앙, 사실은 스스로 말한다, 사실은 아무리 많아도 지나치게 많을 수 없다'는 신앙에 있었던 것"이라며 실증주의를 '이단사상'이니 '사이비 역사가'니 하면서 혹독하게 비판했습니다.(Carr, 1961/1966, 17~18쪽) 신칸트학파의 역사학자 랑케(Leopold von Ranke, 1828~1875)에 대해서도 "자기가 사실을 보살피기만 하면 역사의 의미에 대해서는 신의 섭리가 보살펴 줄 것이라고 경건하게 믿고" 있었다고 지적했습니다. 자유주의 역사관에 대해서도 다음과 같이 적절하게 비판했습니다.

> 19세기의 자유주의적인 역사관은 자유방임의 경제학설이라는, 이 역시 태평스럽고 자신에 찬 세계관의 산물과 깊은 친근 관계를 가지고 있다. '저마다 자기 일에만 힘써 나가라, 세계 전체의 조화에 대해서는 신의 보이지 않는 손이 보살펴 주실 것이다.' 역사적 사실 그 자체는 은혜로운, 그리고 틀림없이 고원한 세계를 향하여 무한한 진보를 계속해 나가는 지상(至上)의 사실의 구현이었던 것이다. 그것은 무구(無垢)의 시대였다. 역사가들은 에덴동산을 거닐었고, 몸을 가려 줄 한 가닥의 철학도 지니지 않은 채 벌거숭이째로 부끄러움 없이 역사의 신 앞에 섰던 것이다. 오늘날 아직도 역사철학이 없어도 무방하다는 태도를 취하는 역사가들은 허세와 자기과장 속에서 교외 전원지대에 에덴동산을 재건하겠다는 나체주의 촌의 회원들과 다를 것이 없다. (Carr, 1961/1966, 24쪽)

역사란 단순히 사실을 모아 놓은 것이 아닙니다. 사실의 본질, 나아가서 역사의 본질을 파악해야 합니다. 역사적 사실들의 배후를 꿰뚫는 진실, 즉 인과관계에서의 원인을 밝혀야 한다는 겁니다. 카(Carr)는 역사의 연구란 원인을 규명하는 연구이며, '왜냐'라는 물음을 부단히 추궁하는 것이며, 해명하는 것이라고 했습니다. 역사적 사실의 원인을 추적하면 모든 원인 중의 원인, 이른바 카가 명명한 '우선 원인'으로서 경제적 원인에 도달하게 됩니다.

여기에서 우리는 인류 사회의 역사는 일정한 법칙에 따라 전개되어 온 것을 확인할 수 있습니다. 인과관계의 법칙에 따라 모든 결과의 원인의 역사를 거슬러 올라가며 추적하다 보면 시초의 원인이 규명되고, 거기서부터 일정한 법칙에 따라 역사가 진전되어 온 맥락을 발견할 수 있다는 것입니다.

기술결정론으로 역사를 기술하기도 합니다. 새로운 기술이 등장하면서 역사가 진전되었다고 설명하는 것인데, 하나의 관점으로 의미가 있기는 하지만 그 기술을 낳은 사회를 고려하지 않았다는 한계가 있습니다. 인간이 자연으로부터 필요한 생산물을 만들어내는 능력, 즉 생산력을 증대시키려는 의식적 노력이 끊임없이 새로운 기술을 창조해 냈습니다. 석기시대, 청동기시대, 철기시대라는 구분이 도구의 질료에 해당하는 것인데 바로 기술의 진보를 나타냅니다. 생산력 증대를 위한 노력이 기술의 진보를 가져왔으며, 그 기술이 사회를 변화시켜 왔으니 사회 변화의 원천, 즉 역사의 진보를 가져온 원동력은 기술에 앞서 생산력이 되는 것입니다. 인류 사회의 역사는 생산력과 생산관계의 역사입니다.

우선 인류 사회의 역사가 시작되는 기원은 인류의 기원과 사회의 발생이라는 두 측면이 결합된 것입니다. 유인원이 인간이 되고 무리를 지어 생활하기 시작하기까지는 500만 년 이상의 기간을 필요로 했습니다. 인간이 다른 동물들과 다른 점은 본능에 따라 살아가는 동시에 사회적 규범에 따라 생활한다는 것입니다. 동물은 종(種)에 따라 DNA의 유전 프로그램에 의거하여 행동 방식이 정해져 있습니다. 그러나 인간은 자연스럽게 형성된 규범과 그것의 계승 프로그램의 영향도 받습니다. 그것이 문화입니다. 여기서 가장 중요한 것은 의식주의 해결을 위한 생활 수단을 생산하는 것입니다. 그리고 더불어 물질적 생활을 생산합니다. 이것을 대상적 실천 활동이라고 하지요.

인류 역사는 생산력과 생산관계의 전개 과정입니다. 인류의 조상은 자연

속에 살면서 자연으로부터 먹거리 등 의식주를 조달했습니다. 처음에는 자연 상태의 먹거리를 채취해 연명하다가 의지적인 노력을 가하여 먹거리를 조달하게 됩니다. 노동의 출발이지요. 그리고 도구를 사용하게 됩니다. 이것이 바로 생산력입니다. 자연에 노동력을 발휘하여 의식주에 필요한 생활물자를 조달하는 능력입니다. 도구의 개발과 그것을 사용하는 방법의 향상은 생산력의 발전을 의미합니다. 구체적으로 생산력은 인간의 노동력, 노동도구의 성능, 노동 도구를 다루는 방법, 품종이나 재료와 같은 노동 대상의 성능 등에 의해 결정됩니다. 이러한 요인들로 구성되는 생산력은 인간이 자연을 얼마만큼 정복했는지, 그리고 사회가 얼마나 발전했는지의 정도를 나타내는 기준이 됩니다. 이 생산력이 역사를 발전시켜 온 원동력입니다. 다시 말해서, 인간이 자연에 노동을 결합하여 생산력을 발전시켜 온 것이 곧 인류의 역사인 것입니다.

일정한 단계의 생산력은 생산관계, 즉 소유관계를 규정합니다. 이것이 생산력과 생산관계의 법칙이고, 생산양식을 구성합니다. 그리고 그 일정한 단계의 생산양식이 정치적 · 법적 제도를 형성하게 하고, 나아가서 그 제도를 뒷받침하는 철학, 사상, 종교, 문화, 이데올로기 등이 형성됩니다. 이것이 전체적으로 사회구성체를 형성하지요. 생산력이 지속적으로 발전하는 과정에서 일정한 단계에 도달하면 기존의 생산관계와 충돌하게 됩니다. 기존의 생산관계를 혁파하려는 자연스러운 과정을 거치게 되는바, 결국 현 단계의 생산력의 수준에 조응하는 새로운 생산관계가 형성되고 더불어 생산양식도 바뀌게 됩니다. 당연히 정치적 · 법적 제도와 철학, 사상, 윤리, 이데올로기 등도 바뀝니다.

인류의 역사는 원시공동체 사회에서부터 시작됩니다. 원시공동체 사회의 특징은 생산과 소유 및 분배를 공동으로 한다는 점입니다. 수렵과 채취 등 생산 활동을 공동으로 하며 생산에 필요한 도구와 재료, 토지는 공동 소유로 합니다. 그리고 생산물은 공평하게 분배합니다. 인간은 의식주, 특히 먹거리를 해결하기 위해 부지런히 노동을 하지 않으면 안 되었습니다. 잠을 자는 시간을 제외하고는 거의 모든 시간을 먹거리를 구하는 데 바쳐야 했습니다. 채취의 어느 단계에서 인간은 간단한 도구를 사용하기 시작했습니다. 다른 원숭이들과는 달리 도구를 간직하며 지속적으로 사용할 줄 알았습니다. 노동은 손과 발이 분화되는 원천이며, 직립보행과 함께 손은 완전히 자유롭게 됩니다.

낮은 생산력 단계에서 공동소유의 생산관계로부터 출발한 인류는 타제석기를 사용하던 구석기시대에서 마제석기를 사용하던 신석기시대, 그리고 청동기시대를 거치면서 생산력의 부단한 발전을 계속합니다. 그 사이 채집경제는 수렵경제로 발전하고, 농업과 목축업의 단계로 진전됩니다. 특히 청동기의 사용이 결정적이었습니다. 청동기의 예리한 면을 이용하여 더 다양한 목제 농기구를 제작할 수 있었으며, 이 농기구는 이전의 돌이나 뿔로 만든 농기구와 함께 청동기시대 농업생산력의 발달에 커다란 구실을 하였습니다.(한국역사연구회, 1992)

이러한 변화와 더불어 모계사회는 부계사회로 바뀌었으며, 목축업을 담당하는 유목부족이 등장함으로써 분업이 발생합니다. 공동체 성원들이 모두 힘을 모아 일을 해야 겨우 먹거리를 조달 내지는 생산할 수 있던 수준에서 생산력이 점점 발전하게 되면 필연적으로 잉여생산물이 발생합니다. 100명이 하루 10시간 노동을 해서 100명이 필요로 하는 100개의 물건을 만들었다고 합시다. 물론 아주 낮은 생산력 수준에서는 10개밖에 만들지 못하던 때도 있었을 겁니다. 그러다가 생산력 수준이 높아져서 100명이 변함없이 하루 10시간 노동을 했더니 적정 수준인 100을 넘어 어느덧 200개가 생산되는 현실을 목도하게 됩니다. 평등사회의 원칙을 유지하기 위해서는 어떻게 해야 할까요? 노동시간을 5시간으로 줄이면 될 것입니다. 그렇게 하면 모두가 여유 시간을 즐기는 한편으로 생산력 수준을 더욱 더 높일 수 있는 방안도 생각해 낼 수 있을 것입니다. 그러나 실제 역사는 그렇게 흘러가지 않았습니다. 노동을 담당하는 50명과 노동을 하지 않는 50명으로 분화된 것입니다. 후자의 50명 중에는 지배계급이 된 자들도 있고, 생활물자 생산노동이 아닌 건축 등 노역이나 예술적 기능을 제공하는 30명 정도도 포함돼 있었을 겁니다. 지배계급이 된 20명은 본래는 권력이나 특혜가 아니었던 씨족장의 지위를 독점하고 악용하여 공동소유의 토지를 사유화한다든지 권력자로 돌변하여 자기 가족의 소유를 늘려 나간 결과였습니다.

생산력의 발전이 잉여생산물을 낳고, 잉여생산물을 독점하는 무리들이 생김으로써 빈부의 차이와 계급이 발생하게 되었습니다. 공동노동은 가족중심의 노동으로 변하고, 사유재산이 발생하면서 원시공동체 사회는 붕괴하게 됩니다. 생산력의 부단한 발전이 기존의 공동체적 생산관계를 종식시키고 사적 소유의 노예제적 생산관계로의 변화를 가져온 것입니다.*

* 아시아는 조금 다른 방식의 과정을 밟습니다. 원시공동체가 생산력의 발전과 잉여의 발생으로 붕괴되기는 하지만, 가족(개인) 소유와 공동체 소유가 병행하면서 여전히 공동소유와 공동노동이 더 중요한 위치를 차지하고 있던 아시아적 공동체를 거쳐 아시아적 생산양식의 사회로 변모합니다. 이 아시아적 공동체는 나일강, 티그리스강, 갠지스강, 황허강 등 강을 따라 공동체를 형성하면서 농사를 지어 왔으므로 치수사업이 매우 중요했습니다. 많은 인원의 공동노동이 꽤 오랫동안 필요했다는 얘기입니다. 여기서 치수정책을 잘한 지도자가 지배계급으로 부상하여 아시아적 생산양식의 사회를 탄생시키는 겁니다. 우(禹)가 치수에 성공함으로써 순(舜) 임금으로부터 선양을 받았다는 중국의 고

인간의 언어 사용에 관해 살펴보면, 인간이 원숭이의 무리에서 이탈하여 무리를 지어 생활하고 집단적으로 자연에 대처하는 과정에서 커뮤니케이션의 욕구가 발생하면서 비언어적 커뮤니케이션을 시작하게 되었고, 인지의 발달 및 생산력과 생산관계의 복잡화에 병행하여 커뮤니케이션 수단을 부단히 진전시킵니다. 그리고 조음(調音) 기관의 진화에 의해 말을 할 수 있게 됩니다.

원시 인류는 매우 초보적인 상징적 전달 방법에서부터 시작해서 언어적 의사 전달 노력을 거듭하였고, 그것은 다시 뇌의 발달을 가져오게 됩니다. 즉 언어 사용이 활발해지면서 뇌의 부피가 커지고, 이것이 사용의 빈도와 정도의 진전을 가져오는 등 상호적 관계를 형성하면서 진화해 왔을 겁니다. 언어의 사용에서 유래된 도태의 압력, 즉 자연선택의 과정은 필연적으로 중추신경계를 어떤 특별한 지성(知性)을 신장시키는 방향으로 전환시키게 된 것입니다.(Monod, 1971/1996, 170쪽) 인류에게 언어의 사용은 대약진의 발판이 됩니다. 언어의 발달은 무엇보다도 생산력의 증대를 가져오게 된다는 사실이 더욱 분명해집니다. 이것이 바로 미디어 히스토리의 법칙입니다.

사가 그런 배경입니다. 중국의 역사는 우(禹)를 이은 계(啓)가 일으킨 하(夏) 왕조로부터 춘추시대까지를 노예제사회로 기록하고 있습니다.

제2장

역사 서술의 새로운 지평

인류 역사의 서술, 이대로 좋은가?

우리는 어디에서 왔으며 어디로 가는가? 산다는 것은 무엇이고 죽는다는 것은 무엇인가? 누구나 한 번쯤은 생각해 보았을 질문입니다. 고갱이 이 질문을 주제로 한 유명한 그림을 남겼지요. 〈우리는 어디에서 왔는가? 우리는 누구인가? 우리는 어디로 가는가?〉(1897). 고갱이 딸의 죽음을 애통해하며 그린 그림의 제목입니다.

'빅히스토리'는 역사학자들이 자연과학 공부를 바탕으로 하여 인류의 역사를 우주의 역사에 자리매김한 것입니다. 따라서 빅히스토리는 사회과학과 자연과학의 융합 학문입니다. 그 맥락에서 미디어의 역사를 서술하는 것이 미디어 빅히스토리가 되겠습니다. 이 대목에서 역사학은 인문학이 아니냐 하는 의문을 제기하는 분도 있을 겁니다. 역사학을 인문학으로 분류하는 데는 역사학이 인과관계의 법칙을 규명하는 과학이 아니라 교양의 한 부분이라는 인식이 깔려 있습니다. 역사학은 인류 역사의 진행에서 인과관계의 법칙을 규명하는 것을 목적으로 하는 사회과학의 한 분과학문입니다. 이 점에 대해서는 역사학자 카(Carr)의 얘기를 경청해 볼 필요가 있습니다.

과학과 역사의 간격을 메꾸기 위한 또 하나의 해결 방도는 과학자나 역사가나 그 목적하는 바는 동일하다는 보다 깊은 이해를 촉진한다는 것입니다. 과학사(科學史)나 과학철학에 대한 새로운 관심이 늘어나고 있는데 그 중요한 가치도 이러한 점에 있는 것입니다. 과학자, 사회과학자, 역사가는 모두가 동일한 연구의 다른 분야에 종사하고 있는 것입니다. 즉 인간과 그 환경에 관한 연구 다시 말해서 환경에 대한 인간의 작용과 인간에 대한 환경의 작용을 연구하는 것입니다. 연구의 목적은 동일합니다. 즉 자기 환경에 대한 인간의 이해력과 지배력을 증대시킨다는 것이 그것입니다. 물론 물리학자, 지질학자, 심리학자, 역사가의 전제와 방법은 세부적으로는 큰 차이가 있습니다. 그렇기 때문에 나로서도 역사가들이 보다 과학적으로 되기 위해서는 더욱 충실하게 자연과학의 방법을 따라야만 한다는 주장을 받아들이는 것은 아닙니다. 그러나 역사가와 자연과학자는 설명을 구하는 근본 목적에 있어서나 문제를 제기하고 이에 답하는 근본 절차에 있어서나 모두 마찬가지라는 것입니다. 역사가도 그 밖의 과학자들과 마찬가지로 '왜냐'라는 의문을 부단히 추궁하는 동물입니다. (Carr, 1961/1966, 112쪽)

카는 심지어 역사학자나 철학자들이 기득권 보호 차원에서 인문학을 지배계급의 넓은 교양으로 간주했다는 점에서 "인문학이나 인문이라는 말은 그 자체가 낡은 편견의 유물에 불과"하다고 평가했습니다.(Carr, 1961/1966, 111쪽) 역사와 과학을 대립시키는 편견에 대해 옹졸한 섬나라 근성에서 나온 것이라고 통렬하게 비판하기도 했습니다. 그렇다고 해서 인문학을 평가절하할 필요는 없습니다. 본래 인문학은 사회과학과 자연과학을 포괄하는 것이었으니 그 정신을 회복하는 게 중요하겠지요. 고대 희랍의 학문은 자연철학으로 시작했는데 소크라테스와 플라톤은 자연철학을 배제한 인문학의 전통을 수립했습니다. 아리스토텔레스는 좀 달랐지요. 그러나 르네상스의 인문학은 그것을 다시 통합시켰습니다. 르네상스가 성공했던 배경에는 다름 아닌 지식의 융합이 있었습니다. 그것이 수많은 창의적인 인재와 지식과 예술이 용솟음치게 한 것입니다. 그 결과 자연철학은 자연과학으로 발전하여 동양을 압도하며 근대 이후의 세계 역사를 견인해 왔습니다. 우리는 르네상스 시기의 융합 학문과 전인적 교육으로 되돌아가야 합니다.

사회과학의 분과학문 가운데 빅히스토리를 적용할 수 있는 학문은 미디어 연구가 유일합니다. 오로지 미디어만이 우주의 역사 처음부터 존재했기 때문입니다. 바로 빛과 중력파입니다. 인류(사회)의 역사는 우주의 역사에서 아주 최근의 짧은 부분에 불과하지만, 미디어 빅히스토리는 빅뱅에서부터 현재까지 온전히 우주의 역사와 함께해 왔습니다.

역사학은 인류 사회의 역사를 연구하는 학문입니다. 초점은 '인류 사회'에 있지요. 인류라는 것은 생물학적 존재이자 호모 사피엔스로서의 인간 종(種)을 의미합니다. 역사학은 이 근원적인 사실은 무시하고 이야기를 풀어 갑니다. 인간이 자연선택에 의해 진화해 오면서 갖게 된 성질에 대한 자연과학의 검증된 이론과 지식은 고려하지 않고, 겉보기로 드러난 역사적 사실만 대상으로 삼는 것입니다. 인간에 대한 과학적 성찰이 누락되어 있는 것이지요. 투키디데스(Thukydides, B.C.460?~B.C.400?)나 사마천(司馬遷, B.C.145?~B.C.86?)이라면 그렇다손 치더라도 현대를 살아가는 역사학자들이 인간에 대한 자연과학의 연구 성과를 무시하고 인류 역사를 서술한다는 것은 모순입니다. 왜냐하면 다윈(Charles Robert Darwin, 1809~1882) 이후 최근의 진화생물학, 동물행동학, 진화심리학, 신경과학(뇌 과학) 등의 발전에 이르기까지 인간의 본성에 대한 많은 진실이 밝혀졌음에도 불구하고 전혀 반영하지 않기 때문입니다. 속살의 본질을 관찰하지 않고 겉보기로 나타난 현상만 보고, 선택한 사실들을 나열하고 주관적으로 해석하는 방식을 답습하고 있을 따름입니다. 콩트(Auguste Comte, 1798~1857)나 랑케(Ranke)를 연상하지 않을 수 없습니다.

시야도 매우 협소합니다. 현생 인류가 지구상에 출현한 것은 불과 20만 년에 지나지 않습니다. 역사학은 이 20만 년의 역사, 그중에서도 기껏해야 구석기 유물이 남아 있는 3만 년 전부터 서술합니다. 사실은 문명의 발생 이후 1만 년, 그중에서도 중세사회 이후가 대부분을 차지합니다. 역사 시대, 그러니까 문자의 기록이 남아 있는 기간에 집중되어 있는 것이지요. 말 그대로 인류 사회만의 협애한 기록일 뿐입니다. 인류의 역사가 발전해 왔다고 하지만, 그 발전은 이제 지구 환경을 파괴하면서 인류의 멸종으로 질주하고 있습니다. 이 절박한 시점에 역사학이 할 역할은 없습니다. 인간은 자연의 정복자요 지배자로서 지구 역사의 중심일까요? 우주에서는 어떨까요? 지구의 역사 46억 년과 생명의 역사 38억 년 가운데 불과 20만 년에 불과한 인간이 지난 200년 동안 순식간에 지구 생태계를 경악할 정도로 망가뜨려 놓았습니다. 역사학자들이, 그리고 개발 중심의 나라 정책을 주도했던 사회과학자들이 칼 세이건(Carl Sagan, 1934~1996)의 『코스모스』라도 주의 깊게 통독을 했다면 기후위기는 없었을는지도 모릅니다. 우리는 지금도 세이건에게서 배울 것이 많습니다. 세이건은 이미 40년 전에 지금의 기후위기를 경고한 바 있습니다.

현재 금성의 표면이 처한 상황을 보고 있노라면, 우리는 엄청난 규모의 재앙이 지구의 위치에서도 일어날 수 있다는 경고의 메시지를 읽게 된다.

현대 산업 문명의 주요 에너지원은 화석 연료이다. 우리는 나무, 석유, 석탄, 천연가스를 태우고 이 과정에서 배기 기체, 주로 이산화탄소를 대기 중에 내보내고 있다. 결과적으로 지구 대기의 이산화탄소 함량이 점차 증가하고 있다. 그러므로 언젠가는 지구의 기온이 온실 효과로 인해 급격히 치솟을 가능성이 있다. 지구 전체의 평균기온이 1도 내지 2도만 상승해도, 그것이 초래할 재앙은 자못 심각하다. 석탄, 석유, 휘발유를 태울 때, 이산화탄소뿐 아니라 황산 기체도 대기 중으로 내보내진다. 그렇기 때문에 금성에서처럼 지구의 성층권에도 아주 작은 액체 황산의 방울들로 이루어진 상당한 규모의 황산 안개 층이 형성된다. (Sagan, 1980/2010, 213쪽)

세이건은 화석연료 사용을 줄이지 않으면 금성처럼 될 수 있다는 경고를 이미 40년 전에 했습니다. 금성이 뜨거운 것은 온실효과 때문인데, 금성을 지옥 상황이 그대로 구현된 저주의 현장이라고 비유하면서 상대적으로 천국인 지구를 금성이라는 지옥과 비교함으로써 교훈을 얻어야 한다고 했습니다. 그래서 세이건은 지구가 참으로 작고 참으로 연약한 세계이니 좀 더 소중히 다루어야 할 존재라고 한 것입니다. 세이건의 얘기입니다.

우리는 코스모스에서 태어났지만 이제는 많이 자라 코스모스와 멀리 떨어진 지 오래됐다. 이제 코스모스는 우리의 일상사와 아무런 관계도 없는 별개의 세상처럼 보인다. 그러나 과학은 이와는 아주 다른 우주의 실상을 또한 우리에게 알려준다, 우주는 현기증이 느껴질 정도로 황홀하지만 그렇다고 해서 인간이 이해할 수 없는 대상은 결코 아니다. 우리도 코스모스의

> 일부다. 이것은 결코 시적 수사가 아니다. 인간과 우주는 가장 근본적인 의미에서 연결돼 있다. 인류는 코스모스에서 태어났으며 인류의 장차 운명도 코스모스와 깊게 관련돼 있다. 인류 진화의 역사에 있었던 대사건들뿐 아니라 아주 사소하고 하찮은 일들까지도 따지고 보면 하나같이 우리를 둘러싼 우주의 기원에 그 뿌리가 닿아 있다. (Sagan, 1980/2010)

그렇습니다. 인류 역사의 크고 작은 사건들 어느 하나도 우주와 관련이 없는 게 없습니다. 그러나 역사학자들은 코스모스를 인류 역사와 아무런 관련이 없는 세상으로 간주합니다. 비단 역사학자들뿐만이 아닙니다. 사회과학자들도 마찬가지입니다. 인류 사회와 자연계는 별개의 세상이라는 인식이 뿌리 깊이 자리 잡고 있지요. 심지어 적대적으로 여기기까지 합니다. 자연과학을 어렵게 인식한 까닭도 있습니다. 이는 문과와 이과를 구분해 공부한 우리나라 교육환경과도 관련이 있습니다. 잘못된 것입니다. 19세기 산업사회 이후 르네상스 시기의 전인교육을 폐기하고 전문가 양성교육으로 전환한 탓이 큽니다. 그러나 우주가 인간이 이해할 수 없는 대상은 결코 아니라지 않습니까? 이해해서 역사 연구를 비롯해서 인문사회 분야 연구에 반영해야 합니다.

21세기는 융합의 시대입니다. 디지털을 기반으로 한 방송과 통신의 융합은 물론이고 제4차 산업혁명 시대에 걸맞게 지식의 융합을 실천해야 할 때입니다. 파편화된 전문지식의 한계를 뛰어넘어 융합해야 합니다. 인문학과 사회과학, 그리고 자연과학의 융합입니다. 인류 역사와 코스모스의 융합입니다. 그것이 바로 미디어 빅히스토리입니다. 사실 인류 역사는 코스모스의 일부로서 우주의 역사에서 극히 일부에 불과합니다. 결코 동떨어진 별개의 세상이 아닙니다. 인류는 코스모스에서 태어났고, 코스모스의 영향을 받으며, 또 코스모스에 적지 않은 영향을 미치며 발전해 왔습니다. 그 근본적인 연결을 떼어 놓고 인류 사회로 한정하여 역사를 서술하는 편협함은 이제 시정할 때가 되었습니다. 우주과학은 역사 서술에 결정적인 도움을 줄 것입니다. 어렵다고 회피하지 말고 도전하고 극복해야 합니다. 다시 세이건의 얘기입니다.

> 현대 문명은 현 시점에서 하나의 중요한 갈림길에 서 있다. 어쩌면 이 갈림길에서의 선택이 인류라는 종 전체에게 중차대한 결과를 초래할 것이다. 이 갈림길에서 어느 쪽을 택하든, 과학에서 벗어나려고 아무리 애를 쓰든 인류의 문명은 과학에 묶여 있다. 과학을 이해하느냐 못하느냐가 우리의 생존 여부를 결정짓는 가장 중요한 요소로 작용할 것이다. 여기에 더해서, 과학은 본질적으로 재미있는 것이다. 인류가 자연에 대한 이해에서 기쁨을 얻을 수 있도록 진화해 왔기 때문이다. 자연을 좀 더 잘 이해한 자들이 생존에 그만큼 더 유리하다. (Sagan, 1980/2010)

그러나 유감스럽게도 역사학에는 자연에 대한 이해 즉 과학이 없습니다. 인류의 문명과 역사는 과학에 묶여 있는데, 역사학에는 과학이 없습니다. 그것을 문제로 인식하지도 못한다는 게 더 큰 문제입니다. 인류는 자연에 대한 이해에서 기쁨을 얻을 수 있도록 진화해 왔다는데, 역사학자들은 과학을 받아들이지 않습니다. 그러나 역사학자들이 역사 서술에서 자연을 배제하더라도 인류 역사는 자연의 영향을 받습니다. 현실의 역사와 역사 서술 사이에 괴리가 있을 수밖에 없겠지요. 역사학에서 과학의 이해가 절실한 까닭입니다. 과학을 이해하느냐 못하느냐가 우리의 생존 여부를 결정짓는 가장 중요한 요소로 작용한다지 않습니까. 역사학은 과학을 통해 자연을 이해할 수 있어야 합니다.

인류는 포유류의 한 종으로서 지구상의 수많은 생명체 중 하나에 불과합니다. 지구 생명의 역사가 38억 년을 헤아리는 가운데 유인원의 한 종으로부터 시작한 인류의 역사는 기껏해야 5백만 년에 지나지 않습니다. 현생 인류는 고작 20만 년입니다. 우주의 나이 138억 년에 지구의 나이는 45억 년, 생명의 역사 38억 년입니다. 우주의 나이 138억 년을 1년으로 환산하면 인류가 등장한 것은 12월 31일 23시 52분에 해당합니다.(63쪽 참조) 가장 늦게 등장한 생명체인 것이지요. 가장 늦게 등장했다고 해서 진화적으로 가장 고등한 동물인 것은 아닙니다. 설령 그렇다고 하더라도 그 성질이 좋은 방향으로만 작동하는 것도 아닙니다. 인류 역사의 연구와 서술에 자연의 이해는 필수입니다. 자연을 이해하기 위해서는 물리학과 천문학, 생물학 등 자연과학을 가까이 해야 합니다.

인문학이란 무엇인가?

인문학과 인문과학은 동일한 것인가? 인문학은 과학인가? 위키백과사전에는 이렇게 되어 있습니다. 인문학(人文學, humanities)은 "인간과 인간의 근원 문제, 인간의 사상과 문화에 관해 탐구하는 학문이다. 자연과학과 사회과학이 경험적인 접근을 주로 사용하는 것과는 달리, 분석적이고 비판적이며 사변적인 방법을 폭넓게 사용한다." 과학적 증명에서 자유로운 사변적 해석에 절대적으로 의존한다는 얘기입니다. 한계가 있을 수밖에 없지요. 대체로 인문학자들은 인문학에 대해 흔히 문사철로 표현되는 문학 · 역사 · 철학을 위시하여 언어 · 예술 · 문화 등을 연구 대상으로 하며, 자연을 다루는 자연과학(自然科學)에 대립되는 영역으로 인식합니다. 자연과학이 객관적으로 존재하는 자연 현상을 다루는 데 반하여 인문학은 인간의 가치 탐구와 표현 활동을 대상으로 한다고 생각하는 것이지요. 그러나 유감스럽게도 자연과학도 인간의 가치 탐구를 매우 중요하게 다룹니다. 인문학자들이 그것을 모르는 것이지요. 그리고 인문과학(human science)은 '인간의 역사와 문화에 관한 학문을 통틀어 이르는 말'이라고 되어 있는데, 실상은 구별 없이 인문학과 같은 의미로 사용하고 있습니다.

거듭 강조하건대 이러한 통념에는 심각한 문제가 있습니다. 고대 희랍의 인문학과 동양의 학문은 인간과 자연의 모든 것을 대상으로 삼았습니다. 물론 전문분야를 나누지도 않고 한 사람이 모든 대상을 유기적으로 탐구했지요. 그러나 지금은 이렇게 인문학과 자연과학을 분리하여 전혀 다른 길을 가리키는 것을 알 수 있습니다. 인간의 가치 탐구와 표현 활동에서 객관적으로 존재하는 현상은 제외하고 있습니다. 자연과학은 객관적 법칙의 탐구, 인문학은 주관적 해석, 사회과학은 경험적 분석, 뭐 이런 것일까요? 역사와 문화에 대한 연구는 인문학일까요, 사회과학일까요? 인문학과 인문과학은 같은 것일까요, 다른 것일까요?

개념의 정의는 학문의 출발입니다. 개념이란 어두운 밤바다를 항해할 때 길라잡이의 역할을 하는 등대와도 같은 존재입니다. 물론 범위를 한정하여 정의를 내리고 그것을 대세로 하여 공유할 수는 있습니다. 지금이 그런 상황입니다. 그러나 인문학이 원래 그렇게 문사철로 한정하여 자연과학과 대립적이었는지 되돌아볼 필요가 있습니다. 무릇 근대 이전의 모든 학문의 방법은 사변적이었습니다. 극히 일부 실험과 같은 경험적 접근을 시도하기는 했지만 그것은 (철)학자의 품위를 거스르는 일로서 금기시되었습니다. 동양의 학문이나 고대 희랍의 자연철학도 사변적이었지만, 경험적 접근이 전혀 없었던 것은 아닙니다. 지구의 둘레를 계산하기 위해 실측을 하기도 했고, 『주역(周易)』은 축적된 경험의 산물입니다.

근대 이후에는 경험적 연구가 대세로 자리를 잡으면서 사변적 방법을 비과학적이라고 격하하기도 하지만 그것도 잘못입니다. 경험적 접근이 자연과학과 사회과학의 전유물일 수도 없습니다. 인문학도 객관적으로 존재하는 인간의 근원 문제에 경험적으로 접근할 필요가 있습니다. 더구나 인문과학이라는 용어를 사용할 때는 과학다운 학문이 되어야 합니다. 과학은 경험적으로 검증된 진리로서의 지식을 추구하기 때문에 각자의 사유에 의한 주관적 견해를 용인하지 않습니다.

과학(science)이라는 말은 라틴어 스키엔티아(sciéntĭa)에서 유래한 것으로 지식, 지식 체계라는 뜻입니다. 19세기 일본의 지식인들이 유럽에 유학을 갔을 때, 서양 학문은 동양과 달리 분과로 나누어져 있는 것으로 보고 science를 '분과학문의 학'이라는 의미로 '과학'이라고 번역해 쓰기 시작했습니다. 따라서 인문학 대신 인문과학이라는 용어를 사용하려면 사변적 해석이 아니라 검증된 지식을 추구하는 학문이 되어야 할 것입니다. 인간의 가치 탐구와 표현 활동도 겉보기의 관찰 결과만을 가지고 각자의 주관을 피력하는 수준을 초월하여, 왜 그런 행동을 하는지 근원적인 탐구를 해야 합니다. 그 답의 상당 부분은 이미 자연과학에 있습니다. 역사와 문화는 인문학이기도 하고 사회과학이기도 하고, 또 자연과학이기도 합니다.

생명과학 교과서만 읽어보아도 알 수 있는 일입니다. 동물의 행동은 유

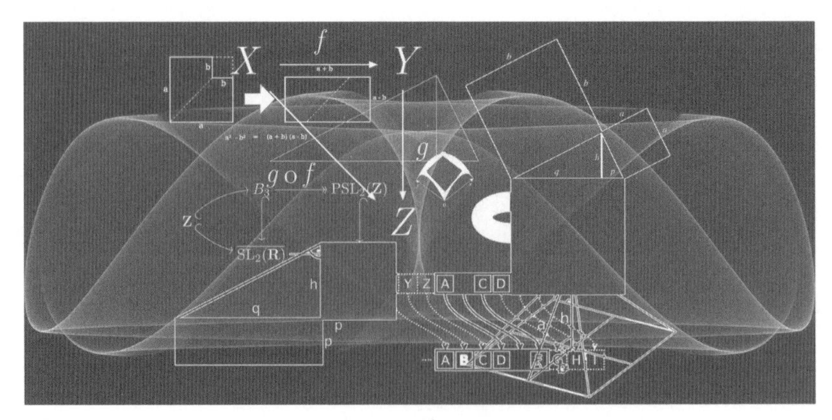

자연과학은 철학에서 영감을 얻고, 자연과학이 발견한 새로운 법칙과 이론은 철학과 제반 학문에 지대한 영향을 미칩니다. 그 영향은 패러다임의 전환을 가져오기도 합니다.

전적 요인과 환경적 요인에 의해 결정된다고 되어 있습니다. 인간도 동물이므로 똑같이 해당합니다. 부모와 자식 사이의 유대관계를 의미하는 각인(imprinting)은 유전적으로 결정된 선천적 요인으로서 학습과 관련이 깊습니다. 다른 사람의 행동을 모방하는 것도 유전자에 내재된 본성에 따른 후천적 학습의 결합입니다. 환경적 요인이니 후천적 학습이니 하는 표현들이 모두 문화입니다. 문화는 마음의 표현입니다. 마음이라는 게 바로 뇌의 작용입니다. 뇌의 판단에 따라 행동한 결과가 문화인 것입니다. 유전자라는 생물학적 요인을 배제한 역사 서술과 문화 연구는 반쪽짜리 연구에 불과하다는 사실을 알 수 있습니다.

인문학은 로마의 철학자인 키케로(Cicero, B.C.106~B.C.43)가 인성(人性)과 교양을 의미하는 라틴어 후마니타스(Humanitas)라는 말을 사용한 기록에서 연유합니다. 그리고 이탈리아에서 르네상스가 시작될 무렵 대학이 생기면서 신학과와 함께 설립된 인문학과는 인간과 자연을 연구와 교육의 대상으로 삼았는데, 언어 · 문학 · 예술 · 역사 · 철학 그리고 기하학 · 자연과학 등 거의 모든 분야를 포괄하였습니다. 르네상스가 전 유럽으로 확산되면서 인문학은 고대 희랍의 학문이 대상으로 삼던, 인간과 자연을 포괄적으로 다루는 세속 학문으로 발전하게 됩니다. 당시 인문학이라는 이름으로 묶여 있던 학문들이 19세기 이후 분화되어 독립하고, 새롭게 사회과학의 분과학문들이 추가되었습니다. 이른바 전문화가 이루어진 것이지요. 종합학문으로서의 철학은 리어왕처럼 자식들을 분가시킨 후 형이상학만 남았습니다.

그렇다고 해서 형이상학으로서의 철학이 아주 무력화된 것은 아닙니다. 나름대로 역할이 있습니다. 자연과학자들은 대개 고대의 자연철학자들처럼 철학자입니다. 순전히 이성의 사유에 의존하는 형이상학도 중요한 학문 분야로서 역할이 있습니다. 상상력을 발휘함으로써 경험과학의 한계를 보완하며 과학의 발전에 힘을 보태주기 때문입니다. 아인슈타인(Albert Einstein, 1879~1955)은 과학보다 더 중요한 것은 상상력이라고 했고, 양자역학의 보어(Bohr, N, 1885~1962)와 하이젠베르크(Werner Heisenberg, 1901~1976)는 동양철학에도 일가견이 있었습니다. 슈뢰딩거(Erwin Schrödinger, 1887~1961)는 물리학 공부를 하는 철학자라고 불리기도 했습니다. 반대로 인문학자들은 자연과학을 경원시하는 경향이 있는데, 철학과 문학 · 예술 등 인문학을 자연과학과 대립되는 것으로 인식하고 멀리하는 것은 바람직하지 않습니다. 인문학이 추구하는 인간의 본질에 대해서는 사유를 넘어 과학적 이해의 문을 열어 놓아야 합니다. 고갱에 머물러 있어서는 안 됩니다. 인간의 사회적 삶에 대한 객관적 지식의 본질에 대해서도 마찬가지입니다.(Anderson, Hughes, Sharrock, 1988)

인문학은 인간의 본질에 대해 사유하는데 그것이 지식이 되려면 주장이나 의견이 아니라 객관적으로 검증이 되어야 합니다. 순수한 사유의 결과나 상상력, 또는 상식은 아직 지식이 아닙니다. 영국의 철학자로서 경험론의 시조가 되는 베이컨(Francis Bacon, 1561~1626)은 '지식이 힘이다(sciéntĭa potentia est).'라는 유명한 말을 남겼습니다. 흔히 영어로는 'Knowledge is power.'로 번역되어 '아는 것이 힘이다.'로 해석되곤 하는데 라틴어 본래의 의미를 살려 'science is power'라고 해야 맞습니다. 단순히 '아는 것(knowledge)'과 '지식(science)'은 다릅니다. 베이컨의 논리로는 하늘의 계시가 아니라 경험에 의해 확인된 지식을 의미했습니다. 이것이 경험론으로서 사회과학의 가장 유력한 철학이자 방법론이 되었음은 물론입니다.

그러나 경험으로 얻은 지식은 한계가 있습니다. 보고 들은 것이 지식의 전부는 아니며, 오히려 본질은 보이지 않고 만질 수 없는 곳에 있기 때문입니다. 그래서 데카르트(Renatus Cartesius, 1596~1650)로부터 시작해 칸트(Kant, I, 1724~1804)에 이르는, 이성에 의존하는 합리주의의 보완이 필요합니다. 칸트는 "내용 없는 사고는 공허하고, 개념 없는 직관은 맹목"이라고 했습니다. 자연 속에서의 경험과 이성의 결합을 강조한 것으로, 영국의 경험론을 겨냥한 말입니다. 공자도 비슷한 얘기를 했습니다. "배우고 생각하지 않으면 남는 게 없고, 생각만 하고 배 우지 않으면 위태롭다." 내가 아는 것은 참인가? 부단히 질문하고 생각하면서 확인해야 합니다. 이 '생각'이라는 것이 데카르트 이후 갈릴레오(Galileo Galilei, 1564~1642)와 뉴턴(Charles Thomas Newton, 1816~1894)에 이르러 수학과 실험과 관측을 동원하는 과학으로 발전한 것입니다. 자연철학에서 자연과학으로의 대약진이지요. 역사가 이러할진대 인문학이 자연과학과 대립각을 세우고 멀리해서야 되겠습니까? 인문학자들이 강조하는 인문학의 위기라는 것도 여기에 근원적인 원인이 있을 것입니다. 이를테면 막연하게 이성적 사유에만 의존하여 인간은 본질적으로 선하다거나 악한 존재라고 할 때 보편적으로 지지를 받기는 어려울 것입니다. 소위 성선설과 성악설은 자연과학 이전의 사유일 뿐입니다. 인간의 본성은 유전자와 문화의 결합, 즉 선천성과 후천성의 결합입니다.

역사의 법칙

역사에도 자연과학처럼 법칙이라고 할 수 있는 것이 있는가? 있다면 그것은 무엇인가? 인간 이성의 합리성을 신뢰하는 근대의 역사가들은 역사의 법칙을 부정해 왔습니다. 근대의 중요한 특징은 자연과 인간의 분리였습니다. 인간은 자연의 지배자로서 이성의 사유로써 자연의 법칙을 규명하고 지배할 수 있다고 생각했습니다. 그것은 고전역학과 전자기학 및 진화론 등 자연과학의 눈부신 성과로 나타났으며, 그 힘으로 풍요로운 사회를 만들어낸 것은 사실입니다. 이러한 성공은 오히려 인간 사회가 자연 현상과는 다르다는 신념을 강화시켜 주었습니다. 따라서 인류 역사의 흐름은 법칙의 지배를 받지 않는다는 생각을 하게 되었습니다.

자연과 인간을 분리해서 생각하면 모든 사유가 오류에 빠질 수밖에 없습니다. 인간과 사회는 자연의 일부입니다. 인류 역사도 물론 자연의 일부입니다. 사회과학이 물리학을 비롯한 자연과학을 기반으로 시작되었음에도 불구하고 자연을 분리해 낸 합리성의 신화에 빠진 것은 잘못되었습니다. 심지어 역사를 사회과학에 범주에 넣지 않는 오류도 존재합니다. 역사는 우연의 집합일 뿐 법칙이 없으며, 인문 교양의 학문이라는 생각도 엄존합니다.

역사라는 것은 다름 아닌 인류 사회의 역사이기 때문에 사회과학이며, 과학이라면 보편적 지식 체계로서의 법칙을 규명하는 것이기 때문에 역사의 연구는 법칙을 규명해야 합니다. 자연의 일부로서, 35억 년에 이르는 생명의 역사만 하더라도 인류는 그 말단에서 기껏해야 500만 년의 역사에 불과한 자연의 지극히 작은 부분을 차지하는 역사를 보유하고 있을 뿐입니다. 생리학 박사로서 인류의 역사를 추적한 재레드 다이아몬드(Jared Diamond, 1937~)는 물리학이나 화학에서와 달리 "역사과학은 직접적이고 궁극적 원인들의 사슬을 연구한다"라며 다음과 같이 강조했습니다.

> (비교연구법과 자연발생적 실험을 통해) 나는 인간 사회에 대한 역사적 연구도 공룡에 대한 연구 못지않게 과학적일 수 있음을, 그리고 그것은 어떤 일들이 현대 세계를 형성했고 또 어떤 일들이 우리의 미래를 형성하게 될 것인지를 가르쳐줌으로써 오늘날의 우리 사회에도 보탬이 될 것임을 낙관하고 있다. (Diamond, 1997/1998, 622쪽)

물리학자로서 사회 현상에 관심이 많은 마크 뷰캐넌(Mark Buchanan, 1961~)은 역사의 법칙을 부정하는 견해에 대해 "지구상의 모든 생명체 집단이 식별 가능한 변화의 패턴을 따르는데, 유독 인류만이 형태와 과정의 자연의 논리에서 벗어나 있다면 그 역시 기괴한 일이다."라며 역사의 법칙을 추구해야 한다고 했습니다.(Buchanan, 2007/2011) 뷰캐넌은 뛰어난 지성을 제외하고 인간이 지구의 지배자가 된 가장 중요한 요인으로 '협력 정신'을 꼽았습니다. 특히 다른 종과 다르게 가족이나 친족이 아닌 낯선 사람들과도 협력할 수 있다는 사실을 꼽았습니다. 뛰어난 두뇌를 가진 이기적 인간들이 협력했기 때문에 혹독한 자연환경을 극복하고 맹수들에게 잡아 먹히면서도 살아남아 자연을 정복하고 풍요로운 사회를 만들 수 있었다는 것은 부인할 수 없습니다. 그와 더불어 자연환경과 생태계의 파괴라는 부작용을 수반했음은 물론입니다.

인간은 집단을 이루어 경쟁하고 싸우면서 강대국으로 성장하고 제국을 형성하였습니다. 그런데 제국은 흥망성쇠의 과정을 밟습니다. 그 원인은 무엇일까요? 어떤 인과 과정의 법칙이 숨어 있을까요?

과학과 철학

> 나는 과학의 방법론은 물론, 과학사와 과학철학의 중요성과 교육적 가치에 대해서 당신의 의견에 완전히 동의한다. 요즘 많은 보통 사람들은 물론 전문적인 과학자들마저도 숲은 보지 못하고 수천 그루의 나무만을 관찰하는 사람들처럼 보인다. 역사와 철학의 배경에 대한 지식을 가지고 있으면, 같은 시대의 과학자들 대부분이 어쩔 수 없이 가지게 되는 편견으로부터 독립적일 수 있다. 철학적 통찰을 통해서 만들어진 이 독립적인 마음은 단순한 기술자나 전문가와 진정으로 진리를 추구하는 사람을 구별하는 이정표이다. (홍성욱, 2008, 155쪽에서 재인용)

이 말은, 아인슈타인이 1944년에 학생들에게 왜 과학철학을 가르쳐야 하는지를 묻는 물리학자에게 과학철학과 과학사의 가치를 높이 평가하면서 철학적 통찰력의 중요성을 설명한 내용입니다. 아인슈타인뿐만 아니라 양자역학을 완성한 거두들인 닐스 보어와 하이젠베르크, 슈뢰딩거 등도 철학으로부터 아이디어를 얻었습니다. 하이젠베르크는 그의 회고록인 『부분과 전체』의 머리말에서 자연과학이 인간적이고 철학적이며 정치적인 문제들과 분리되어서는 성립하기가 매우 어렵다는 사실을 강조하면서 "현대원자물리학은 철학적이며 윤리적이고 정치적인 문제에 이르기까지 새로운 문제점을 던지고 있다는 사실을 간과할 수 없습니다."라고 했습니다. 하이젠베르크는 또 양자역학의 의미를 설명한 그의 책 『철학과 물리학의 만남』에서 "현대물리학의 사상이 너무 기술적인 언어로만 논의되지 않게끔, 현대물리학의 철학적 함의(含意)를 탐구해야 한다."라고 강조하기도 했습니다.(Heisenberg, 1958/1985, 30쪽) 두말할 것도 없이 근대 철학은 물론이고 근대과학의 문을 연 데카르트부터 철학자였고, 뉴턴도 철학자였습니다. 미디어 빅히스토리의 철학적 함의는 무엇일까요?

원천적으로 과학은 철학자들의 과업이었습니다. 고대 그리스의 탈레스(Thales of Miletus, B.C.624~B.C.545)와 아낙시만드로스(Anaximandros, B.C.610~B.C.546)에서부터 시작된 자연철학이라는 것은 우주 만물의 근원을 규명하려고 했으니, 오늘로 말하면 자연과학입니다. 그들은 자연철학자였고 과학자였습니다. 우주의 원리를 찾는 출발점이 철학이었던 셈이지요. 그러니 자연과학자들이 철학을 공부하는 것은 당연한 선택입니다. 물리학자들뿐만이 아니라 생물학자들과 화학자들도 철학을 연계해서 공부합니다. 자연과학은 철학에서 영감을 얻고, 자연과학이 발견한 새로운 법칙과 이론은 철학과 제반 학문에 지대한 영향을 미칩니다. 그 영향은 패러다임의 전환을 가져오기도 합니다. 코페르니쿠스(Nicolaus Copernicus, 1473~1953)와 케플러(Johannes Kepler, 1571~1630)의 발견을 역학적으로 완성한 뉴턴의 고전역학은 세계관을 송두리째 바꿔 놓았습니다.

근대의 철학과 자연과학은 자본주의와 산업혁명을 낳았으며, 급기야 19

세기 산업자본주의의 어두운 그림자는 비합리주의 철학을 잉태했습니다. 그리고 20세기를 맞아 아인슈타인의 상대성이론과 보어의 상보성이론 및 하이젠베르크의 불확정성의 원리 등 양자역학은 고전역학의 시대에서 현대물리학의 세계로 바꾸어 놓았습니다. 이 새로운 물리학은 문학과 예술은 물론이고 철학과 사회과학에까지 깊은 영향을 미쳤습니다. 이러한 역사적 맥락에서 살펴볼 때 사회과학을 제대로 공부하려면 자연과학의 흐름은 물론이고 역사와 철학의 공부는 필수적이라 하겠습니다. 진화생물학자 마굴리스(Lynn Margulis, 1938~2011)가 공생자론을 생각해 낸 계기도 폭넓은 교양과 철학 공부 덕분이었습니다. 허친스위원회로 유명한 시카고 대학의 허친스(Robert Hutchins, 1899~1977) 총장이 만들어 놓은 전통에 따라 마굴리스는 전공이나 선택 과목이 없는 교양학부를 다녔습니다. 마굴리스는 '자연과학 2'라는 1년짜리 강의를 들으며 과학은 교양학문으로 하나의 사유방식이었다며 과학을 통해서 중요한 철학적 질문들의 해답을 찾아가는 방법을 배웠다고 합니다. 시카고 대학의 정직하고 개방적이고 접근이 쉽고 열정적인 방법들은 요즘의 '기술 중심'의 사고방식에서는 존재할 수 없을 것이라면서, 그것은 끊임없이 철학과 과학이 융합하는 지점에 있는 심오한 질문들을 제기하도록 자극했다고 합니다. 이런 질문들입니다. "우리는 누구인가? 우주와 우리는 무엇으로 이루어져 있는가? 우리는 어디에서 왔는가? 우리는 어떻게 움직일까?"(Margulis, 1998/2007, 52~53쪽). 학문이란 넓게 배우고(博學) 깊이 있게 질문하는 것(審問)이라는 정의에 딱 어울리는 교육이었던 것 같습니다.

대체로 유럽의 자연과학자들은 철학의 전통을 고수하는 반면에 미국의 자연과학자들은 철학을 멀리하거나 실용주의(Pragmatism) 철학의 새로운 전통을 선택했습니다. 그 분기점은 제2차 세계대전이었습니다. 전화(戰禍)를 피해 미국으로 건너간 유럽의 과학자들도 신대륙을 정복하고 세계로 뻗어 나가는 시대에 형성된 미국의 실용주의 철학을 받아들였습니다. 이것은 사실상 자연과학과 철학의 단절을 의미했습니다. 하이젠베르크가 1929년 미국 여행을 했을 때 시카고 대학의 젊은 실험물리학자 버튼과 나눈 대화에서, 버튼이 자연법칙에 대해 "해당 영역에서 자연과 교제할 때의 실용적인 하나의 처방에 지나지 않는 것"이라면서 "당신들은 뉴턴과 맥스웰의 법칙을 약간 변경시켰습니다. 관측자들에게는 원자 현상에서는 이 변경이 뚜렷하게 나타나 보이는 반면에 일상 경험의 영역에서는 거의 이러한 변경은 나타나지 않습니다. 요컨대 이 모든 것은 다소를 막론하고 효과적인 개선이 문제가 되고 있는 것 아닙니까?"라고 물은 데 대해 하이젠베르크는 이렇게 대답했다.

> 뉴턴의 역학으로부터 상대론적 역학 또는 양자역학으로의 이행에서 나타나는 근본적인 변화를 엔지니어의 개략과 나란히 세우는 것은 완전히 잘못된 생각입니다. … 뉴턴의 역학은 그 통용 범위에서 어떤 조그마한 변경으로 말미암아 개량이 이루어질 수 없으며, 이미 옛날에 그 법칙의 궁극적인 형식을 발견하고 있었다는 점에서 바로 뉴턴 역학의 절대성의 주장이 타당하다는 점이 성립되는 것입니다. 그러나 우리에게는 뉴턴 역학의 개념 자체로써는 도저히 꿰뚫을 수 없는 경험 영역이 존재합니다. 바로 이와 같은 새로운 경험 영역을 위해서는 새로운 개념 구조가 필요하며, 이 새로운 개념 구조를 상대성이론이나 양자역학 등이 제공하고 있는 것입니다. (Heisenberg, 1969/2011, 155쪽)

버튼의 사고방식은 실용적인 가치와 효과를 중시하는 실용주의 그 자체였습니다. 프래그머티즘이라는 게 지극히 미국적인 사유로서 결과가 유용하게 나타나면 진리라는 행동주의 철학입니다. 그래서 매스 미디어와 관련해서는 대중을 설득하여 태도와 행동을 변화시키는 효과를 제1의 가치로 여기는 효과 이론이 주류 이론이 되는 것입니다. 버튼이 "물리학자는 이론가이지만 여기서는 교량을 건설해야 하는 엔지니어와 같이 단순하게 행동합니다."라고 한 말에 대해 과학이 실용적 기술과는 다르다는 점을 강조한 것입니다. 전통적으로 인문학적 소양을 중시한 유럽과는 다른 풍토의 사고방식입니다. 아인슈타인 이후 가장 뛰어난 천재물리학자로 불렸던 미국의 리처드 파인만(Richard Feynman, 1918~1988)도 그가 이룬 연구 성과의 철학적 의의를 묻는 사람들에게 "철학은 이 환자에게 치명적"이라는 의사의 처방전을 받아 보여주었다는 일화가 있습니다. 아인슈타인의 책을 번역한 고중숙 교수는 과학과 철학의 재결합이 절실하다고 강조합니다.(Albert Einstein, 1922, 298쪽) 지금은 과학과 철학의 재결합이 많이 진척되어 있습니다.

문제는 사회과학입니다. 오늘날 사회과학은 역사와 철학에서 통찰력을 얻는 풍토가 희미하게 사라지고 있습니다. 오로지 당장의 현안에 개입하여 경험적 연구로 주관을 피력하는 데 급급한 실정이지요. 여기에 역사와 철학이 들어갈 여지는 없습니다. 언론학의 상황도 참담합니다. 언론학에서 역사와 철학의 연구 및 교육은 사멸했습니다. 언론 관련 학과에는 '언론철학'이란 과목 자체가 없으며, 언론사(言論史) 전공자는 다섯 손가락 꼽을 정도밖에 되지 않습니다. 이 분야 전공자가 퇴직하면 새로운 전공자를 뽑지 않습니다. 그러니 대학원에서 이 분야 전공자가 있을 수도 없습니다. 더 근원적인 문제는 언론의 역사를 사회과학의 차원에서 접근하지 않는다는 점입니다. 역사 법칙을 규명하는 노력이 결여되어 있다는 점, 즉 역사철학이 없는 것입니다. 근원적으로 '과학(科學, science)'의 개념 자체가 희미합니다. 이러한 교육 현실에서 훌륭한 저널리스트가 배출되기는 어려울 것입니다.

근대 역학을 정립한 뉴턴의 역사적인 책 『프린키피아』의 원래 제목은 '자연철학의 수학적 원리(Philosophiae Naturalis Principia Mathematica)'입니다. 원래 라틴어로 쓴 제목을 줄여서 '프린키피아(Principia)'라고 하는 것입니다. 뉴턴은 이 책의 머리말에서 "나는 이 책을 수학 원리의 철학이라고 부르겠다."라고 했습니다. 자연과학은 곧 자연철학으로서 철학의 소관이었던 것입니다. 우리나라 고등학교에서는 오래전부터 문과와 이과로 구분하여 공부를 합니다. '이과'는 자연과학과 공학 계열 대학에 진학하기 위한 공부를 하고, 문과는 그 외에 사회과학이나 어문학, 예술 분야 대학을 지망하는 학생들이 소속됩니다. 그러나 지금까지 살펴보았듯이 자연과학은 자연철학 및 실재론 철학에 가깝습니다. 공학은 자연과학의 발견을 기반으로 하여 기술을 만들고 개량하는 분야입니다. 그러니 공학 분야의 기술도 과학과 철학을 기반으로 하는 것입니다. 철학은 모든 학문의 원천으로서 창의성의 보고입니다. 그러니 소위 문사철(文史哲)을 지칭하는 인문(人文)과 인문(人紋)이 결여된 상태에서 공학과 기술을 배우면 창의성이 발휘되기 어렵습니다.

과학(科學)이라는 것도 동양으로 비유하자면 학문 전반을 지칭하는 것으로, 19세기 유럽의 학문(science)은 다양한 갈래를 형성하고 있었는데, 앞에서 살펴본 대로 당시 일본의 유학생들이 서양의 학문은 동양과 다르게 분과(分科)로 나누어져 있다고 하여 '분과(科) 학문의 학(學)'이란 의미의 '과학'으로 번역하여 사용함으로써 오늘에 이르고 있습니다. 철학이 추구한 것이 전반적인 지식으로서의 'science'였습니다. 그것을 '과학'으로 번역해서 사용

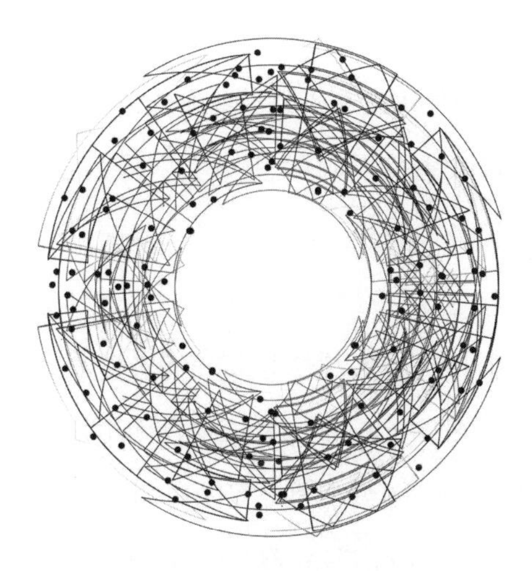

오늘날 사회과학은 역사와 철학에서 통찰력을 얻는 풍토가 희미하게 사라지고 있습니다. … 즉 역사철학이 없는 것입니다. 근원적으로 '과학(科學, science)'의 개념 자체가 희미합니다.

하고 있으니 어원을 모르면 그 의미를 좁고 제한적으로 인식할 수밖에 없습니다. 아무데나 갖다 붙인다고 과학이 되는 것은 아닙니다. 전문화된 한 분과를 공부하고서 온전히 학문을 했다고 할 수는 없는 것입니다. 이렇게 전문화된 분과학문들(sciences)은 학문들 사이의 소통이 단절된 이후 최근까지 학제간 연구니 통섭이니 융합이니 하는 요구들이 제기되어 왔습니다. 과(科)는 분류한 조목, 웅덩이 등의 뜻입니다. 따라서 모든 과학(sciences)이 하나입니다. 편의상 나뉘어 있지만 넓게 소통하고 융합해야 합니다.

대학의 전공 학과는 웅덩이와 같은 것으로, 물이 지속적으로 흘러들어와 웅덩이가 차고 넘쳐서 다른 웅덩이의 물과 섞여야 합니다. 물에 잠겨 보이지 않을지라도 부분의 합으로서 전체를 이루면 되는 겁니다. 그렇지 않고 웅덩이를 막아 물이 고여 있으면 썩습니다. 지금 실정은 그렇게 고립된 형국에서 통섭과 융합이 거론되는 실정입니다. 고등학교에서부터 문과를 선택하면 이과에 대해 무지하고, 이과를 선택하면 문과에 대해 무지하게 되는 교육 현실은 지극히 비정상입니다. 최근까지만 해도 하나의 전공만 이수하고 졸업했으며, 지금은 복수전공을 한다지만 그것만 가지고는 어림도 없습니다. 적어도 하나의 전공은 깊이 있게 공부하여 전문성을 확보하면서 더불어 자연과학과 사회과학, 철학, 예술 등 모든 분야를 두루 섭렵해야 합니다. 공자가 노(魯)나라 애왕(哀王)에게 정치에 대해 설명한 강론에서 정치를 잘하려면 넓게 배우고(博學) 깊이 있게 질문(審問)하라고 했는데, 이것이 학문의 본령입니다. 왕에게만 해당하는 것이 아닙니다. 하나의 전문분야만을 들이파는 것은 학문의 본래 모습이 아닙니다. 그렇게 해서는 창의성에도 한계가 있을 수밖에 없습니다. 수학자 스튜어트의 경구는 새겨볼 만합니다.

> 온실 속의 화초처럼 안전한 연구를 추구한다면 우리 모두를 황폐화시키는 결과밖에 남는 것이 없을 것이다. 진정 중요한 돌파구는 항상 예측하지 못한 곳에서 나오게 마련이다. (Stewart, 1995/1996)

자연과학은 자연철학의 산물이며, 그 사이 고대 그리스의 철학 역시 자연과학의 모태라고 할 수 있습니다. 철학과 자연과학은 떼려야 뗄 수 없는 관계로서 자연과학은 철학을 자양분으로 하여 발전하며, 자연과학의 새로운 발견은 철학에 패러다임 전환 차원의 심대한 영향을 줍니다. 가이아 이론의 지지자요 공생진화론의 주인공인 마굴리스(Margulis)의 다음과 같은 이야기는 생물학이 곧 철학임을 말해줍니다.

우리가 생물권의 막강한 능력을 충분히 인식한다면, 인간의 도움이 없을 때 자연(인간이 생활하는) 역시 무능할 수밖에 없다는 환상을 쉽게 깨어 버릴 수 있으리라. 우리의 모든 행위가 우리에게는 매우 중요한 듯 여겨지지만, 이를 지구 표면을 구성하는 두꺼운 생물층과 관련지어 생각해 본다면 인간의 역할이란 다분히 일시적이며 소모적인 것에 불과하다는 사실을 쉽게 깨달을 수 있다. 인간은 공기와 물을 오염시켜 자손을 불행하게 할 수도 있고 우리 운명을 스스로 그르칠 수도 있지만, 그런 행위들조차도 미생물 우주의 영속성에는 아무런 영향을 미치지 못할 것이다. 우리 몸은 약 10,000조 개의 동물세포로 이루어져 있으며 또한 약 10만 조의 박테리아 세포를 지녔다. 인간에게는 '천적'이 없다. 그러나 죽으면 그동안 잊고 지냈던 우리의 근원인 흙으로 돌아간다. 이때 우리 몸의 물질을 재순환시키는 생물은 바로 미생물이다. 미생물 우주는 우리 주위에서 여전히 진화를 거듭하고 있으며 우리의 주변에, 그리고 우리 내부에 존재한다. 미생물이란 우리와 함께 진화를 계속하고 있는 공동 운명의 존재라 할 수 있다. (Margulis, 1986/2011, 85~86쪽)

제3장

사회과학에 대하여

사회과학의 한계

사회과학의 실체는 무엇일까? 사회 현상을 과학적으로 설명하고 있을까? 어느 정도는 그렇다고 할 수 있지만 또 상당 부분은 그렇지 않습니다. 사회과학이 세칭 인문학과 다른 점은 경험적 조사를 수행한다는 점입니다. 나름대로 과학적 방법을 동원하는 거지요. 그러나 그것이 사회 현상의 본질을 규명해 주는 것은 아닙니다. 많은 부분 해석에 의지할 수밖에 없습니다. 해석이란 주관적 의견 내지는 합리적 판단입니다. 문제는 인간의 합리성을 신뢰할 수 있느냐가 되겠지요. 유감스럽게도 인간의 합리성은 매우 제한적입니다. 결국은 사견이 많이 들어갈 수밖에 없습니다. 같은 사안을 두고 학자들마다 견해가 완전히 다른 경우가 허다합니다. 이걸 두고 과학이라고 할 수 있겠습니까?

사회과학은 겉보기의 현상만 좇고 그 원인을 규명하려 하지 않습니다. 그러니 가벼울 뿐만 아니라 깊이도 없습니다. 겉보기의 현상에 대해 나름 과학적 방법론이라고 해서 통계 조사 방법을 동원해 패턴을 찾아 해석을 하고 이론을 구축하기도 하지만 그것으로 끝입니다. 현상의 배후에 가려져 있는 본질을 추구하지 않는다는 것이지요. 인간 행동의 결과만을 두고 통계 조사로 분류하고 해석하는 것이 경험적인 사회과학의 실체입니다.

해결책은 역시 학문과 지식의 융합입니다. 사회과학의 제반 영역들은 물론이고 인문학과 자연과학까지 포함하여 다양한 분야의 전문 지식을 공부하는 것입니다. 융합에 대한 개념의 합의가 필요하겠습니다. 융합은 예전의 학제적 협력 연구와는 다릅니다. 예전의 학제적 연구는 공동으로 연구와 집필 계획을 수립한 후 각자 맡은 영역을 나누어 책임 지고 집필하여 종합하는 것이었지요. 그것은 지금 강조하는 융합과는 거리가 멉니다. 한 사람의 연구자가 필요한 모든 분야의 이론과 지식을 공부하여 혼자서 책임 집필을 하는 겁니다. 물론 형식상 학제적 협력 연구를 하더라도 다른 분야 학문에 대해서도 기본적인 소양의 지식은 준비되어 있어야 합니다. 이러한 내용의 융합이야말로 진정한 창의성의 원천입니다.

사회학자 김동춘은 오래전에 사회과학의 위기를 논하면서 "지성의 부재가 오늘날 정보와 이미지가 지식을 대신하도록 부채질"했고, "한국에서는 사회과학이 존재한 적이 없으며, 아직 우리는 사회과학을 세워야 하는 단계에 있다"고 지적한 바 있습니다. 자본주의로의 진전이 심화된 80년대 말 이후 한국 자본주의에 대한 분석이 사라지는 기현상이 발생했으며, 1990년대 이후에는 현실과 실천을 출발점으로 삼지 않고 텍스트 해석만을 반복하는 구조주의와 실증주의의 당연한 귀결로서 후기구조주의와 포스트(post)주의, 문화 현상에 대한 관심의 경도로 나타났다고 비판했습니다.(김동춘, 1997) 아직도 들뢰즈(Gilles Deleuze, 1925~1995)나 부르디외(Pierre Bourdieu, 1930~2002)를 지식의 원천으로 삼고 호령하는 지식인들이 더러 있지요. 포스트모더니즘의 문제에 대해서는 물리학자 뷰캐넌도 다음과 같이 정확하게 꿰뚫어보고 있습니다.

> 포스트모더니즘 학파는 '저기 바깥에' 우리가 이해하려고 노력해야 할 객관적인 성질을 가진 실세계라는 것은 존재하지 않는다고 주장한다. 진리는 완전히 무작위적이며 암묵적인 합의에 따라 사회적으로 '구성'된다는 것이다. 또 다른 흔한 주장은 우리의 사고와 의사소통이 언어에 크게 의존하기 때문에 모든 것을 텍스트로 볼 수 있고, 사회 이론은 얼마간 문예비평과 비슷해진다고 주장한다. (Buchanan, 2007/2011)

포스트모더니즘 계열의 철학, 문화 연구 등은 실재의 진리를 추구하지 않으며, 관념론적인 언어결정론의 입장에서 텍스트 분석에 치중하기 때문에 문예비평 수준에 머무른다는 것입니다. 뷰캐넌은 그래서 사회과학은 꽤 기묘한 지점에 와 있다면서 "이런 식의 사회과학은 이제 빠르게 역사의 유물이 되어 가는 것 같다."라고 진단합니다. 그 이유는 심리학의 연구 성과에 따라 사회적 원자로서의 인간의 행동이 꽤 단순한 규칙을 따른다는 사실을 어렵지 않게 확인할 수 있게 되었으며, 사회가 복잡한 이유가 개인이 복잡하기 때문이 아니라 사람들이 함께하면서 종종 놀라운 방식으로 패턴을 만들기 때문이라는 사실을 알게 되었다는 것입니다.

사회과학의 문제는 역사학자 카(Carr)에 의해서도 지적된 바 있습니다. 사회과학이 기독교가 지배하면서 자연과학 연구를 가로막고 있을 당시의 자연과학의 수준에 머물고 있다는 것입니다.(Carr, 1961) 자연과학은 그 후 눈부신 발전을 했는데, 사회과학은 아직도 중세 시대의 수준에 머물고 있다는 얘기입니다. 그 정도까지는 아니더라도 사회과학이 자연과학의 성과를 전수받아 접목하는 연구에 이르지 못하는 것은 사실입니다. 이는 김동춘의 지적이 아직도 유효한 것과 같은 맥락입니다.

인간의 모든 행동은 뇌의 산물입니다. 문화를 마음의 표현이라고 했습니다. 마음의 표현이라는 것은 뇌의 판단에 따라 만들어진 인류의 모든 생산물이 문화라는 의미입니다. 마음은 심장이 아니라 뇌에 있습니다. 물론 무형의 정신적 활동의 결과도 포함됩니다. 자유의지란 것도 마찬가지입니다. 최근에 발달한 뇌과학은 인간이 어떤 행동을 할 때 뇌의 해당 부분이 순간적으로 먼저 발동한다는 사실을 밝혀냈습니다. 결국 인간은 뇌의 명령에 따라 행동하는 것이지요. 뇌가 명령을 할 때는 기존에 저장된 정보를 근거로 합니다. 그러니 가급적 다양한 분야의 정보를 최대한 많이 입력해 놓아야겠지요. 물론 오랫동안 기억될 수 있도록 노력도 해야 합니다. 반복 학습이 필요한 것이지요.

학습(學習)이란 배우고 실천하는 겁니다. 배운 내용을 실행함으로써 경험적으로 확인하는 과정을 거쳐야 오랫동안 기억하게 되는 법입니다. 다양한 분야의 이론과 지식을 학습하면 뇌에서 화학적 결합이 일어납니다. 바로 융합입니다. 그것이 창의성의 원천이지요. 뇌에 매스컴 이론에 대한 정보만 저장되어 있는 연구자에게 창의적인 아이디어의 생산은 한계가 있을 수밖에 없습니다. 『총, 균, 쇠』의 저자 재레드 다이아몬드(Jared Diamond, 1937~)를 아실 겁니다. 『총, 균, 쇠』는 뉴기니에서 만난 얄리가 한 질문, "당신네 백인들은 그렇게 많은 화물들을 발전시켜 뉴기니까지 가져왔는데 어째서 우리 흑인들은 그런 화물들을 만들지 못한 겁니까?"라는 질문에 대한 대답입니다. 그는 얄리의 질문에 대한 답으로서 책의 집필 원칙에 대해 이런 얘기를 했습니다. 좀 길지만 경청해 볼 필요가 있습니다.

이제 그와 같은 문제들을 새롭게 살펴볼 시기가 무르익었다. 인류의 역사와는 별로 관계가 없는 듯했던 자연과학 분야에서 새로운 정보가 쏟아져 나왔기 때문이다. 그러한 학문 중에는 무엇보다도 유전학, 분자생물학, 그리고 각종 농작물과 그 야생 조상을 연구하는 생태지리학 등이 포함된다. 거기에 가축화된 동물과 그 야생 조상을 연구하는 행동생태학, 인간의 병원균과 그에 관련된 동물들의 병원균들을 연구하는 분자생물학, 인간 질병의 유행병학, 인간유전학, 언어학, 모든 대륙과 주요 도서(島嶼)에 대한 고고학적 연구, 그리고 기술, 문자, 정치 조직의 역사에 대한 연구 등이 추가된다.

얄리의 질문에 대답하기 위해 책을 쓰려고 하는 저자는 그러한 학문 분야의 다양성 때문에 몇 가지 문제에 부딪힌다. 진전된 연구 자료 중에서 적절한 것들을 골라 종합하려면 우선 저자는 앞서 언급한 분야들을 모두 아우르는 전문 지식을 가져야 한다. 각 대륙의 역사 및 선사시대에 대한 자료도 마찬가지로 종합할 수 있어야 한다. 그러한 책의 소재는 역사지만 접근 방법은 자연과학, 특히 진화생물학이나 지질학 같은 역사적 과학의 접근 방법이다. 그리고 저자는 수렵 채집민 사회로부터 우주 시대의 현대 문명에 이르는 다양한 인간 사회를 직접적인 경험을 통하여 이해하고 있어야 한다.

그와 같은 요건들 때문에 얼핏 보기에는 여러 명의 저자가 공동 작업을 해야 할 일처럼 생각되기 쉽다. 그러나 문제의 핵심은 통일된 종합 이론을 개발하는 것이고, 따라서 그런 식으로 접근한다는 것은 처음부터 실패할 수밖에 없는 일을 시작하는 셈이다. 그러므로 비록 어려움이 따르더라도 저자는 단 한 명이어야 한다. 그리고 그 한 명의 저자가 그 많은 학문 분야의 자료들을 흡수하기 위해서는 불가피하게 크나큰 노고를 감수할 수밖에 없고, 또한 각 분야의 많은 동료들로부터 지도를 받아야 할 것이다. (Diamond, 1997/1998, 35~36쪽)

인문 사회 분야 연구자들은 자연과학을 멀리하고 경원시합니다. 인문학은 사람, 사회과학은 사람들이 모여 사는 사회에 관한 학문인 데 비해 자연과학은 자연에 관한 연구이기 때문에 연구 대상이 전혀 다르다고 생각하는 것입니다. 인간이 자연의 일부이고, 자연에서 태어나 자연에 의지하고 살다가 자연으로 돌아가는 존재라는 사실을 간과하는 좁은 소견입니다. 산업혁명으로 인간은 자연의 혜택을 무궁무진하게 누려 왔지만, 그 결과 인간은 자연을 황폐화시킴으로써 인류 자신의 멸종으로 치닫고 있습니다.

최근 오스트레일리아의 유례가 없는 대형 산불과 눈과 추위가 사라진 겨울, 신종 플루와 메르스, 코로나-19 바이러스 등 가공할 만한 새로운 전염병 따위는 그 재앙이 이미 진행 중이라는 사실을 일깨워 줍니다. 그래도 인간에 대한 관념적 사고와 인간 행동에 대한 겉보기 관찰이 학문의 모든 것이라고 고집하며 자연과학을 멀리해야겠습니까? 자연과학의 모델을 인문사회과학에 적용하면 지식 사회가 황폐화될 것이라고 경고하는 사회과학 연구자도 있습니다. 무지의 소치입니다. 인문 사회 분야의 많은 연구 대상이 자연과 무관하지 않습니다. 당연히 반영해야 합니다. 자연 현상의 지식을 반영하려면 자연과학을 학습하지 않을 수 없습니다.

다이아몬드는 책의 내용을 한 문장으로 요약해 달라는 기자들의 요청에 "민족마다 역사가 다르게 진행된 것은 각 민족의 생물학적 차이때문이 아니라 환경적 차이때문이다."라고 답을 했습니다. 이 말은 잘 새겨들어야 합니다. 어쩌면 사회과학 연구자들이 반색할는지도 모릅니다. 로크(John Locke, 1632~1704)와 뒤르켐(Emile Durkheim, 1858~1917) 이래로 사회과학 연구자들은 인간의 본성에 대해 빈 서판(Blank Slate) 이론을 신봉하는 경향이 있습니다. 인간은 백지 상태로 태어나 후천적인 다양한 문화적 경험에 따라 본성이 형성된다는 주장입니다. 유전적 영향은 배제하는 것이지요.

경험주의 철학자 로크(Locke)는 오로지 경험에 의해서만이 백지가 채워진다고 했고, 뒤르켐(Durkheim)은 사회적 현상이 생물학적 요인에 의해 설명될 수 없다는 점을 분명히 했습니다. 생물학적 인간에 대한 고려와 배려가 없는 경직된 태도가 아닐 수 없습니다. 물리학과 천문학, 진화생물학, 진화심리학, 뇌과학 등이 인간의 존재와 본성에 대해 검증된 이론과 지식을 축적하고 있는 지금까지도 인문 사회 분야 연구자들은 자연과학을 배척하면서 빈 서판 이론을 신봉하는 현실입니다. 자연과학이 일취월장 발전하는 데 반해 인문학과 사회과학이 정체 내지는 퇴보하는 근본 원인이라고 할 수 있습니다. '인문한국' 운운하면서 연구비를 지원하고 고등사회과학원 따위를 설립한다고 해서 해결될 일이 아닙니다. 그래서 앞서 인용한 다이아몬드의 말을 후천적 환경만을 강조하는 것으로 오인할 수 있겠다는 겁니다. 그러나 유감스럽게도 그렇지 않습니다. 만일 그렇다면 다이아몬드가 진화생물학과 유전학, 분자생물학, 생태지리학 등을 거론하지 않았겠지요.

인간은 포유류의 한 종으로서 동물입니다. 당연히 사회적 현상의 연구에 생물학적 요인을 고려해야지요. 로크 시기에는 아니지만, 뒤르켐이 활동했던 때는 진화론이 있었습니다. 그럼에도 불구하고 받아들이지 않았습니다. 지금도 마찬가지입니다. 인간은 백지 상태로 태어나지 않습니다. 부모로부터 물려받은 유전자의 영향이 있는 겁니다. 인간의 행동은 유전자의 영향을 받습니다. 중요한 것은 유전자만이 아니라 문화의 영향도 받는다는 사실입니다. 유전자의 선천적 영향과 문화의 후천적인 영향이 사회적으로 작용하면서 인간의 본성이 형성된다는 과학적 진리를 깨달아야 합니다.

박제가 된 진보이론

마르크스 이론이 풍미하던 시절인 1980년대에 사회과학을 연구하던 신진학자들의 의식 세계를 들여다보겠습니다. 역사학, 사회학, 정치학, 경제학 등을 전공하는 젊은 연구자들의 글을 모아놓은 책의 도입부에서 밝힌 내용입니다. 대개 박사과정에 있던 연구자들로서 지금은 학계의 중견 연구자로 성장해 국가의 정책을 설계하는 위치에 오른 이도 있습니다.

> 올바른 인식은 올바른 실천을 낳는다. 반대로 말하면 잘못된 인식은 잘못된 실천으로 귀결된다. 이렇게 인식은 단순한 몽상과는 달리 실천적 · 정치적 결과를 빚는다는 점에서 극히 중요한 의미를 가지는 것이다. 특히 사회적 실천으로 연결되는 사회과학적 인식은 실제로 수많은 사람들의 인식을 바꾸어 놓을 수도 있다. 그렇다면 사회과학적 인식의 옳고 그름을 판단하는 기준은 무엇인가? (윤한택 · 조형제 외, 1987, 5쪽)

대한민국에서 1980년대는 사회과학의 전성기라고 할 수 있습니다. 물론 그 상태에서 더 이상 발전하지 못했다는 점에서 전성기입니다. 왜 더 이상 발전하지 못했을까요? 이 서문 글에 답이 있습니다. 단순한 몽상과 다른 올바른 인식이란 무엇일까요? 이들은 단순한 몽상을 극복하고 올바른 인식에 도달했을까요? 더 들어 봅시다.

> 올바른 인식이란 과학적=법칙적 인식을 말한다. 즉 그것은 객관적으로 실재하는 사회의 필연적 법칙을 파악하는 것이며, 그럼으로써 사회의 구성

원리와 운동 방향을 발견하는 것이다. 그리고 이와 더불어 그 인식에 조응하는 행동, 곧 올바른 실천의 지침을 얻어내는 것이다. 이러한 과학적 인식에 입각한 행동과 실천은 사회의 객관적 운동 과정을 인간의 요구에 맞게 실현시킴으로써 인간을 자유롭게 한다. 이것이 곧 객관적 필요성과 인간의 주체적 실천의 통일이며, 사회과학의 궁극적 목적이다.

과학적 인식, 객관적으로 실재하는 사회의 필연적 법칙, 사회의 구성 원리와 운동 방향 발견…. 이런 게 사회과학에서 가능한 일일까요? 이게 가능하려면 우선 '과학적 인식'의 개념에 대한 합의가 있어야 합니다. 사회과학이란 사회 현상을 대상으로 보편타당한 이론을 구축한다는 것인데, 지금까지 그런 이론이 있는가? 이들이 염두에 두고 있는 것은 마르크스 이론입니다. 사실 마르크스 이론, 그중에서도 정치경제학은 사회과학의 꽃이라고 할 수 있습니다. 그래서 이들은 마르크스주의적 인식을 올바른 인식으로 파악하고 실천해야 한다는 점을 강조하는 것입니다. 이것이 1980년대 진보적인 사회과학 연구자들의 인식이었습니다. 의욕이 넘치는 이러한 진취적 인식은 1989년 동구권 사회주의 국가들의 붕괴와 1991년 소비에트연방의 해체로 시들고 맙니다. 그나마 사회과학을 지탱하고 있던 기둥마저 무너지는 겁니다. 마르크스 이론이 올바른 인식으로서 과학적=법칙적 인식이라고 하는 데 대해서는 부분적으로 동의합니다.

마르크스 이론은 인류 역사와 사회 현상을 설명할 때 제한적으로만 과학적이고 법칙적입니다. 더구나 현재의 사회과학은 그마저 마르크스 이론 및 인식론에서 멀어졌습니다. 마르크스 이론이 과학적이고 법칙적일 수 있는 까닭은 철학적이면서 동시에 동시대 자연과학의 발견과 성과를 반영했기 때문입니다. 이른바 자연변증법입니다. "세계의 실제 상태와 변화 과정을 객관적 · 법칙적으로 인식하고, 그에 입각한 실천을 실행"하는 마르크스주의의 과학적 세계관을 제시했지만 이들에게도 자연변증법은 이미 실종된 상태였습니다. 20세기 이후에는 사회과학이 자연변증법의 방법론을 폐기하고 독자적인 방법론 즉 경험실증주의 방법론으로 사회 현상을 설명하게 됩니다. 정치경제학을 배제한 것은 물론입니다. 그나마 이 저자들은 정치경제학을 고수하면서 사회과학을 논하고 있는 것인데 1990년대 이후에는 정치경제학이 배제된 사회과학이 대세를 장악하고 있는 실정입니다. 뿐만 아니라 자연과학의 성과를 바탕으로 사회(과)학을 구축하려고 했던 콩트마저 배제한 채 뒤르켐과 만하임(Karl Mannheim, 1893~1947), 그리고 파슨스(Talcott Parsons, 1902~1979)와 머튼(Robert Merton, 1944~)의 기능주의 내지는 행동주의 이론들을 추종했습니다. 좀 더 보겠습니다.

> 사회과학은 사회적 실천의 무기다. 그것은 사람들이 마주하고 있는 구체적 현실에 대한 정확한 해명과, 이 현실이 움직이는 동력인 모순의 해결 방법을 파악하는 것을 목표로 한다. 그러나 현재를 살아가는 사람들은 현실의 지배 이데올로기에 자신들의 의식을 규정받기 때문에 과학적 인식과 올바른 판단을 끊임없이 저해당하고 있다. 그러한 이데올로기의 구속으로부터 벗어나기 위해서는, 그 나름의 역사를 가지고 있는 과학적 지식 체계의 안내를 받아야 한다. 동시에 이러한 안내는 인간의 삶의 의미와 방법에 대한 과학적이고 올바른 안내가 되는 것이기도 하다.

인간의 삶의 의미와 방법에 대한 과학적 지식 체계의 안내를 받아 지배 이데올로기의 구속으로부터 벗어나야 한다는 것입니다. '인간의 삶의 의미와 방법에 대한 과학적 지식 체계'란 무엇일까요? 마르크주의의 세계관을 의미하는 것으로 보입니다. 그것도 주로 자본주의 분석에 관한. 이 책의 대부분이 자본주의 얘기입니다. 지배 이데올로기의 생산과 소비를 담당하는 대중문화에 대한 논의도 자본주의를 벗어나지 않습니다. 서문에서는 정치경제학을 바탕으로 사회과학의 기본 개념들을 설명해 놓았는데 생산과 노동에 관한 설명을 보도록 하겠습니다. 이들의 책에서 자연에 대한 언급은 이 부분이 거의 유일합니다.

> '생산'이란 자연의 자원을 인간 욕구에 적합하도록 만드는 인간의 활동이다. 생산은 의식적이고 합목적적인 활동이며, 인간과 동물을 구별 짓는 것은 바로 이러한 의식성과 목적성이다. 생산은 우리가 '노동'이라고 부르는 다양한 활동으로 구성된다. 노동에 의해서 인간은 자연에 작용을 가하며 자연을 인간의 욕구에 따라 변화시킨다. 그러나 동시에 인간은 그가 수행하는 노동에 의해서 자기 자신도 변화된다. 즉 그가 다양한 작업을 수행할 수 있는 능력을 획득하고 발전시킴에 따라서 그 자신 스스로도 변화되는 것이다.

이들은 사회과학을 사회 발전의 물질적 합법칙성을 구명하는 과학이라고 정의합니다. 그리고 사회의 발전 법칙은 보편적이고 본질적인 것이므로 개별 사회의 형태와 발전에는 이러한 보편성(본질)이 관철되고 있으며, 그 보편성은 개별 사회라는 특수성(현상)을 통해서만 그 모습을 드러내게 된다고 합니다.(윤한택 · 조형제 외, 1987, 11쪽) 올바른 인식입니다. 다만 사회라는 것이 외떨어진 존재가 아니라 자연의 일부라는 사실을 논외로 해서는 안 됩니다. 현상과 본질의 문제는 제9장에서 자세히 설명하겠습니다.

마르크스주의의 인식론과 과학적 세계관

1980년대 사회과학 연구자들이 강조한 대로 올바른 인식이 올바른 실천을 낳으며, 올바른 인식이란 과학적 법칙적 인식을 의미합니다. 사회과학은 사회 현상의 객관적 실재의 진상(眞相)을 규명하는 학문이라고 정의할 수 있습니다. 사회과학에서 법칙이나 발견이라는 표현은 조심스럽습니다. 대신에 자연과학에서 검증된 법칙을 사회 현상에 적용하는 것은 가능하기도 하고 적극적으로 도입해야 합니다.

객관적 실재라는 것은, 인간의 의식에서 독립하여 존재하는 물적 대상을 의미합니다. 여기서 물질과 의식이라는 관계가 성립합니다. 물질과 의식의 관계를 정치경제학의 관점으로 인식하는 것이 올바른 인식으로서 사회과학적 인식이라는 것이 위 저자들의 생각일 것입니다. 정치경제학에는 분명 상품의 물신성이나 잉여가치론과 같은 올바른 인식이 있고, 이윤율의 경향적 저하의 법칙과 같은 법칙도 있습니다. 수학적 상상의 산물인 현대경제학의 수요공급의 법칙과는 격이 다릅니다. 그러나 물질을 경제에 국한시키는 경향은 극복해야 합니다. 마르크스주의 인식론의 근간을 이루는 변증법적 유물론은 경제 관계에 국한하지 않고 전체로서의 세계를 보는 인식이요 세계관입니다. 물론 여기에는 자연철학 이전의 신화적 세계관이나 중세 유럽의 종교적 세계관은 배제됩니다. 또한 명실상부한 과학적 세계관이 되려면 자연과학의 발견들을 적용해야 합니다. 그것이 올바른 인식으로서 올바른 실천으로 귀결될 수 있을 것입니다.

물질의 일부로서 경제가 중요하기는 하지만 그게 전부는 아닙니다. 인간의 의식이 물질을 규정하는 것이 아니라 물질이 의식을 결정한다고 했을 때, 그 물질은 자연을 의미합니다.

인간의 의식에서 독립하여 존재하는 대상이라는 마르크스의 표현은 존재론 철학에 입각한 것입니다. 이때 의식과 물질의 관계에서 물질은 자연이요 우주입니다. 물질의 일부로서 경제가 중요하기는 하지만 그게 전부는 아닙니다. 인간의 의식이 물질을 규정하는 것이 아니라 물질이 의식을 결정한다고 했을 때, 그 물질은 자연을 의미합니다. 요즘 드물게 남아 있는 정치경제학에서는 물질을 경제로 집중하는 경향이 있는데, 이는 마르크스의 논지가 아니었습니다. 마르크스와 엥겔스는 분명하게 당시 자연과학의 성과를 반영하는 철학을 바탕으로 논의를 전개했음에도 불구하고 현대의 사회과학에서는 그것이 실종되었습니다. 말은 변증법적 유물론이니 사회과학의 인식론이니 하지만 핵심 알맹이가 빠진 것입니다. 세계관의 대상은 근원적으로 인간과 자연의 관계입니다. 자연에서 태어나고 자연과 상호작용을 하며 자연 속에서 생활하는 인간의 문제를 자연 현상의 보편적인 운동 법칙들에 대한 이해와 연결할 수 있어야 올바른 인식과 세계관에 도달할 수 있습니다.

물질과 의식의 관계는 철학의 근본 문제로서 관념론과 유물론으로 갈라지는 지점입니다. 물질이 먼저인가, 의식이 먼저인가? 사실은 너무나 상식적인 질문이지요. 의식이란 인간의 사유 영역을 의미하는 것으로 인간이라는 존재가 전제되어야 의식 활동이 가능합니다. 우주와 지구의 역사에서 인간이 등장한 것은 아주 최근의 일입니다. 칼 세이건(Sagan, 1977/2006)의 계산으로 우주의 역사 150억 년을 1년으로 환산해 보면 인간의 등장은 12월 31일 오후 10시 30분경이 됩니다. 실제 우주의 역사는 138억 년으로 정정되었지만 크게 차이가 나지는 않을 겁니다. 인간의 등장으로 비로소, 그것도 언어를 사용하면서부터 본격적으로 의식 활동이 시작되었으니 그 전 억겁의 세월 동안 의식은 존재하지 않았습니다. 인간의 의식은 뇌의 작용입니다. 그리고 뇌는 단백질 덩어리입니다. 이렇게 의식은 물질의 소산입니다. 물론 뇌의 활동이 정지되면 의식 활동도 사라집니다. 이것은 자연과학이 밝혀낸 진실로서 굳이 유물론적 사고라고 할 것도 없습니다. 반대로 우주의 시작이 절대적 존재의 의식에서 비롯되었다는 관념론의 주장도 있습니다. 관념론에 대비하자면 인간의 의식이 뇌의 작용이라는 과학은 유물론이 될 것입니다. 따라서 올바른 인식이란 유물론의 인식이 되는 겁니다.

사회과학은 사회 현상을 연구 대상으로 합니다. 사회 현상이란, 인간이 사회생활을 하는 가운데 드러내는 현상을 말합니다. 대개 사회과학자들은 경험론 철학과 실증주의 방법론에 입각해 사회생활을 하는 행동의 결과에 대해 패턴을 찾고 해석하는 데 역량을 집중합니다. 그것을 과학이라고 합니다. 실증주의 방법론을 과학적 방법론이라고 합의하기 때문입니다. 경험세계를 초월하는 것은 대상이 아닙니다. 오로지 경험세계의 영역 안에서 벌어진 일에 대해 실증주의 방법론을 적용해 패턴을 찾고 해석하는 것이 사회과학의 전부라고 해도 과언은 아닙니다. 통계 방법론이 개발되고 발전에 발전을 거듭함으로써 기반은 튼튼해졌습니다. 반면에 그만큼 의문을 갖고 새로운 영역으로 도전할 가능성은 희박해졌습니다. 바꾸기 어렵게 된 패러다임이라고 해도 되겠습니다. 정치경제학이 그나마 경험 실증주의의 한계를 극복하고 올바른 인식론과 세계관을 적용하려고 하지만 자연과학을 배제함으로써 마르크스주의의 인식론에는 미치지 못하고 있는 현실입니다.

자연변증법

마르크스와 엥겔스는 19세기 자연과학의 성과를 자신들의 철학과 저술에 반영했습니다. 마르크스의 대표작인『자본론』초판 서문을 보면 자연과학에 대한 그의 정성을 확인할 수 있습니다. 현대의 사회과학에는 이 부분에 대한 인식이 없습니다. 먼저『자본론』이 상품의 가치에 대한 분석으로부터 시작하는 까닭을 이렇게 설명합니다.

> 그러나 다른 한편 이보다 훨씬 더 내용이 풍부하고 복잡한 구조로 이루어진 다른 가치 형태들을 분석하는 데에는 적어도 웬만큼 성공을 거두었다. 왜 그럴까? 그것은 완성된 신체를 연구하는 것이 그 신체의 세포를 연구하는 것보다 더 쉽기 때문이다. 게다가 경제적 형태에 대한 분석에서는 현미경이나 화학적인 시약들이 아무런 도움이 되지 못한다. 거기에서는 이런 것들 대신에 추상화할 수 있는 힘이 필요하다. 그런데 부르주아 사회에서는 노동생산물의 상품 형태 또는 상품의 가치 형태가 그 경제적인 세포 형태에

해당한다.

마르크스는 현미경에 의해 생명의 가장 작은 단위에 해당하는 세포가 발견된 사실을 알고 있었습니다. 그래서 상품이 자본주의 경제의 세포에 해당한다면서 상품의 가치 실체와 가치 크기에서부터 분석을 시작한 것입니다. 분석을 위해 접근하는 이치는 같습니다. 다만 상품에 대한 분석이므로 현미경이나 화학적인 시약들 대신에 추상화의 방법을 동원합니다. 과학적 추상의 방법은 우연적인 것과 일시적인 것, 개별적인 것을 배제하고 확실한 것, 불변적인 것, 전형적인 것을 분리해 내는 것을 목표로 합니다. 현상의 본질, 더 높은 수준의 본질, 즉 보편적 법칙으로서의 지식을 찾아가는 과정입니다. 다음으로 영국을 분석 대상으로 삼은 이유에 대해 『자본론』 제1판 서문에서 이렇게 설명합니다.

> 자연 과정을 연구하는 물리학자는 그것이 가장 전형적인 형태와 가장 덜 교란된 형태를 유지하고 있는 상태에서 그것을 관찰하며 또한 그것이 순수한 형태로 진행될 수 있도록 보장된 조건에서 그것에 대한 실험을 실시한다. 내가 이 책에서 연구해야 하는 대상은 자본주의적 생산양식과 그 양식에 상응하는 생산관계 그리고 교환 관계이다. 그것들이 전형적으로 나타난 장소는 지금까지는 영국이다. 이것이 바로 나의 이론적 논의에서 주로 영국의 사례들이 사용되는 이유이다.

레닌(Lenin, Vladimir Ilich Ulyanov, 1870~1924)의 변증법적 유물론 철학도 자연과학의 성과를 반영합니다. 이를테면 물질과 의식의 관계를 자연과 정신의 관계로 표현합니다. "하늘-자연-정신에서 하늘을 떼어 버려라. 그리하면 유물론이 된다." 헤겔(Georg Wilhelm Friedrich Hegel, 1770~1831)의 관념론에 입각한 변증법에서 절대정신으로 표현되는 하늘을 떼면 유물론이 되는 것입니다. 이런 얘깁니다. "나는 대체로 헤겔을 유물론적으로 읽고자 노력하고 있다. 엥겔스(Friedrich Engels, 1820~1895)의 『루드비히 포이어바하와 독일 고전철학의 종말』에 따르면 헤겔은 거꾸로 서 있는 유물론이다. 나는 신, 절대자, 순수이념 등을 대부분 내버린다."(Lenin, 1981) 그렇게 해서 헤겔 철학을 바로 세우면 유물론적 변증법이 되는 것입니다. 여기서 물질은 자연입니다.

> 변증법적 유물론은 자연과 사회에 대한 과학의 성과들을 일반화하지 않고서는 자기 자신의 발전을 생각할 수 없다. 그리고 자기 자신의 지식을 과학적 지식으로부터 고립시키기는커녕 오히려 이로부터 이끌어내고 있다. 그 때문에 다른 지식 영역들 사이의 연합은 변증법적 유물론에 있어서 본질적인 계기이다. (Kopnin, 1966, 29쪽)

유물론은 자연과학의 발견 및 발전에 의해 관념론 및 원시적 유물론의 한계를 벗어날 수 있었습니다. 그리고 마르크스에 의해 부르주아의 기계적 형이상학적 유물론에서 과학적 유물론으로 발전하게 됩니다. 포이에르바하(Feuerbach, Ludwig Andreas, 1775~1833)는 『기독교의 본질』에서 "자연과 인간 외에는 아무것도 존재하지 않고 우리의 종교적 환상이 창조해 낸 더 높은 존재들은, 우리 자신의 본질의 환상적 반영일 뿐이다."라고 선언함으로써 헤겔의 관념철학과 중세 스콜라철학을 극복하고 유물론을 다시 왕좌에 올려놓았지만 직관적 형이상학적 유물론에 머물렀습니다.

유물론의 발전에 과학이 한 역할을 상징적으로 보여주는 사례를 하나 보겠습니다. 고고학 연구에서 화석의 중요성은 설명할 필요도 없을 것입니다. 그런데 화석에 대한 인식에서도 관념론과 유물론의 차이는 두드러집니다. 중세사회에서 과학은 신학이 시녀였습니다. 화석에 대한 해석에서도 기준은 과학이 아닌 성경이었습니다. 산에서 화석이 발견되면 노아의 홍수 때 산으로 떠밀려간 조개들이 죽어서 된 것이라는 식이었지요.

18세기 독일의 화석연구가 베링거(Johann Bartholomew Adam Beringer, 1667~1740)는 가짜 화석 때문에 조롱거리가 된 비운의 과학자로 알려져 있습니다. 뷔르츠부르크 대학의 교수였던 그는 유기물이 아닌 무기물로도 화석이 될 수 있다고 주장하면서 대부분의 화석들은 신의 세공품이라고 보았습니다. 베링거의 주장을 터무니없게 생각하던 동료 교수들은 그를 골탕 먹일 궁리를 했습니다. 그들은 석회암에 생물 모양 등을 조각해서 화석처럼 만들어 땅 속에 묻은 후 베링거를 유인했습니다. 베링거는 동료교수들이 묻어 놓은 물고기, 새, 곤충, 뱀 등의 동물 및 식물, 해와 달, 별, 혜성 모양의 돌들을 발굴하게 됩니다. 베링거는 이 돌들을 조사한 후 무기물도 화석이 될 수 있다는 자신의 주장이 증명되었다고 의기양양했습니다.

그는 이를 토대로 책을 펴내기도 해 유명인사가 되었습니다. 특히 라틴어, 아랍어, 히브리어가 새겨진 돌들도 발견했는데 그것을 번역해 보니 여호와의 이름도 나타났다고 주장했습니다. 그러나 자신의 이름이 새겨진 돌을 발견하자 뒤늦게 함정에 빠진 사실을 알게 됐고, 자신의 책을 모두 수거해 태워 버렸답니다. 그는 죽을 때까지 굴욕감에서 벗어나지 못했다고 합니다. 엄밀한 과학적 근거를 바탕으로 하지 않고 상상력과 직관에 의존하는 관념론의 종말을 보는 듯합니다. 생명은 원시의 바다에서 무기물이 유기물로 변화함으로써 비롯된 것입니다. 물론 실험으로 증명된 사실입니다. 자연과학의 발견과 실험은 이렇게 관념론의 역사에 종지부를 찍고 과학적 유물론의 시대를 열었던 것입니다.

포이에르바하의 한계는 유물론을 사회생활과 인류 역사에까지 적용하지 않고 형이상학에 머물렀다는 점입니다. 헤겔의 관념론을 비판만 했을 뿐 변증법의 훌륭한 방법에는 눈을 돌리지 못한 것입니다. 마르크스는 헤겔의 미완성의 전도된 변증법을 바로 세워 변증법적 유물론을 완성했으며, 유물론을 인류 역사의 발전에 적용하여 사적 유물론을 완성했습니다.

엥겔스의 『루드비히 포이에르바하와 독일 고전철학의 종말』은 변증법적 유물론과 사적 유물론의 교과서라고 할 수 있습니다. "변증법적 자연 파악이 모든 자연철학을 불필요할 뿐 아니라 불가능하게 만드는 것과 마찬가지로 역사의 영역에서 철학을 끝장낸다. 중요한 것은 더 이상 머릿속에서 연관을 생각해 내는 데 있는 것이 아니라 그 연관을 사실들 속에서 발견하는 데 있다." 마르크스와 엥겔스는 19세기 자연과학의 발견과 성과에 대한 학습을 바탕으로 과학적 세계관을 확립하고 이론을 구축했다는 사실에 유념할 필요가 있습니다. 그 정신을 되살려야 현대의 사회과학에 희망이 있다는 생각입니다.

마르크스주의 이론에 대한 의미 있는 비판도 있습니다. 마르크스주의 이론가들 사이의 논쟁이나 보수적 논객의 맹목적 비판이라면 그러려니 합니다. 그러나 분자생물학자 모노(Monod, 1970/2010)의 지적은 의미가 있습니다. 모노(Jacques Lucien Monod, 1910~1976)의 지적은 변증법적 유물론이 자연과학을 잘못 받아들여 물활론(物活論)의 혐의가 있다는 얘기입니다. 자연과 우주도 목적론에 따라 진화하는 것으로 인식했다는 겁니다. 모노의 얘기로 생명의 특징은 불변성과 합목적성입니다. 돌연변이로 새로운 종이 발생해 대를 이어가듯이 우연이 필연이 되어 불변성을 갖게 되고, 그 종은 자연선택의 원리에 따라 합목적적으로 진화해 갑니다. 그러나 이것을 우주의 합목적적 진화로 비약시켜 이해해서는 안 되는데 마르크스주의의 변증법적 유물론이 그런 내용을 내포하고 있다는 비판입니다. 경청해야 할 지적이라고 봅니다. 진화의 합목적성이라는 것은 아리스토텔레스의 목적론과는 전혀 다릅니다. 마르크스의 후기 저술이 다윈의 영향을 받은 것으로 보아 잘 살펴보아야 할 것입니다.

사회과학의 뿌리를 찾아서

실증사관에 따르면 역사는 우연의 연속으로 모두 단절되어 있고 인과관계라는 것은 없다고 하는데 이러한 인식은 틀렸습니다. 이런 관점에서 보면 새로운 학문도 우연히, 인과관계 없이 단절된 상태에서 땅에서 불쑥 솟아나듯이 갑작스럽게 등장한 것이 됩니다. 그러나 그렇지 않습니다. 오랜 원시공동체 시대를 지나 고대의 문명 시대에 접어들면서 싹이 튼 학문도 신화 시대의 지적 활동을 자양분으로 삼아 시작되었습니다. 무에서 시작된 것이 아닙니다. 동양의 유학은 은(殷)을 이어받은 주(周)의 문명을 바탕으로 성립하였으며, 고대 그리스 철학은 이집트와 페니키아 및 크레타 문명 그리고 그리스 신화를 바탕으로 발전하였습니다. 유학과 그리스 철학이 근대를 거쳐 현대에 이르기까지 여전히 크게 영향을 미치고 있음은 주지의 사실입니다.

그러나 커뮤니케이션학은 20세기 초 소위 4비조(鼻祖)에 의해 성립된 이후 주로 미국의 매스컴 효과 이론의 범주를 크게 벗어나지 않습니다. 통시적으로 4비조 이전과 단절되었을 뿐 아니라 공시적으로 인접 학문과의 소통도 거의 없는 실정입니다. 커뮤니케이션학이라고 했을 때 그 'communicology'의 'logy'는 그리스어로 이성(理性)을 의미하는 logos에서 유래한 것입니다. logos는 또한 '말하다'라는 의미의 legein에서 유래했습니다. 그래서 학문의 명칭은 연구 대상에 대해 보편적인 이법(理法)을 포착해서 그것을 언어로 표현할 때 성립하는 것입니다. 생물학(Biology), 심리학(Psychology), 고고학(Archaeology), 지질학(Geology), 사회학(Sociology) 등의 명칭이 그런 것입니다.(이정우, 2004, 391쪽) 서양의 모든 학문은 그리스 철학을 뿌리로 하고 있으며 커뮤니케이션학도 예외가 아닙니다.

그리스 철학은 중세 유럽의 공백기를 지나 르네상스를 관통하여 근대에 이르면 코페르니쿠스의 반전과 브라헤(Tycho ottesen Brahe, 1546~1601), 갈릴레오를 거쳐 데카르트(Descartes)의 기계적 자연관의 결정론으로 나타납니다. 기계적 자연관의 결정론은 뉴턴에 이르러 완성되지요. 뉴턴역학의 고전물리학이 성립된 것입니다. 물리학자 최무영의 얘기입니다.

> 고전역학에서는 기본적으로 인간의 인식과 관계없이 우주가 존재합니다. 그래서 알다시피 고전역학의 철학적 배경에는 데카르트적 사고가 담겨 있습니다. 서양철학의 핵심은 결국 정신과 물질의 이원론이고, 그 원류는 플라톤에 있다고 하지요. (최무영, 2011, 267쪽)

기계적 자연관은 자연 현상의 연구와 설명에 그치지 않고 사회과학에까지 영향을 미칩니다. 사회과학이 방법론 차원에서 신봉하는 경험론의 베이컨(Bacon)은 기계적 세계관의 한 축을 담당합니다. 베이컨은 중세의 신학적 세계관을 부정하면서 인간의 경험적 사실에 근거한 증명으로 지식의 원천을 삼아야 한다고 주장했지요. 그리고 그 지식을 바탕으로 자연을 지배할 수 있다고도 했습니다.* 베이컨에 앞서 데카르트는 인간이 이성적인 수학으로 자연의 진리를 알아내서 자연의 주인이 될 수 있을 것이라는 신념을 심어주었고, 급기야 뉴턴은 자연의 기계적 운동을 설명할 수 있는 수학적 방법을 찾아냈습니다. 이러한 바탕에서 로크(John Locke)는 정부와 사회의 역할을 기계적 패러다임으로 끌어들였으며, 아담 스미스는 경제를 기계론 안으로 끌어들였습니다.(Rifkin, 1989/2015, 43쪽) 로크 역시 영국 시민사회의 옹호자로서, 그리고 경험론의 진정한 원조로서 인간의 이익 실현을 위한 자연 지배를 정당화했습니다. 홉스(Thomas Hobbes, 1588~1679)의 『리바이어던』(1651)도 기계적 자연관으로부터 정치학 이론을 정립하려던 시도였습니다. 홉스는 1634년에서 1637년 사이에 유럽을 여행하면서 데카르트의 동료였고 기계론적 세계관을 지지했던 마렝 메르센(Marin Mersenne, 1588~1648)과 피에르 가상디(Pierre Gassendi, 1592~1655) 등과 사귀면서 그 관점에서 인간 본성에 대한 이론을 정리하여 정치 구조에 미치는 결과를 추론해 냈습니다.(Ball, 2004/2014, 27쪽)

스미스는 뉴턴 패러다임의 보편성을 반영하는 경제 이론의 차원에서 우주의 천체가 자연의 법칙을 따르는 것처럼 경제도 마찬가지라는 관점에서 『국부론』을 썼습니다.(Rifkin, 1989/2015, 47쪽) 시장은 보이지 않는 손에 의해

* 데카르트나 베이컨이 그렇게 생각하게 된 배경에는 기독교 신앙이 있습니다. 신이 모든 것을 주재한다는 중세적 세계관은 부정했지만 기독교 신앙 자체를 부정하는 것은 아닌 겁니다.

자동으로 조절되며 기계적으로 작동하기 때문에 국가가 간섭할 필요가 없다는 것입니다. 정치경제학의 성립입니다. 그리고 마르크스 역시 그리스 철학을 바탕으로 하고 기계적 자연관의 연장에서 스미스의 정치경제학을 계승 발전시켰습니다. 근대 이후의 제반 사회 현상은 자본주의라는 토양에서 생성한 것이기 때문에 사회과학은 정치경제학 이론의 도움을 필수로 합니다. 결국 사회과학의 뿌리는 자연과학에 있으며, 정치경제학이 자양분의 역할을 하면서 세워졌다고 할 수 있습니다.

또 한편으로 사회과학의 바탕에는 철학이 있습니다. 철학의 토양에서 사회과학은 자라나고 꽃을 피운 것입니다. 따라서 철학의 도움을 기본으로 하여 사회과학의 뿌리를 확인함으로써 정체성을 정립하는 단계로까지 나아가야 합니다. 저널리즘을 비롯하여 대부분의 사회과학은 19세기의 산물입니다. 고대의 철학과 19세기 사이에는 근대의 철학과 자연과학이 있으며, 사회과학은 그 근대 철학과 자연과학의 산물이라고 할 수 있습니다. 그러니 사회과학이 근대 철학 및 자연과학과 어떤 관련을 맺고 있는지 확인해야 합니다. 사회과학 분야의 연구자들은 사회과학이 마치 무에서 창조된 것처럼 생각하고 근대 철학 및 자연과학과 단절된 상태에서 연구를 수행하는데 이는 잘못된 것입니다. 이 부분이 연결되어야 사회과학이 과학다워질 것이고, 저널리즘에 대한 연구 및 미디어 역사의 서술도 진전될 수 있을 것입니다. 아담 스미스를 계승하여 정치경제학을 발전시킨 마르크스의 생각입니다.

> 나에게 분명해졌던, 그리고 일단 획득되자 내 연구의 길잡이가 되었던 일반적 결론은 다음과 같이 간략하게 정식화될 수 있다; 인간들은 자신들의 생활을 사회적으로 생산하는 가운데, 자신들의 의지로부터 독립되어 있는

> 일정한 필연적 관계들, 즉 자신들의 물질적 생산력들의 일정한 발전 단계에 조응하는 생산관계들에 들어선다. 이러한 생산관계들의 총체가 사회의 경제적 구조, 즉 그 위에 법률적 및 정치적 상부 구조가 서며 일정한 사회적 의식 형태들이 그에 조응하는 그러한 실재적 토대를 이룬다. 물질적 생활의 생산 방식이 사회적, 정치적, 정신적 생활 과정 일반을 조건 짓는다. 인간들의 의식이 그들의 존재를 규정하는 것이 아니라 거꾸로 그들의 사회적 존재가 그들의 의식을 규정한다. (Marx, 1859, 477쪽)

서양철학의 핵심이라고 하는 존재론과 데카르트의 기계적 자연관을 연상시킵니다. 아담 스미스(Adam Smith, 1723~1790)를 계승하여 이원론의 기계적 세계관을 경제에 적용했고, 정신으로부터 독립되어 있는 물질세계의 객관적 실재도 반영되어 있습니다. 다만 다른 점은 정신과 물질의 관계를 설명할 때 정신이 물질을 지배하는 것이 아니라 반대로 물질이 정신을 지배한다고 본 것입니다. 결정론은 결정론이되 선과 후가 바뀌었습니다. 데카르트의 관념론에서 유물론으로 전환한 것입니다. 경제를 기계적 세계관의 결정론으로 설명한 것을 알 수 있습니다. 조금 더 보겠습니다.

> 경제적 기초의 변화와 더불어 거대한 상부 구조 전체가 서서히 혹은 급속히 변화한다. 이러한 변혁들을 고찰함에 있어서 사람들은 자연과학적으로 정확히 확인될 수 있는 경제적 생산조건들에서의 물질적 변혁과, 인간들이 이러한 충돌들을 의식하고 싸워서 해결하는 법률적, 정치적, 종교적, 예술적 혹은 철학적, 간단히 말해 이데올로기적인 형태들을 항상 구별해야만 한다. (Marx, 1859, 478쪽)

사회의 변화를 설명하는 데 있어서 자연과학적으로 정확히 확인될 수 있는 경제적 생산 조건들에서의 물질적 변화가 초래하는 이데올로기적인 형태들을 설명해야 한다고 했습니다. 사회의 변화에 대한 연구, 즉 사회역학은 뉴턴역학과 같은 자연과학의 정확성을 인식하고 적용해야 한다는 것이 중요합니다. 과연 사회과학은 사회 현상의 연구에서 자연과학 수준의 정확성을 적용할까요? 우리가 커뮤니케이션 현상의 연구를 제대로 하려면 철학과 더불어 자연과학에 대한 지식으로 인식의 지평을 대폭 넓혀야 합니다. 본래 콩트는 사회의 과학(science of society)을 구축할 때 자연과학을 모델로 하여 사회 현상의 법칙을 규명하려고 했습니다. 리프먼(Walter Lippmann, 1889~1974)도 저널리즘이 훈련받지 않은 기자들의 주관에 의해 좌지우지되는 현실의 타개책으로 "과학의 정신을 학습하는 것"을 제안했습니다.(Kovach & Rosenstiel, 2001/2014, 127쪽) 리프먼이 말한 과학이란 자연과학을 의미하는 것이었음은 물론입니다.

이 점에서 프랑스 학문의 풍토를 참조할 필요가 있습니다. 우리는 미국의 학문 풍토에 익숙해 있기 때문에 분과학문의 한 분야에 배타적으로 집착하는 경향이 있습니다. 이로 인해 다른 전공(전문) 분야 연구자들과 서로의 전공에 대해 소통하지 않으며, 따라서 한 분야 전문가는 다른 모든 분야에 대해 무지합니다. 철학자 이정우는 푸코의 책을 번역한 『지식의 고고학』의 역자 서문에서 프랑스의 철학자들은 철학자이기 전에 기본적으로 과학자라는 점을 강조합니다. 베르그송(Henri Louis Bergson, 1859~1941)을 비롯하여 레비 스트로스(Claude Levi Strauss, 1908~2009), 바슐라르(Gaston Bachelard, 1884~1962), 라캉(Jacques Marie Émile Lacan, 1901~1981) 등의 프랑스 철학은 자연과학과의 연계성이 기본이라는 것입니다. 그러나 한국에서는 그 연계성을 무시하여 제대로 파악하지 못하고 변죽만 울리는데, 그 까닭은 한국의 인문학자들이 상당히 반(反)과학적인 성향을 가지고 있다는 점과 지금까지 한국에 관념적인 독일철학과 실용적인 미국철학이 주로 소개되었기 때문이라고 합니다. 사회학의 창시자인 콩트(Comte)는 과학철학의 선구자로서 이 전통에 서 있었습니다.

자연과학, 그중에서도 보편이론을 추구하는 물리학의 기본은 결정론입니다. 물체의 움직임을 관찰하여 그 원인이 되는 법칙을 찾아내서 이론화함으로써 결과를 예측하는 것입니다. 뉴턴의 고전역학은 전형적으로 결정론에 입각한 역학입니다. 콩트는 이 고전역학을 기초로 하여 사회 현상을 설명하려 했지요. 즉 "사회학은 사회 현상을 사회법칙에 종속하는 것으로 파악하는 것이고, 사회법칙을 정립하여 파악하면 반드시 합리적 예견이 가능하게 되어 사회를 재조직하기 위한 지적 능력을 갖게 된다."는 것입니다. 결정론으로 설명한 사회역학인 것입니다. 콩트는 사회학을 질서를 강조하는 사회정학(社會靜學)과 진보를 강조하는 사회동학(社會動學)으로 구분하여 설명하고, 궁극적으로 양자를 통합해야 한다고 했습니다. 여기서 동학이란 바로 물리학의 (동)역학입니다. 19세기까지는 고전역학이 절대적인 진리였습니다.

지향

20세기에 들어와 아인슈타인의 상대성이론이 등장하고 이어서 보어와 하이젠베르크 등의 양자역학이 등장하여 지적 세계에 일대 전환을 가져왔습니다. 유클리드 기하학과 기계적 자연관의 결정론적 세계관에 변화가 온 것입니다. 이른바 고전물리학을 수정한 현대물리학이 등장입니다. 이는 산업자본주의의 전개와 더불어 사회 모순이 폭발하면서 합리주의에 대한 회의가 일어난 19세기 말의 분위기와 연계되면서 지식 사회에 큰 충격을 주었습니다. 마르크스의 자본주의 비판과 프로이트의 정신분석학, 그리고 베르그송의 자연과학을 기초로 한 비합리주의의 생철학 등 19세기의 분위기가 20세기의 개막과 더불어 현대물리학의 등장으로 이어진 것입니다. 이 시기에 대해 코바치(Bill Kovach, 1932~)와 로젠스틸(Tom Rosenstiel)은 "이 무렵은 프로이드가 무의식 세계를 이론화하고 미술에서는 피카소가 입체파 작품을 실험할 때였는데, 기자들은 이 무렵 인간의 주관성에 대한 인식을 높여가고 있었다."고 묘사했습니다.(Kovach & Rosenstiel, 2014, 127쪽) 시대정신과 역행했다는 것이지요. 이 맥락에서 기자들의 주관적인 기사 작성이 문제가 되면서 리프먼(Lippmann)이 자연과학의 정신을 강조했던 것입니다.

프로이트의 이론은 인간의 합리성에 대한 신념을 무너뜨린 것이었습니다. 인간의 판단을 지배하는 것은 이성이 아니라 무의식의 세계라는 것입니다. 비합리주의 철학의 세계관과 상통합니다. 비합리주의 철학이 대두되었을 때 상대성이론과 양자역학은 합리주의에 입각한 기계적 세계관을 종식시키고 새로운 세계관을 뒷받침해 주는 지식이었습니다. 특히 상대성이론은 철학은 물론이고 회화와 건축 등 예술에도 지대한 영향을 미쳤습니다. 회화에서는 시간과 공간의 절대성에 대한 신념이 반영된 원근법과 사실주의의 타파, 그리고 인상파를 뛰어 넘어 큐비즘의 등장을 낳았습니다.

4차원 시공간 세계에 관한 상대성이론은 결정론을 전복시키는 상대주의로 오인되기도 했습니다. 게다가 양자역학은 관찰자의 행동이 자연 상태에 영향을 미친다는 주관주의를 낳기도 했습니다. 이런 맥락에서 코바치와 로젠스틸이 말한 대로 기자들의 주관성에 대한 인식이 비뚤어지게 반영된 것이었습니다. 상대성이론은 상대주의와는 전혀 다른 것으로 아인슈타인 자신도 결정론을 고수했으며, 양자역학도 미시세계에서는 고전적 결정론이 아닌 확률적 결정론이 적용된다는 것을 확인한 것이지 인간의 주관에 의해 자연의 법칙이 결정된다는 것이 아닙니다. 이 부분에 대한 오해가 자연과학을 바탕으로 한 프랑스 철학자들의 주장과는 별개로 국내의 포스트모더니즘의 유행에까지 영향을 미쳤음은 물론입니다.

상대성이론은 뉴턴역학을 보완한 것이지 대체하거나 폐기시킨 것이 아닙니다. 상대성이론은 빠른 세계의 현상을 설명하는 이론입니다. 양자역학도 미시세계를 설명하는 이론으로서, 거시세계에 적용하면 뉴턴역학과 동일한 결과로 나타납니다. 따라서 일상생활에서는 고전역학이 여전히 위력을 발휘하고 있다는 사실을 잊어서는 안 됩니다. 둘 다 고전역학에 수정이 가해졌지만 기본적으로는 결정론입니다. 더 복잡한 혼돈현상도 결정론적 혼돈이라고 합니다. 따라서 사회과학 연구는 유행에 휩쓸리지 않는 가운데 고전물리학과 더불어 현대물리학의 새로운 이론까지 적용하여 사회 현상을 정확하게 설명해야 합니다.

인간은 자연으로부터 유리된 존재가 아닙니다. 인간도 모든 유기물 및 무기물과 마찬가지로 원자들로 이루어진 물질로서의 생명체입니다. 자연의 일부인 것이죠. 그리고 그 인간들이 모여 사는 곳이 사회입니다. 그렇다면 사회 현상도 자연의 일부로서 자연의 법칙에서 자유로울 수 없을 것이라는 상식에 이르게 됩니다. 인간이 자연에 (주로 부정적인) 영향을 미치기는 하지만, 궁극적으로 자연은 그것을 극복하고 지속될 것입니다. 인간에게 역습을 가하기도 하지요. 설령 인간이 멸종된다고 하더라도 자연은 변함없이, 오히려 인간에 의해 훼손된 환경을 치유하면서 법칙대로 운행될 것입니다. 이렇게 자연은 인간에 의해 결정적인 영향을 받지 않는 가운데 운행되지만 인간은 자연의 영향에서 결코 자유로울 수 없습니다. 따라서 인문학이나 사회과학은 자연 현상의 법칙을 밝혀낸 자연과학의 지식으로 무장해야 합니다. 인간 사회의 모든 학문은 인문학입니다. 자연과학은 자연에 대한 인간의 관심을 반영한 것이고, 사회과학은 인간들이 모여 사는 사회에 대한 학문입니다. 그러니 모든 학문은 인문학입니다. 인간의 무늬(人紋)가 새겨진 학문인 것입니다.

자연과 사회는 인간의 의식으로부터 독립적으로 존재하는 객관적 실재이면서 인간에게 영향을 미칩니다. 과학이란 그 객관적 실재의 진리인 지식을 추구하는 것입니다. 과학이란 지식 그 자체로서 창조성의 원천입니다. 진리는 귀납적 추론뿐만 아니라 연역적 논증을 병행함으로써 온전하게 드러납니다. 따라서 자연과학과 더불어 자연과학에 자양분을 공급하는 철학, 그리고 객관적 실재로서의 자본주의 사회를 과학적으로 설명하는 정치경제학이 어우러져야 사회과학이 과학다운 면모를 갖추게 될 것입니다. 사회과학은 그간의 성과와 더불어 자연과학과 철학으로 내용을 채워야 하는 것입니다. 그래야 저널리즘의 객관성과 공정성은 물론이고 제반 개념들에 대해 적절한 정의를 내릴 수 있을 것입니다. 이 과정이 튼튼할수록 미디어의 역사 연구도 과학적으로 내실을 기할 수 있을 것입니다.

제4장

자연철학과 아리스타르코스의 지동설

그리스 자연철학의 가치

고대 그리스에서 철학이 추구한 것은 지식이었습니다. 그리스 철학자들이 추구하는 지식은 무엇이었을까? 이 물음에 대한 답을 찾으려면 이오니아(Ionia)의 자연철학자들에게 물어보아야 합니다. 그들은 자연 현상에 대한 설명을 신화에서 구하지 않고 이성의 판단으로 접근하였습니다. 자연철학이라는 이름으로 서양에서 학문 활동이 시작된 것입니다. 그리스 자연철학자들은 먼저 우주 만물의 근원을 이루는 원질(原質, arché)에 대해 생각했습니다. 탈레스(B.C.640~B.C.550)는 그것을 물이라고 했습니다. 대개 탈레스를 자연의 근원에 대한 설명을 신으로부터 탈피한 최초의 인물로 여깁니다.

그에 조금 앞서 아낙시만드로스(Anaximandros)는 더욱 정교하게 우주론을 설파했습니다. 그는 무한정자(無限定者)를 원질로 보고 그것이 변화하는 과정에서 흙 · 공기 · 불 · 물의 4요소가 나타난다고 했습니다. 아낙시만드로스는 생물학에 대해서도 생각을 피력했는데, 최초의 생명체는 바다에서 나타났으며, 인간도 바다 속의 생명체가 육지로 올라와 살아남은 동물들의 하나라는 주장이었습니다.(S.P. Lamprecht, 1955) 참으로 탁견이라 하지 않을 수 없습니다. 다음으로 아낙시메네스(Anaximenes, B.C.585?~B.C.525?)는 공기

아낙시만드로스 더욱 정교하게 우주론을 설파했습니다. 그는 무한정자(無限定者)를 원질로 보고 그것이 변화하는 과정에서 흙 · 공기 · 불 · 물의 4요소가 나타난다고 했습니다.

라 했고, 피타고라스(Pythagoras, B.C.580~B.C.500)는 수(數), 헤라클레이토스(Heraclitus, B.C.530~B.C.470)는 불이라고 했습니다.

이어서 존재론의 창시자인 엘레아학파의 파르메니데스(Parmenides, B.C.520?~B.C.440?)가 등장합니다. 파르메니데스의 존재론은 만물은 유전(변화)한다고 하는 헤라클레이토스의 견해와 대립되는 것으로 변화하는 것은 존재하는 것이 아니며 오로지 항구성을 지니고 변화하지 않는 것만이 존재하는 것이라고 했습니다. 급기야 이 둘 사이의 견해를 조정하는 다원론적 학파가 등장합니다. 먼저 엠페도클레스(Empedocles, B.C.490?~B.C.430?)는 만물을 구성하는 궁극적인 분자로 흙 · 공기 · 불 · 물의 네 가지를 제시했습니다. 이 네 가지 입자 뿌리에서 다양한 혼합물이 생성된다는 것입니다. 아낙

사고라스(Anaxagoras, B.C.500?~B.C.428?)는 원소의 종류가 네 가지에 국한되지 않고 무한하게 많다고 했습니다. 그리고 드디어 원자론의 데모크리토스(Democritos, B.C.460?~B.C.370?)가 등장하여 대미를 장식합니다. 물질의 궁극적인 단위는 더 이상 쪼갤 수 없는 원자(atom)라는 것입니다. 물질의 운동은 원자의 고유한 성질로서 자연의 모든 변화는 변화의 과정 속에 있는 원자들의 자연적 · 자발적인 응집과 분산의 결과라고 했습니다.(Lamprecht, 1955)

이렇게 그리스 자연철학자들의 최대 관심은 자연에 대한 탐구였습니다. 모든 것이 허무하고 일시적이고 가짜라는 생각에 허무하지 않은 것과 영원한 것을 찾은 것입니다. 주관적이고 인위적인 것, 기만과 허망한 것을 배격하고 객관적인 것, 참된 것, 실재(實在, Reality)를 찾은 것입니다.(이정우, 2004) 그러면 무엇이 객관적이고 참된 실재인가? 여기서 존재론이 등장합니다. 존재란 시공(時空)을 초월하여 변하지 않는 것이라고 합니다. 변하는 것은 비(非)존재이며, 비존재는 우리의 감각기관에 의해 포착되어 드러난 모습으로서의 현상(現象, Appearance)입니다. 인간의 감각기관의 기능은 사람마다 다를 수 있고 어제와 오늘이 다를 수 있으므로 존재일 수 없겠지요. 따라서 이것은 주관입니다. 그러면 존재는 어떻게 확인할 수 있는가? 현상에 대한 이성의 사유에 의해서입니다. 이렇게 존재는 감성을 배제하고 이성에 의해 확인할 수 있는 것으로, 객관적입니다. 바로 이 객관의 영역에 진리가 있고 진실이 있는 것입니다. 결국 자연철학과 인본주의 철학이 추구한 것이 과학(science)이고 곧 지식이었습니다. 따라서 과학의 목표는 객관의 영역에 있는 실재의 지식 및 진실을 확인하는 것이어야 합니다.

근대 이후의 자연과학은 자연철학의 연장으로서 철저하게 존재론의 철학에 입각하여 발전해 왔습니다. 감각기관에 의해 포착된 현상의 너머에 있는 실재의 지식을 추구한 것이지요. 코페르니쿠스는 보이는 대로가 진리라는 중세 기독교 세계의 통설을 전복시키는 소위 지동설을 이성의 사유와 수학적 계산으로 밝혀냈습니다(1543년). 케플러(Johannes Kepler, 1571~1630)는 지구를 비롯한 태양계 행성이 태양 주위를 타원 궤도로 돌고 있다는 사실을 밝혀냈고(1609년과 1619년), 갈릴레오는 지동설을 최종적으로 확인하였으며, 아리스토텔레스의 형이상학적 역학에 종지부를 찍고 올바른 역학을 확립하였습니다. 그리고 뉴턴은 이들의 성과를 바탕으로 하여 그것을 역시 수학적으로 증명함과 동시에 우주 만물의 운동 원리를 중력과 세 가지 운동법칙으로 완벽하게 설명했습니다. 관성의 법칙과 가속도의 법칙, 그리고 작용과 반작용의 법칙이 그것입니다. 이로써 물리학의 근대역학이 완성되었음은 주지의 사실입니다.

뉴턴은 『프린키피아』(1687)의 머리글에서 자신의 책을 수학 원리의 책이라고 했습니다. '프린키피아'라고 하는 것은 라틴어로 쓴 'Philosophiae Naturalis Principia Mathematica(자연철학의 수학적 원리)'라는 제목에서 온 것입니다. 개정판 머리글을 쓴 로저 코츠(Roger Cotes, 1682~1716)는 "진정한 자연과학이 해야 할 일은, 실제로 존재하는 원인으로부터 사물의 본성을 이끌어내는 것"이라면서 "진짜 원인은, 실제로 바로 그 현상을 낳게 되는 바로 그 원인"이며 "다른 것들은 진정한 철학(과학)에 설 자리가 없다"고 단언했습니다. 과학이란 현상을 낳게 한 원인으로부터 그 본질을 규명하는 것입니다. 객관적이고 실재의 진실입니다. 그것이 지식이며, 현상은 아직 지식이 아닌 것입니다. 고전역학은 이 지식을 바탕으로 하여 미래를 정확하게 예측합니다. 이른바 결정론입니다. 그러나 사회과학은 현상의 설명에 머무르는 경향이 있습니다. 역사학도 크게 다르지 않습니다.

아리스타르코스의 지동설

자연철학의 중심 무대였던 이오니아의 철학자들은 우주의 질서를 이해의 대상으로 올렸습니다. 자연 현상의 내재적 질서와 규칙성을 밝혀내려고 한 것입니다. 고대 그리스라고 하면 자연철학의 시원을 장식한 이오니아를 비롯해서 그리스 본토와 이탈리아 일부까지 포괄합니다. 문제는 하필 왜 이 지역에서 자연철학이 등장하고 이어서 민주주의와 더불어 인문학이 태동했는가 하는 점입니다. 인류 4대 문명 발생지에서가 아니고 왜 그리스인가? 사실은 세계사가 서양사 중심이다 보니 황하 문명을 기반으로 형성된 중국철학과 인더스 문명을 기반으로 형성된 인도철학이 부각되지 못하는 측면이 있습니다. 다만 과학이라는 측면에서 볼 때 우주론은 그리스 자연철학의 장점을 부인하기 어렵습니다. 중국의 주역은 현실의 생활과 삶의 요구에 부응하였고, 인도철학은 불교의 세계관으로 용해됨으로써 과학적 우주관과는 거리가 멀게 되었습니다. 그에 비해 그리스 자연철학은 우주를 과학적이고 이론적으로 이해하고 설명하려고 했습니다. 그것이 당시에 현실 생활과는 유리되어 있었지만 근대에 이르러 자연과학으로 결실을 맺었다고 볼 수 있습니다.

그리스 자연철학은 메소포타미아 문명과 이집트 문명을 자양분으로 삼아 성장할 수 있었습니다. 다만 두 문명에서 신화적 세계관을 배제하고 오로지 인간의 이성으로 우주를 이해하고 논리적으로 설명하려고 했다는 점이 두드러집니다. 중국철학과 인도철학이 각기 사회윤리와 개인의 깨우침에 치중한 점과는 다른 면모입니다. 그렇게 할 수 있도록 뒷받침을 해 준 요인이 몇 가지 있습니다.

첫째로 경제적 요인입니다. 그리스 사람들은 농업과 목축에 종사했던 다른 지역과 달리 상업과 무역 활동이 활발했습니다. 땅이 척박하여 올리브 외에 생산할 수 있는 농작물이 별로 없는 자연적 조건은 무역에 의존할 수밖에 없게 만들었습니다. 부지런히 생산하고 교역을 하는 과정에서 그리스 사람들(시민)은 경제적으로 비교적 여유로운 생활을 할 수 있었습니다. 자유 시민들의 존재, 이것이 그리스 민주주의의 기반이기도 하고 여유롭게 우주에 대해 깊은 사유를 할 수 있는 기반이 되기도 했습니다. 다신교 사회로서 종교에 대해서도 강제가 없었습니다. 그리스 신화를 읽으면 알 수 있듯이 자유분방한 상상력을 신화에 투영하고 있었습니다. 이것이 그리스 신화로 대표되는 신화의 시대를 마감하고 자연철학의 시대로 진입하게 된 물적 토대라고 할 수 있습니다.

둘째로 물적 토대를 기반으로 활약한 철학자들의 등장입니다. 노예제 사회의 특징은 노동으로부터 해방된 계급에서 지적 활동을 하는 사람들이 등장했다는 사실입니다. 『오디세이』와 『일리어드』에서 보듯이 신화와 역사가 혼재된 과도기를 거쳐 명실상부한 과학(스키엔티아)의 시대로 진입한 것이 바로 자연철학인 셈입니다.

세 번째로 헬레니즘 철학의 융성입니다. 알렉산더 대왕의 정복 활동은 그리스 철학이 페르시아와 인도, 그리고 아프리카로 확대되는 동시에 동양철학과의 융합이 이루어지는 계기를 만들었습니다. 폴리스에서 코스모폴리탄으로의 도약과 더불어 학문도 폭과 깊이를 더할 수 있게 되었지요. 역시 융합은 새로운 문화를 만들어내는 원동력입니다. 종교의 영향은 철저하게 배격한 가운데 철학에 집중했습니다. 에피큐리즘(epicurism, 快樂主義)과 스토아학파(Stoicism), 회의학파(skeptikoi, 懷疑學派), 견유학파(Cynics, 犬儒學派)

등이 그것입니다. 그런 가운데 유클리드와 아르키메데스 등 과학자들의 성과가 전해지는 것은 다행스러운 일입니다.

그러나 안타깝게도 자연철학과 헬레니즘 철학의 내용을 기록한 자료는 남아 있는 게 별로 없습니다. 예를 들어 에피큐러스의 철학만 해도 로마의 시인 루크레티우스(Lucretius Carus, B.C.96?~B.C.55)의 시에서 유추할 수 있는 정도입니다. 그럴 수밖에 없었던 이유가 있습니다. 그리스 철학의 중심을 형성하고 있는 소크라테스(Socrates, B.C.469?~B.C.399)와 플라톤(Plato, B.C.428/427~B.C.348/347), 그리고 아리스토텔레스(Aristoteles, B.C.384~B.C.322)는 자연철학을 배격했습니다. 오로지 철학의 대상을 철저하게 인간 사회로 한정한 것입니다. 그래서 인문학(humanity)이 된 것이지요. 물론 지금의 인문학보다는 폭이 넓었지요. 자연철학을 배제한 모든 것이 대상이었지요. 그런 가운데 아리스토텔레스가 자연학에 관심을 가졌던 것은 주목할 만합니다.

그리스 사람들은 인간이 질서 있게 정돈된 코스모스(Cosmos)에 살고 있다고 믿었습니다. 코스모스란 단어를 처음 사용한 사람은 피타고라스였다고 합니다. 그는 우주를 '아름다운 조화가 있는 전체'라는 의미의 코스모스로 봄으로써 우주를 인간의 이해 범주 안으로 끌어들였던 것입니다. 다만 플라톤과 자연철학자들 사이에는 인식의 차이가 있었습니다. 플라톤과 아리스토텔레스는 코스모스의 설계자가 있다고 믿은 반면에 원자론을 제기한 레우키포스(Leukippos, B.C.5C경)와 데모크리토스는 우주가 우연에 의해 정돈되었다고 생각했습니다. 플라톤은 조각가인 신이 카오스로부터 코스모스를 만들었다고 믿었으며, 아리스토텔레스는 코스모스가 처음부터 지금과 같은 모습으로 정돈되어 있는 것으로 믿었습니다. 반면에 레우키포스와 데모크리토스는 소용돌이로부터 물질이 만들어졌다고 믿었습니다. 플라톤과 아리스토텔레스는 목적론으로 우주와 신체를 설명한 반면 자연철학자들은 목적론에 반대했습니다.(Gregory, 2001) 플라톤과 아리스토텔레스는 이렇게 자연철학과는 상반된 견해를 가지고 있었습니다. 세이건도 같은 생각입니다.

> 옛 이오니아 사람들의 전통은 소크라테스 이후의 그리스 사조와는 상반되는 것이었다. 도리어 현대 과학과 더 잘 어울린다. 이오니아의 과학자들이 강하게 영향을 준 시대가 겨우 200~300년밖에 이어지지 못했음은 이오니아의 각성기와 이탈리아의 부흥기(르네상스) 사이에 태어나서 살다 간 수많은 사람들에게 하나의 돌이킬 수 없는 손실이었다. (Sagan, 1980/2006, 363쪽)

그리스의 철학과 문예는 로마로 계승되어 이어져 오다가 로마 멸망 이후 실종됩니다. 중세 암흑기가 1천 년 동안 지속된 것이지요. 로마에서 실종된 그리스 철학과 문예가 이탈리아에서 부흥했다는 사실은 묘한 느낌을 갖게 합니다. 사실 그리스 철학과 문예는 아라비아 제국에서 앞서 부활하고 발전된 형태로 유럽에 전해지지요. 어쨌거나 오랜 기간 동안 그리스 철학과 문예는 인류 역사에서 실종된 상태였습니다. 그 시기를 살다 간 사람들에게는 분명히 아쉬운 일이지요.

> 그들(플라톤과 아리스토텔레스)은 사상과 물질을 별개의 것이라고 가르쳤다. 어디 그것뿐인가, 그들은 하늘을 지구에서 분리시켰다. 이것이 서양의 정신세계를 2,000년 이상 지배해 온 분리의 사상이다. '만물에 신이 깃들어 있다.'라고 믿었던 플라톤은 자신의 정치관을 우주관에 연결하기 위한 논지

에서 사실 노예의 비유를 십분 활용했다. 그는 데모크리토스의 책을 모조리 불태워 버리라고 했다. 이것은 아마도 데모크리토스가 불멸의 영혼이나 불멸의 신 또는 피타고라스학파의 신비주의를 인정하지 않았기 때문일 것이다. (Sagan, 1980/2006, 373쪽)

사상(의식)과 물질을 별개의 것으로 가르쳤다는 것은 이원론을 말하는 것입니다. 의식은 물질의 반영이건만 별개로 나누었다는 것은 과학적이지 않지요. 자연철학과 대비되는 점입니다. 그렇지만 장점도 있습니다. 바로 존재론 내지는 이데아론으로 경험 세계의 배후에 있는 진상을 알아내려고 하는 집요함을 길러냈다는 겁니다. 당시에는 데모크리토스와 대립했지만, 근대 이후에는 그 집요함이 경험적으로는 알아낼 수 없는 원자의 존재를 확인하게 되는 쾌거를 이루어 내게 됩니다. 그것이 서양에서 자연과학이 등장하고 성행하게 된 원동력이 되었습니다. 그래서 서양의 철학은 플라톤의 각주에 불과하다는 평가를 받게 된 것입니다. 노예제 사회의 지배계급이었던 그들이 노예를 비하하고 노예제 사회를 옹호했던 것은 한계이면서도 자연스러운 것이었겠지요. 지금의 기준으로 과거를 재단할 수는 없습니다. 다만 기득권계급으로서 자신의 손으로 직접 일을 해 무엇을 만든다든가, 또는 기존의 지식 체계에 도전하든가 하는 일을 매우 어려워하는 관계로 과학이 뿌리 내리기는 어려울 수밖에 없었을 겁니다.

이 장에서 기억하고자 하는 것은 아리스타르코스(Aristarchos of Samos, B.C.310?~B.C.230)의 우주론입니다. 아리스타르코스는 지동설을 주장한 첫 번째 인물이었습니다. 그는 월식을 관찰하고는 태양이 지구보다 훨씬 크고 매우 먼 거리에 있다고 생각했습니다. 그래서 지구를 포함해서 모든 행성

아리스타르코스는 지동설을 주장한 첫 번째 인물이었습니다. 그는 월식을 관찰하고는 … 지구를 포함해서 모든 행성들이 태양 주위를 회전하고 있다고 추론했습니다.

들이 태양 주위를 회전하고 있다고 추론했습니다. 프톨레마이오스(Claudius Ptolemaeos, 83?~168?)의 천동설과는 다른 생각을 했던 자연철학자였지요.

아리스타르코스가 우리에게 남겨준 위대한 유산은 지구와 지구인을 올바르게 자리매김한 것이다. 지구와 지구인이 자연에서 그리 대단한 존재가 아니라는 통찰은 위로는 하늘에 떠 있는 별들의 보편성으로 확장됐고 옆으로는 인종 차별의 철폐로까지 이어졌다. 그러나 이러한 통찰이 성공을 거두기까지 인류의 역사는 반대쪽으로 흐르는 물결을 끊임없이 거슬러 가며 저항해야 했다. 지구와 지구인을 우주에서 올바르게 자리매김하는 일이 천문학, 물리학, 생물학, 인류학, 경제학, 정치학의 발전에 원동력을 제공했음에도 불구하고 자연에 대한 깊은 통찰의 결과가 완강한 사회적 저항에 직면할 수 밖에 없었던 이유는 그러한 통찰이 천문학 이외의 분야에 초래하게 되는 사회적 영향의 심각성 때문이라고 나는 생각한다. (Sagan, 1980/2006, 380쪽)

제2부 코스모스와 미디어

제5장

우주의 역사

망원경이라는 미디어

현재 대학의 저널리즘 교육에서는 '저널리즘의 역사와 철학'을 가르치지 않습니다. 당연히 이 분야를 공부하는 연구자도 거의 없습니다. 수요를 죽여 놓았는데 공급자가 있을 리 없지요. 모두 당장의 현안 중심의 연구와 학생들의 취업에 도움이 될 것이라고 믿는 소위 실용적인 분야의 강의에 치중하는 실정입니다. 이는 저널리스트들에게 인문학의 소양이 얼마나 중요한지를 모르고 등한시하는 근시안적인 발상입니다. 특히 제4차 산업혁명은 융합을 특징으로 하는바, 미디어 교육도 그에 부합해야 합니다. 과거의 전문가주의 시대에는 아주 좁은 한 분야의 전문가가 되면 그게 평생직장을 보장해 주었지만, 앞으로는 평생 동안 직장이 열아홉 번까지 바뀔 수 있다는 예측도 있습니다. 따라서 학생들은 미리 다양한 분야의 공부를 해야 하고, 대학의 교육은 그에 부응해야 합니다. 그러자면 대학의 교육이 혁신되어야 하고 연구자도 달라져야 함은 물론입니다. 그러나 현실은 그렇지 못합니다. 기득권 때문입니다. 기득권을 가진 교수들이 전문주의에 안주하면서 융합의 흐름에 마음을 열지 않고 있기 때문입니다. 그래서 매클루언(Herbert Marshall McLuhan, 1911~1980)은 일찍이 기성 지식에 의존하는 전문가들에게 혁신은 새로움이 아니라 파멸이라고 간파했던 것입니다. 그러나 누군가는 역사 연구를 계속해야 합니다.

미디어 빅히스토리는 미디어의 역사를 우주와 생명의 역사 차원으로 확대하려는 것입니다. '빅히스토리(Big History)'는 호주 매쿼리 대학의 역사학 교수인 데이비드 크리스천(David Christian, 1946~)이 인류 역사 중심의 역사 연구를 우주론, 지구물리학, 생물학, 역사학 등의 다양한 학문 분야를 통합해 빅뱅 이후 현재까지의 역사를 포괄하는 학문으로 새롭게 개척한 것입니다. 미국의 신시아 브라운(Cynthia Brown, 1938~2013)과 이언 크로프턴(Ian Crofton), 제레미 블랙(Jeremy Black, 1955~) 등도 우주와 지구, 생명, 인간의 역사를 통합하는 빅히스토리를 연구하고 있습니다. 미디어 빅히스토리는 미디어의 역사를 빅히스토리의 맥락에서 서술하는 것입니다.

매클루언(McLuhan)은 전깃불이 '메시지가 없는 미디어'로서 세상을 변화시켰다고 했습니다.(김동민, 2019, 67쪽) 가장 원초적인 미디어는 빛입니다. 빛이 없는 세상은 생각할 수도 없습니다. 무엇보다도 빛은 우주의 역사를 간직한 메시지를 전달해 주는 미디어입니다. 2019년, 우주 역사상 최초로 촬영된 블랙홀 사진은 빛이 전달해 준 메시지입니다. 그것을 담아낸 거대 망원경도 미디어임은 물론입니다. 미디어의 개념을 지금처럼 제한해 놓을 하등의 이유도 없습니다. 정보를 보관하고 전달해주는 것은 모두 미디어입니다. 경계를 허물면 미디어 연구의 지평은 훨씬 넓어질 것입니다. 미디어 빅히스토리의 저술의 당위성이 여기에 있습니다.

통섭을 주장하는 사회생물학의 창시자 윌슨(Edward Wilson, 1929~)은 이렇게 합니다. "나를 비롯한 많은 사상가들은 자연과학의 중요성과 그것의 사회과학과 인문학과의 통합을 그 어느 때보다 심각하게 고려할 때가 되었

미디어 빅히스토리는 미디어의 역사를 우주와 생명의 역사 차원으로 확대하려는 것입니다. … 망원경은 눈의 확장으로서 미디어입니다. 맨눈으로 볼 수 없는 멀리 있는 대상을 보여주는 것입니다.

다고 믿는다. 동반 영역으로서가 아니라 지식의 기초 체계를 이루는 통합 말이다." 윌슨이 이 말을 하며 거론한 용어가 '컨실리언스(consilience)'입니다. 그의 제자인 최재천 교수가 통섭(通攝)이라고 번역하여 생물학 환원주의라고 비판을 받으며 지금은 시들해졌는데, 원래 19세기 중반 컨실리언스라는 말을 처음 사용한 휴얼(William Whewell, 1794~1866)의 의도는 21세기의 화두가 되어 있는 '융합(融合)'이었습니다. 수원지에서 발원하여 지류들을 형성하듯이 분과들로 나누어진 학문들이 다시 한곳으로 모이도록 하자는 의미로 사용했던 것입니다.

2019년 4월 10일 사건의 지평선 망원경(Event Horison Telescope)으로 포착한 블랙홀 사진이 공개되었습니다. 이 사실은 인터넷으로 생중계되었고, 우리나라도 모든 매체들이 보도했지요. 당시 블랙홀 촬영은 미국 하와이, 칠

레, 프랑스, 남극 등 세계 9곳에 설치된 전파망원경을 하나로 연결해 만든 사진으로 지난 2012년 출범한 EHT(Event Horizon Telescope, 사건지평선망원경) 프로젝트의 연구 성과라고 합니다. 이것은 미디어 연구 및 커뮤니케이션학과 관련이 있을까요, 없을까요? 물리학이나 천문학의 영역이니 몰라도 될까요?

망원경은 눈의 확장으로서 미디어입니다. 맨눈으로 볼 수 없는 멀리 있는 대상을 보여주는 것입니다. 그리고 그것을 사진으로 남깁니다. 이번에 촬영된 블랙홀은 지구에서 5,500만 광년 거리에 있으며, 그 질량은 태양의 65억 배라고 합니다. 태양의 질량은 지구의 33만 배입니다. 블랙홀은 이렇게 어마어마한 질량으로 시공간을 휘게 만들고, 주변의 빛이 휘어진 시공간 주변에 모여 사건의 지평선을 형성합니다. 그리고 그 주변의 빛이 블랙홀의 모습을 담은 메시지를 싣고 5,500만 년을 달려와 지구 아홉 곳의 전파망원경에 포착된 것입니다. 지구가 태양 주변을 공전하는 것도 태양의 중력이 형성해 놓은 휘어진 시공간 때문입니다. 일반상대성이론의 설명입니다.

일반상대성이론은 뉴턴의 중력이론의 새로운 버전입니다. 뉴턴의 이론은 질량만큼 끌어당기는 힘이 작용하는 것이라고 했는데, 아인슈타인은 시공간이 휜다는 점과 중력파의 존재를 예견했습니다. 지구는 태양의 질량에 의해 휘어진 공간을 벗어나지 못하고 공전하고 있는 셈입니다. 일반상대성이론은 아인슈타인이 발표한 지 4년이 지난 1919년 에딩턴(Arthur Stanley Eddington, 1882~1944)이 개기일식이 진행되는 시간에 태양의 뒤편에 있는 별에서 나온 빛이 휘어져 지구에 도달하는 장면의 사진을 찍는 데 성공함으로써 처음 입증되었습니다. 영국의 천문학자 에딩턴은 아인슈타인의 조국인 독일과는 제1차 세계대전을 치른 적대국가의 과학자임에도 불구하고 아인슈타인의 이론을 검증하려 나선 것입니다.

그 후 일반상대성이론이 발표된 지 정확하게 100년이 지난 2015년 중력파 관측소(LIGO)는 중력파를 포착하는 데 성공해 2017년에 발표한 바 있습니다. 에딩턴에 이은 두 번째 증명이었습니다. 그리고 블랙홀 발견(촬영)이 세 번째 증명입니다. 이로써 일반상대성이론은 완벽하게 확인되었습니다. 이렇게 물리학은 수학으로 규명된 우주의 법칙을 관측으로써 입증합니다.

빛의 궤적은 전파망원경으로 추적합니다. 그런데 빛은 빅뱅 이후 30만 년 동안 갇혀 있었습니다. 그 이유는 뒤에 다시 설명하겠습니다. 따라서 그 기간에 대한 정보는 중력파를 추적해서 얻어야 합니다. 그래서 물리학자와 공학자들은 중력파의 발견에 고무되어 중력파 망원경을 준비하고 있습니다.

물리학 이론은 물리학자들에게만 해당하는 게 아니라 모든 영역에 영향을 미칩니다. 생명과학이나 화학, 지질학 등도 마찬가지입니다. 이를테면 상대성이론은 세계관의 변화를 가져왔습니다. 특수상대성이론에 따르면 빠른 속도로 이동하면 그만큼 시간은 지체되고 공간은 수축합니다. 만약 빛과 같은 속도로 이동한다면 시간은 정지되고 공간의 제약은 사라집니다. 더 나아가서 빛보다 빠르게 이동한다면 과거의 시공간에 도달하겠지요. 오늘날 공상과학소설과 영화, 드라마들은 모두 이 상대성이론이 있음으로 해서 시도할 수 있게 된 상상력의 발휘의 결과입니다. 예를 들어 마블의 영화들이 그러하고, 또 현재의 형사가 20년 전 사망해 유해까지 발견된 형사와 무전기로 통화하면서 장기미제사건을 해결해 나간다는, 2016년 tvN에서 방영된 〈시그널〉이란 드라마가 그러합니다. 분명히 커뮤니케이션학의 연구 대상이 되어야 함에도, 인지조차도 하지 못하는 현실입니다.

역사학은 주로 인류의 역사를 다룹니다. 인류가 어떻게 해서 지구에서 살게 되었는지, 지구에서 어떻게 해서 생명이 탄생해서 진화해 왔는지, 우주 자연과는 어떻게 상호작용을 하는지 등에 대해서는 그다지 관심이 없습니다. 하물며 인문학은 자연과학에 대해 적대적입니다. 역사학을 사회과학에서 분리해 인문학으로 분류해 놓았으니, 마찬가지로 인문학의 정체성으로 자연과학에 대해 적대적이라 할 수 있습니다. 사회과학도 사회 현상은 자연 현상과 다르고 우주의 법칙과는 무관하다는 생각에 자연과학을 멀리합니다. 그러나 원래 사회과학은 자연과학을 모델로 하여 사회 현상의 법칙을 수립하려는 정신에서 출발했습니다. 콩트는 물론이고 19세기 사회과학자들은 그래서 자연변증법에 충실했습니다. 19세기까지의 뉴턴역학과 열역학, 전자기학, 그리고 진화론의 이론과 지식을 사회 현상의 설명에 반영했던 것입니다. 19세기 말에 X-ray, 전자, 양성자 등이 잇따라 새로이 발견되면서, 20세기는 현대물리학의 시대가 됩니다. 1905년의 특수상대성이론과 1915년의 일반상대성이론, 그리고 1926년 양자역학이 등장한 것입니다. 양자역학은 트랜지스터의 발명으로 이어져, 1950년대 이후 전자혁명의 토대가 됩니다. 매클루언(McLuhan)은 전자기학과 현대물리학, 그리고 생명과학의 발전을 반영하여 미디어에 대한 통찰력을 발휘하게 됩니다. 그러나 자연과학의 성과를 미디어 연구에 반영하는 자연변증법은 매클루언에서 멈춥니다.

미디어 빅히스토리는 이러한 현실을 반영하여 사회과학과 인문학, 자연과학의 융합학문으로서 미디어의 역사를 새롭게 구성하려는 것입니다. 그렇게 한다면 언론사마다 기자들마다 중구난방으로 해석이 제각각인 객관보도와 공정보도의 개념도 명료해질 것입니다. 무릇 모든 개념은 역사의 산물입니다. 개념은 어두운 밤에 목적지를 정확하게 찾아가게 도움을 주는 등대와 같은 역할을 하므로, 개념이 제각각이면 엉뚱한 곳에서 헤맬 가능성이 커지겠지요. 객관보도와 공정보도의 개념을 명료하게 함으로써 저널리즘의 정상화에도 기여하게 될 것입니다. 객관성이 지향하는 진실의 추구와 공정함의 욕구는 인간의 유전자에 새겨진 본능이라는 사실을 인식하는 것이 중요합니다.

138억 년의 우주, 불과 8분의 인류

인류의 조상인 유인원이 지구상에 처음 나타난 것이 대략 500~600만 년 전이고, 현생인류는 겨우 20만 년 전에 등장합니다. 생명의 역사 38억 년, 지구의 나이 46억 년, 우주의 나이 138억 년에 비하면 아무것도 아니지요. 우주를 안다는 것은 우주 인식의 주체인 인간 자신을 알아가는 단초에 해당합니다. 세이건(Carl Sagan)은 "이 세계는 어마어마하게 늙었고 인류는 너무나도 어리다."라고 했습니다. 다시 세이건의 계산을 인용해 보면, 우주의 나이 150억 년을 1년으로 압축했을 때 최초의 인류가 나타난 것은 12월 31일 오후 10시 30분경이 됩니다. 그리고 알파벳을 사용하기 시작한 게 11시 59분 51초경입니다. 우주의 나이가 138억 년으로 수정되었으니 현생인류가 등장한 시간은 밤 11시 52분, 정착해 농사를 짓고 가축을 기르기 시작한 게 11시 59분 36초에 해당합니다. 그러니 기존의 역사학이 다루는 범위가 우주 차원에서 보면 아주 찰나의 순간밖에 되지 않은 것을 알 수 있습니다. 통상적인 미디어의 역사도 마찬가집니다. 지금 인류는 허블망원경으로 우주의 많은 비밀을 밝혀냈으며, 블랙홀까지 찾아내 사진으로 남겼습니다. 그러나 빛(전자기파)을 추적하는 전파망원경으로 들여다본 우주의 역사는 빅뱅 이후 30만 년까지의 기간에 해당하는 공백이 있습니다. 그 기간의 비밀은 2015년 발견된 중력파를 추적하는 중력파 망원경으로 확인해야 합니다. 물론 수학적으로는 많은 사실들을 밝혀내고 있지만 증명하는 일이 남은 겁니다.

세이건이 얘기했듯이 인류는 전파망원경을 통해 우주의 어마어마하게 멀리 떨어진 존재와 소통을 할 수 있게 되었습니다. 지금은 태양계를 벗어나 인터스텔라의 항해를 하고 있는 보이저 2호에는 우주인과 소통하기 위한 메시지들이 녹음되어 있습니다. 따라서 미디어와 커뮤니케이션의 역사를 인류사의 범주에서 벗어나 우주로 확대할 필요가 있는 것입니다. 시야를 확대해야 역사의 맥락을 긴 호흡에서 관찰할 수 있는 법입니다. 그럼으로써 우주와 자연의 장대한 역사에서 인류의 역사를 성찰할 수 있을 것입니다. 생명의 역사에서 가장 늦게 등장한 고등동물인 인간이 기후변화 등 지구 환경을 파괴하고 동식물의 대멸종 사태를 촉발하면서 급기야 호모 사피엔스 자신의 멸종으로 치닫고 있는 현실입니다. 인류가 멸종하면 지구 환경은 다시 회복되고 새로운 생명의 시대가 열릴 것입니다. 우주적 시야에서의 성찰이 필요한 까닭입니다. 보이저 2호가 해왕성에서 찍은(1990.2.14) 사진을 보면 지구는 창백한 푸른 점(A Pale Blue Dot) 하나에 불과했습니다. 태양계를 품고 있는 우리 은하에는 별이 천억 개가 넘게 있고, 우주 전체에는 그런 은하가 천억 개나 있습니다. 만물의 영장이라는 오만을 버리고 겸손해져야 하고, 하나밖에 없는 지구를 소중하게 생각해야 합니다. 스티븐 호킹(Stephen William Hawking, 1942~2018)은 100년 내에 지구를 탈출하지 않으면 인류는 멸종할 것이라고 경고한 적이 있습니다. 그러나 인류가 정착해 살 수 있는 행성을 찾아 탈출하는 것은 지금으로선 불가능합니다. 지구를 지키는 길 외에 방법은 없습니다.

서양에서 질서를 의미하는 코스모스(cosmos)를 동양에서는 우주(宇宙)라고 번역했습니다. 중국 전한시대의 『회남자(淮南子)』에 기록된 "往古來今謂之宙, 天地四方上下謂之宇(예로부터 지금까지를 '주'라 하고, 천지사방상하를 '우'라 한다)"에서 착안한 것입니다. 자연을 의미하는 천지사방 상하의 공간과 그 공간에서 지내온 시간이라는 것입니다. 그 시간과 공간의 개념은 뉴턴의 절대공간과 절대시간을 경유하여 아인슈타인의 4차원의 휘어진 시공간으로 수정되었습니다. 이 시공간에서 인류가 치열하게 다투며 살고 있습니다. 인간 지성의 기원은 인류가 탄생하기 훨씬 전인 138억 년 전의 빅뱅에서부터 찾아야 합니다. 인간(생명)은 38억 년 전 아주 작은 미생물에서 시작되었으며, 그 미생물을 구성하는 입자는 우주에서 날아온 별의 잔해들입니다. 〈별에서 온 그대〉라는 드라마가 있었지요. 인간을 비롯해 모든 생명은 별의 자식들입니다. 죽으면 별에게로 돌아간다고 하지요.

허블망원경을 아십니까? 우리가 보는 우주의 선명한 사진들은 대개 허블망원경이 찍은 것입니다. 허블망원경은 지구 궤도 밖 우주 공간에 있습니다. 지구에서는 망원경의 성능이 아무리 뛰어나더라도 그렇게 선명한 사진을 얻기 어렵습니다. 우주의 사진이란 게 빛을 모아 이미지를 얻는 것인데 그 빛이 지구 대기권을 통과하면서 흐려지기 때문이지요. 그래서 과학자들은 우주 공간에 천체망원경을 배치하고 그 이름을 허블망원경이라고 한 것입니다. 허블(Edwin P. Hubble, 1889~1953)은 미국의 천문학자로서 우주가 팽창하고 있다는 사실을 관측하고, 멀리 있는 은하일수록 그만큼 더 빠른 속도로 멀어진다는 허블의 법칙을 발견함으로써 인류가 우주를 이해할 수 있는 혁명적인 전환을 이끌어낸 인물입니다. 그래서 우주에 띄운 망원경에 그의 이름을 붙인 것입니다.

허블은 외부 은하에 있는 세페이드 변광성의 적색 편이를 측정해 은하들이 지구로부터 멀어지고 있는 현상을 측정했습니다. 도플러 효과와 마찬가지로 청색 편이는 지구 쪽으로 다가오는 것이고, 적색 편이는 멀어지고 있다는 사실을 증명해 주는 것입니다. 결과는 모두 적색편이였습니다. 허블은 46개 은하를 관측한 결과를 측정해 그래프로 표시한 결과 규칙적으로 멀어지고 있는 것을 발견했습니다. 지구로부터 멀리 떨어져 있는 것만큼 빠른 속도로 멀어지는 것이었습니다. 이것을 허블의 법칙이라고 하고, 직선의 방정식에서 직선의 기울기를 허블상수라고 합니다. 나중에 교정된 허블상수는 70km/초/Mpc입니다. 300만 광년 멀어질 때마다 초속 70km씩 더 빨리 멀어지고 있다는 얘깁니다.

허블의 이 발견은 우주는 처음부터 지금의 모습으로 평행상태에 있다는 평행우주론에 종지부를 찍게 만들었습니다. 그러나 사실 처음에는 허블의 놀라운 발견을 믿는 과학자가 많지 않았습니다. 오랫동안 의심의 여지없이 굳게 믿어온 신념을 하루아침에 바꾸기가 쉽지 않겠지요. 갈릴레오 때도 그랬고 다윈 때도 그랬습니다. 두 사람 다 고초를 겪고 비난의 표적이 되기도 했지요. 심지어 천하의 이인슈타인도 일반상대성이론의 중력장 방정식을 만든 후 우주가 팽창하는 것으로 나오자 우주상수를 집어넣어 고정시켰답니다. 아인슈타인은 허블의 초청을 받아 윌슨산 천문대에 가서 후커 망원경을 보고나서야 자신의 실수를 인정하고 팽창우주론을 받아들였습니다.

허블은 1929년 100인치 망원경의 관찰로 이렇게 우주가 빠른 속도로 팽창하고 있으며, 멀리 있는 은하가 더 빨리 멀어진다는 사실을 밝혀냈습니다. 우주가 계속 팽창해 왔으므로 거꾸로 거슬러 올라가면 원초적 출발점에 해당하는 최초의 특이점이 있었을 것이고, 그것의 빅뱅으로 우주의 역사가 시작되는 것입니다. 최근 허블상수의 측정에 따른 계산으로 우주의 나이는

137억 년에서 138억 년으로 늘어났습니다.

허블의 발견은 우주의 시작을 계산하는 단초를 제공합니다. 우주가 팽창하고 있다면 거꾸로 거슬러 가면 우주가 시작되는 시점을 알 수 있다는 생각입니다. 허블상수를 적용해 계산한 우주의 나이는 138억 년입니다. 그러면 138억 년 전에는 무슨 일이 있었을까요? 지금의 우주의 모든 질량이 하나의 점으로 압축되어 있다가 굉음을 울리며 번쩍 하고 터지는 광경의 이미지를 많이 보았을 겁니다. 그래서 빅뱅(big bang)입니다. 이로써 시간과 공간의 역사가 시작됩니다. 그리고 빛의 역사가 시작됩니다. 이 태초의 빛이 우주 공간을 떠돌아다니다가 과학자들의 안테나에 포착되었습니다. 그것이 우주배경복사라는 것입니다. 조지 가모프(George Gamow, 1904~1968)의 예측 이후 아노 앨런 펜지어스(Arno Allan Penzias, 1933~)와 로버트 우드로 윌슨(Robert Woodrow Wilson, 1936~)에 의해 우연히 포착되었는데, 두 사람은 이 우주배경복사를 발견한 공로로 노벨 물리학상을 받았습니다.

제6장

코스모스와 인류 역사

최초의 미디어, 빛

우리는 흔히 미디어라고 하면 언어와 문자, 신문, 방송, 인터넷 등 의사소통의 수단이나 정보의 저장 및 전달을 위해 고안해 낸 기계적 장치들을 생각합니다. 인간의 신체 기능의 일부로서 자연스럽게 진화된 언어를 제외하면 모두 인공물들이지요. 미디어의 역사를 서술할 때의 대상도 모두 여기에 한정됩니다. 그러나 그것만일까요?

과학자들은 혹시 있을는지 모르는(아마 있을 것입니다) 외계인의 언어를 포착하기 위해 노력하고 있으며, 보이저 2호는 외계인에게 보내는 메시지를 싣고 인터스텔라의 영역으로 진입했습니다. 뿐만 아니라 인류는 아주 오랜 옛날부터 별을 보며 생활을 영위해 왔습니다.

> 인간은 세상을 파악할 줄 아는 지혜를 갖고 있다. 애초부터 인간은 주위에서 일어나는 모든 현상의 배후를 의식하며 살아 왔다. 인류가 사냥을 하고 불을 피울 수 있었던 것도 무언가를 생각해 보고 알아냈기 때문이다. 하지만 인류에게는 텔레비전, 영화, 라디오, 하다못해 책마저 없었던 시절이 있었다. 인류는 지난날의 거의 대부분을 이런 상태로 보냈다. 우리 조상들

은 달 없는 밤, 활활 타오르던 모닥불이 사그라져 깜부기불이 되면 그 주위에 앉아서 하늘의 별들을 바라보았을 것이다. (Sagan, 1980/2006, 107쪽)

인공물로서의 의사소통의 수단이 없었을 때 인류는 밤하늘의 별을 바라보았습니다. 그냥 바라보는 데 그치지 않고 변화를 알아내고 삶과 연관 지어 생각했습니다. 별을 바라본다는 것은 별빛을 관찰하는 것입니다. 별은 항상 그 자리에서 빛을 비추고 있었으므로 항성(恒星)이라고 했습니다. 항성을 떠난 빛이 지구에 도달하기까지는 수백만, 수천만 광년이 소요됩니다. 빛의 속도로 수백만 년, 수천만 년 가야 하는 거리에 있다는 뜻이지요. 그 별들은 늘 제 자리를 지키고 있는 반면에 떠돌아다니는 별들이 관측되었으니 바로 행성(行星)입니다. 물론 항성도 제자리에 있는 것은 아닙니다. 워낙 먼 곳에 있다 보니 늘 그 자리에 있는 것으로 보일 뿐입니다.

예를 들어 우리가 지금 보는 안드로메다 은하의 별들은 200만 년 전의 모습입니다. 인간이 관찰하기 시작한 게 고작 20만 년이니 위치의 변동을 감지하지 못하는 것입니다. 더 먼 곳의 별들은 말할 것도 없지요. 지금은 사라진 별들도 있을 겁니다. 옛날 사람들이 망원경 없이 맨눈으로 관찰할 수 있는 행성은 수성에서 금성, 화성, 목성을 거쳐 토성까지 5개였습니다. 사람들은 고정되어 있는 별자리에서 이동하는 행성들이 삶에 심오한 영향을 미치는 것으로 생각했습니다. 지구를 중심으로 지구에서 관찰한 별자리의 1년 동안의 이동을 구분하여 그린 황도십이궁도 그런 것입니다.

세대가 바뀔 때마다 사람들은 자신들의 조상으로부터 많은 것을 배워 왔다. 해와 달과 별의 위치와 그들의 움직임을 정확하게 알면 알수록 사냥을 언제 나가야 하는지, 씨앗은 어느 날쯤 뿌리고 익은 곡식을 언제쯤 거둬야 할지, 그리고 부족 구성원은 언제 모두 불러 모아야 할지를 더 정확하게 예측할 수 있었다. 측정의 정확도가 향상됨에 따라 기록을 보존하는 일이 점점 중요시되었다. 그러므로 천문학은 관측과 수학과 문자의 발달에 크게 이바지했다. (Sagan, 1980/2006)

실제로 해와 달의 위치 변화는 인간의 생활에 지대한 영향을 미칩니다. 해와 달은 존재 자체가 지구의 생명체에 지대한 영향을 미치는 것은 물론입니다. 해가 뜨고 지는 위치의 주기적 변화, 달이 뜨고 지는 위치와 모양의 주기적 변화를 인식하면서 그것을 생활에 반영하기 시작했습니다. 그 과정에서 면밀한 관찰의 결과를 기록해야 할 필요가 커진 것이 수학과 문자의 발달을 가져왔다는 것입니다.

빛의 정체에 관하여

태초에 하나님이 천지를 창조하시니라. 땅이 혼돈하고 공허하며 흑암이 깊음 위에 있고 하나님의 신은 수면에 운행하시니라. 하나님이 가라사대 빛이 있으라 하시매 빛이 있었고 그 빛이 하나님이 보시기에 좋았더라.…

… 하나님이 그들에게 복을 주시며 그들에게 이르시되 생육하고 번성하여 땅에 충만하라, 땅을 정복하라, 바다의 고기와 공중의 새와 땅에 움직이는 모든 생물을 다스리게 하시니라.

기독교의 경전 창세기에 나오는 창조 신화 얘기입니다. 인류가 이성적 사유를 하기 전, 자연 현상을 신과 관련지어 사유하던 시기에 곳곳에서 숱하게 지어낸 창조 신화의 전형적인 내용입니다. 신이 말씀으로 우주를 창조했는데, 혼돈의 흑암 가운데 물은 이미 존재했으며 처음 창조한 게 빛이라는 얘기입니다. 빛에 주목해 봅니다. 원시 인류에게 가장 두드러지게 보이는 게 해와 달과 별의 빛이었을 겁니다. 해와 달과 별의 움직임을 관찰하여 인간의 생활과 운명을 예측하고 활용하는 원시적인 천문학과 주역이 발달하였습니다. 보이는 게 전부였던 시절에 지구와 사람 중심의 사고방식을 가지게 되는 것은 자연스러운 것이지요.

그러나 과학이 발달한 현대에도 이러한 신화적 · 종교적 사고에 갇혀 있다는 것은 불행한 일입니다. 아마 신화적 · 종교적 사고가 인류에게 가져다준 가장 큰 불행은 신이 인간에게 지구와 동식물을 지배하고 정복하는 지위를 부여했다고 인식하게 만든 것이라는 생각입니다. 이 원시 인류의 소박한 생각이 데카르트를 거쳐 근대를 관통한 결과 지구 생태계는 심각하게 훼손되어 버렸습니다. 관성의 법칙에 따라 회복 불능의 상태로 질주하고 있는 모습입니다. 그래서 우리는 냉철한 이성을 회복해야 합니다. 인류의 삶이 자연과 무관하다는 사회과학의 무지몽매함에서 벗어나야 합니다. 지구의 정복자, 생명체의 지배자라는 생각을 버려야 합니다. 앞에서 소개한 대로 칼 세이건은 이미 오래전에 오늘날의 기후위기를 예견하고 경고한 바 있습니다.

금성은 이산화탄소로 인해 형성된 황산 성분의 구름이 감싸고 있습니다. 온실효과입니다. 금성의 표면은 이 구름에 가려져 있어서 인공위성이 구름을 뚫고 착륙해 사진을 찍어 보내온 후에라야 확인할 수 있었지요. 세이건은 금성을 온실효과로 인해 지옥의 상황이 구현된 저주의 현장으로 묘사했습니다. 감상적으로 생각해 왔던 샛별과는 전혀 다른 현실이지요. 세이건은 지구도 이산화탄소를 규제하지 않으면 지옥과 같은 금성처럼 변할 것이라고 경고한 것입니다. 인류는 지구의 정복자, 지배자에서 수호자로 변신해야 합니다. 그런 인식을 갖기 위해서는 인문학과 사회과학의 좁은 소견에서 벗어나 넓게 생각해야 합니다. 자연과학의 융합이 요구되는 까닭입니다.

20세기 후반에 아름다운 행성 지구에서 인간으로 태어나 21세기를 사는 사람들은 인류 역사에서 최고의 행운아라고 할 수 있습니다. 생명 활동이 가능한 지구에 태어났다는 것만으로도 기적 같은 행운일 뿐만 아니라 그것도 지금 시기에 태어나 살고 있다는 것은 어마어마한 축복이 아닐 수 없습니다. 20세기 전반 세계대전의 참화를 겪지 않은 가운데, 전에 없던 풍요로운 경제의 혜택을 누려 왔기 때문입니다. 수명도 배 이상 늘어났습니다. 지구촌의 모든 사람들에게 해당되는 것은 아니지만 대체로 그러합니다. 뿐만 아니라 그토록 알고 싶어 하던 자연의 이치를 과학자들이 속속들이 알려주고 있습니다. 신화에서 벗어나 과학적 지식으로 안내하고 있는 것이지요. 알려고만 하면 우리는 우주의 원리를 웬만큼은 이해할 수 있게 되었다는 측면에서 아리스토텔레스는 말할 것도 없고 뉴턴이나 아인슈타인보다도 더 행복하다고 할 수 있습니다. 아인슈타인이 예견한 중력파의 존재를 최근 과학자들이 확인했다는 사실을 알게 되었고, 블랙홀의 존재를 담은 사진을 보았습니다.

나날이 새로워지는 미디어의 발전도 행복지수를 높여줍니다. 최고의 수준으로 질주하고 있는 과학과 기술의 발전이 물질과 정신 양면에서 우리의 인생을 풍요롭게 만들어주고 있는 것입니다. 그러면 우리 아이들도 변함없이, 아니면 더 발전된 사회에서 행복한 인생을 누리게 될까요? 그럴 것 같지

빛은 최초의 미디어입니다. 우주의 역사가 시작된 138억 년 전 빅뱅은 최초의 미디어가 탄생하는 순간이기도 합니다. 매클루언은 전깃불이 가장 원초적인 미디어라고 했습니다.

는 않습니다. 산업혁명 이후 200여 년 동안 화석연료에 의존한 생산 활동을 계속해 온 결과 지구 생태계는 생명 활동이 지속될 수 없을 정도로 망가지고 있기 때문입니다. 화석연료로 인한 기후 변화와 인구 증가, 플라스틱 제품에 의존하는 생활 패턴, 그에 따른 공해와 쓰레기 대란이 종착점을 향해 진주하고 있는 형국입니다. 그래서 여섯 번째 대멸종이 진행되고 있다는 인류세라고도 합니다. 인류는 수많은 동식물 종들을 멸종시키고 있습니다. 사자와 코뿔소, 호랑이 등 포식자가 사라지면 생태사슬의 곳곳에 구멍이 생겨 어떤 종들은 과잉번식을 하게 됩니다. 멧돼지가 개체 수 증가와 서식지 파괴로 인해 먹이를 찾아 도회지를 질주하는 것도 그 결과입니다. 그 재앙은 인류에게 되돌아오게 됩니다. 북극의 빙하는 2030년이면 다 녹아 사라질 것이라고 합니다. 불과 10년 남았습니다. 돌이키기 불가능한 지경이라고 합니다. 급기야 청소년들이 '삼한사미(三寒四微, 사흘은 춥고 나흘은 미세먼지)'의 고통을 호소하면서 자신들을 '멸종위기종'이니 '멸종위기세대'라고 칭하며 어른들의 각성을 촉구하는 지경에 이르렀습니다. 겨울이 춥지도 않습니다.

우리는 어디에서 와서 어디로 가는가? 나는 누구인가? 누구나 한번쯤 생각해 보았을 이 철학적 문제는 철학이 해결해 주지 못합니다. 사유(思惟)는 언어로 하는데, 언어는 언어 체계에 갇혀 있어서 우주로 뻗어나가지 못합니다. 때문에 물리학과 생물학, 화학 등 자연과학의 도움을 받아야 합니다. 자연과학의 방법을 기계적으로 따를 필요는 없지만 수학과 관측과 실험으로 증명되고 입증된 이론과 지식은 수용해야 합니다. 인문학은 이성적 사유에 의존하고, 사회과학은 경험적 조사에 의존하는데, 모두 한계가 있습니다. 지구의 모든 생명은 별의 자식들입니다. 이것을 사유와 경험으로 모두 규명한다는 것은 불가능합니다. 그것은 개인의 근거 없는 주장일 뿐입니다. 따라서 자연과학이 규명해 놓은 법칙과 이론을 학습해야 합니다. 그 가운데 미디어가 있을 것입니다.

다시 빛의 얘기로 돌아갑니다. 빛은 최초의 미디어입니다. 우주의 역사가 시작된 138억 년 전 빅뱅은 최초의 미디어가 탄생하는 순간이기도 합니다. 매클루언은 전깃불이 가장 원초적인 미디어라고 했습니다. 미디어는 인간의 감각비율과 지각비율에 영향을 미치기 때문에 새로운 미디어가 등장하면 역사와 사회에 변화가 오기 마련입니다. 전기가 등장하면서 사회생활의 모든 것이 새롭게 바뀌었지요. 미디어는 메시지와 관계없이 그 자체로서 인간 사회에 영향을 미친다는 점에서 전깃불은 메시지 없는 미디어가 되는 것입니다. 그러나 그보다 더 근원적인 미디어가 있으니 그것이 바로 빛입니다. 빛은 태초부터 존재했습니다. 빅뱅으로 빛의 역사는 시작됩니다. 물리학자들은 태초의 빛을 추적하여 발견하고 이를 우주배경복사라고 명명하였는데, 그 빛은 태초의 우주 상태에 관한 상당한 정보(메시지)를 품고 있습니다. 빛은 전깃불과 다르게 메시지를 간직한 미디어입니다.

> 1844년 철학자 오귀스트 콩트(Auguste Comte)는 영원히 미지로 남겨져 있을 것으로 예상되는 지식의 예를 찾고 있었다. 그는 별과 행성이 무엇으로 이루어져 있는지에 대한 문제를 자신이 찾던 완벽한 사례라고 생각했다. 별에 직접 가 볼 수도 없고 시료를 채취할 수도 없으니 별의 구성 성분을 영원히 알 수 없을 것이라고 생각했던 것이다. 그러나 콩트가 죽은 지 겨우 3년 후에 스펙트럼으로부터 화학 성분을 결정할 수 있다는 사실이 밝혀졌다. 서로 다른 화학 성분의 물질은 서로 다른 주파수 또는 다른 색깔의 빛을 흡수한다. 따라서 분자나 원소의 종류에 따라 흡수하는 빛의 주파수 또는 파장이 각기 다르다. … 이러한 원리를 이용하면 지구에서 무려 6000만 킬로미터나 떨어져 있는 금성 대기의 화학 조성도 여기 지구에 그대로 앉아서 식별할 수 있다. 어디 그뿐인가. 태양의 구성 성분을 점칠 수 있고, 자기장이 강력한 A형 별의 대기에 유로퓸(europium)이라는 원소가 특별히 많다는 사실도 귀신같이 알아낸다. 별만이 아니다. 별보다 훨씬 더 먼 거리에 있는 은하들도 분광 분석의 대상이 된다. 수천억 개의 별들이 내놓은 빛의 무지개에서도 우리는 은하의 조성을 알아낼 수 있다. 천체분광학은 신비의 기술이다. 콩트가 예를 들 때 하필 별의 화학 조성을 운운한 일은 매우 운수가 나쁜 탓일 게다. (Sagan, 1980/2006, 200쪽)

콩트는 인간이 경험의 영역 내에서 실증할 수 있는 것만이 과학의 대상이라고 선을 그었습니다. 별의 성분이야말로 경험의 영역에서 벗어나 있어서 실증이 불가능하므로 과학의 대상이 아니라고 하면서 자신의 주장을 뒷받침하는 증거라고 생각한 것입니다. 그러나 콩트가 그 말을 한 지 얼마 지나지 않아 콩트의 논지를 정면으로 반박이라도 하듯 별의 성분은 지구에 앉아서 확인할 수 있게 됩니다. 스펙트럼, 즉 빛의 분광(分光) 기술에 답이 있었던 겁니다. 파장에 따라 빛을 분할하는 것으로 분광법이라고 합니다. 뉴턴에서 시작된 분광법은 분광학으로 발전해 분자의 구조와 크기를 밝혀냈고, 광물 속 원소들의 실체를 확인할 수 있게 해 줍니다.

분광학이란 천문학적으로 먼 거리에서 온 약한 별빛을 거대 망원경으로 알뜰하게 모아 꼼꼼하게 쪼개서 관찰하는 학문입니다. 빛을 파장에 따라 분리할 수 있는 분광기와 분리된 빛을 촬영할 수 있는 사진 기술이 필요합니다. 원소를 태우면 원소마다 고유한 색을 냅니다. 화려한 폭죽놀이도 이 원리를 이용한 거지요. 자외선에서 라디오파까지 포괄하고 있는 빛을 분광기를 통해 보면 원소들마다 내는 색이 다르게 나타납니다. 이걸 사진으로 찍으면 원소마다 다른 줄무늬의 스펙트럼이 나타납니다. 이 스펙트럼을 보면 그 별이 어떤 성분으로 구성되어 있는지 알 수 있다는 겁니다.

천문학자들은 분광법을 통해 별의 성분뿐만 아니라 지구에서 별까지의 거리와 별 표면의 온도까지 알아냅니다. 광년(光年)으로 표시하는 별까지의 거리는 도플러 효과를 이용합니다. 앰뷸런스는 가까이 다가올수록 소리가 커지다가 멀어지면 작아지지요. 소리가 커지는 것은 음파의 파장이 짧아지는 것이고, 작아지는 것은 파장이 길어지는 것입니다. 전자기파도 감마선으로 갈수록 파장이 짧아져 강력해지고, 라디오파로 갈수록 파장이 길어집니다. 가시광선에서는 파란색의 파장이 짧아서 에너지가 더 크고, 빨간색은 파장이 길어서 에너지가 약합니다. 그래서 자외선이 해로운 것이지요. 물론 감마선이 가장 해롭습니다. 마블의 영화 〈어벤저스 엔드게임〉에서 주인공 토니 스타크(로버트 다우니 주니어 분)가 죽은 것도 인피니티 스톤에서 방출된 감마선에 노출되었기 때문입니다. 지구의 자기장이 우주로부터 오는 감마선을 제어하기 때문에 지구에서 생명 활동이 가능하다는 것은 주지의 사실이지요.

다시 별빛의 색으로 돌아와서, 파장이 짧아지면 파란색 쪽으로 이동한다는 의미로서 청색편이(靑色偏移)라 하고, 파장이 길어지면 빨간색 쪽으로 이동한다는 의미에서 적색편이(赤色偏移)라고 합니다. 따라서 별빛의 스펙트럼을 관찰해서 청색편이를 보이면 파장이 짧아지는 것으로 앰뷸런스가 가까이 오고 있는 것처럼 별이 지구 쪽으로 오고 있는 것이고, 반대로 적색편이를 보이면 멀어지고 있다는 증거가 됩니다. 실제로 별들을 관측한 결과 이 원리에 따라 모든 별들이 지구에서 매우 빠른 속도로 멀어지고 있다는 사실을 확인하게 됩니다. 우주가 팽창하고 있다는 겁니다. 예외적으로 안드로메다은하는 지구가 속해 있는 우리 은하의 방향으로 1초에 300km의 속력으로 다가오고 있습니다. 그래서 먼 훗날 두 은하는 합쳐질 거라고 합니다. 안드로메다 은하가 빛의 속도로 지구에서 200만 년을 가야 하는 거리이니 지금 걱정할 일은 아닙니다.

본다는 것

이렇게 별들은 매우 역동적으로 움직이고 있지만 너무나 먼 거리에 있기 때문에 원시 인류의 눈에는 한자리에 고정되어 있는 것으로 보였던 겁니다.

지금도 크게 다르지 않습니다. 현생 인류가 지구상에 살기 시작한 지 겨우 20만 년 되었는데 어떤 별들의 빛은 지구에 도달하기까지 수천만 년이 걸렸으니 그때나 지금이나 위치에 큰 차이가 없겠지요. 그 사이에 수명이 다해 초신성 폭발로 사라진 별들도 있을 겁니다. 초신성 폭발의 잔해들이 지구 생명체의 근원이 되는 원소들입니다.

요약하자면, 빛의 스펙트럼을 분석하면 별의 성분은 물론이고 표면 온도와 별까지의 거리를 알아낼 수 있다는 겁니다. 다시 말해 빛은 정보를 전달해주는 원초적인 미디어라는 얘기입니다. 태양이 수소와 헬륨으로 구성되어 있다는 사실도 이 분광 스펙트럼에 의해 밝혀낸 것입니다.

한편 안드로메다의 변광성(變光星)을 관측하여 안드로메다가 우리 은하 밖의 다른 은하라는 사실을 밝혀내기 전에는 우리 은하 안에 있는 성운이라고 생각했습니다. 변광성이란 별빛이 주기적으로 밝아졌다 어두워졌다 하는 별입니다. 세페이드라는 이름을 얻은 이 변광성은 노화기에 접어든 별로서 부풀어졌다 줄어들었다를 반복합니다. 그 주기가 일정하므로 별의 등급을 알 수 있습니다. 결과적으로 세페이드 변광성은 태양보다 7천 배 밝은 별인 것으로 밝혀졌습니다. 허블은 이 변광성이 태양에서 90만 광년 거리에 있는 것으로 계산을 했습니다. 우리 은하의 크기가 타원의 긴 부분이 10만 광년, 짧은 부분이 5만 광년에 해당하므로 안드로메다 성운은 우리 은하 안에 있는 성운이 아니라 멀리 떨어진 독립된 은하라는 사실이 밝혀진 순간입니다. 이 역시 빛이 전달해준 정보로 밝혀진 것입니다.

노자(老子)는 "천지는 이름 없이 시작되었고, 만물은 이름을 얻어 새롭게 태어났다(無名, 天地之始. 有名, 萬物之母)"라고 했습니다. 인류가 등장해 언어를 사용하기 전에는 태양이니 별이니 지구니 하는 것들은 모두 무명이었습

빛을 추적하면 우주의 역사를 알 수 있고, 지구에서 5천5백 만 광년 거리에 있는 태양 질량의 65억 배에 달하는 블랙홀도 찾아내 … 이렇게 빛은 우주에 대한 다양한 정보를 제공해주는 미디어입니다.

니다. 인류가 언어로 이름을 불러주었을 때 만물은 비로소 새로운 생명을 얻은 셈이지요. 우주 전체의 나이(138억 년)를 1년으로 환산하면, 인류가 태어난 것은 저녁 11시 52분경, 겨우 자정을 8분 정도 남긴 시점입니다. 전체 1440분 중에 겨우 8분 동안 인류의 역사가 전개되어 온 셈입니다. 그리고 인류가 언어를 사용하고 사물에 이름을 붙이 시작한 것은 그 8분 중에서도 다시 극히 최근에 불과한, 자정으로부터 10초 전쯤(23:59:51)이라고 합니다. 다시 말해서 인류가 등장해 만물의 이름을 지어내기 전에도 우주는 장대한 세월 동안 진화하면서 역사를 만들어 왔습니다. 물리학자들은 우주의 역사 초기의 빛을 추적해 우주배경복사를 규명해 냈습니다. 빛을 추적하면 우주의 역사를 알 수 있고, 지구에서 5천5백 만 광년 거리에 있는 태양 질량의 65억 배에 달하는 블랙홀도 찾아내 사진을 만들 수 있는 겁니다. 이렇게 빛은 우주에 대한 다양한 정보를 제공해주는 미디어입니다. 뿐만 아니라 일상에서도 마찬가집니다.

> 우리가 친구와 인사를 나눌 때 일어나는 상황을 빛과 연계시켜 살펴보자. 태양이나 백열등에서 나온 빛이 상대방 얼굴에 일단 반사된다. 우리는 반사된 빛을 보고 상대가 누구인지 알아본다. 그러나 유클리드같이 똑똑한 사람을 포함해서 많은 고대인들은 눈에서 발산된 빛이 보고자 하는 물체에 직접 닿아서 우리가 그 물체를 알아볼 수 있다고 믿었다. 이것이 자연스러운 생각이고 여전히 이런 생각을 하는 사람들이 우리 주위에 많다. 그렇지만 이런 설명으로는 우리가 어째서 어두운 방에서 물체를 알아볼 수 없는지 이해할 수 없다. (Sagan, 1980/2006, 203~204쪽)

우리 인간은 감각기관을 통해 외부의 정보를 얻습니다. 그중 시각정보가 90% 이상을 차지합니다. 그 많은 정보를 우리 눈으로 전달해 주는 미디어가 바로 빛입니다. 사물이 눈에 보이는 게 당연하다는 생각을 할 뿐 어떻게 해서 보이는지에 대해서는 대개 생각해 보지 않았을 겁니다. 세이건의 얘기대로 눈에서 발산된 빛으로 알아볼 수 있는 것이라고 생각하는 게 직관적으로 자연스러워 보이기도 합니다. 그러나 우리 눈은 빛을 발산하지 않습니다. 사물에 반사된 빛이 시신경을 통해 뇌에 전달됨으로써 인지하게 되는 것이지요. 눈에서 발산된 빛이 아니라 햇빛이거나 호롱불과 같은 인공의 빛이 사물에 반사된 후 우리 눈에 들어오는 것입니다. 빛이 없는 어두운 곳에서는 눈으로 전달되는 정보가 아무것도 없습니다. 눈에서 빛이 나오지 않기 때문입니다. 이 단순한 사실 하나만으로도 빛이 미디어라는 점을 인정할 수 있을 겁니다. 토마토가 빨갛게 보이는 것도 토마토가 빛의 나머지 색(파장)을 흡수하고 빨간색(파장)만 반사하기 때문에 빨간색으로 보이는 겁니다. 물론 그 의미에서 토마토는 본래 빨간색이지요. 다시 우주로 가 봅니다.

망원경의 역할

> 전파망원경을 사용하면 상당히 넓은 범위의 하늘을 관찰할 수 있다. 천문학자들은 전파망원경으로 에너지가 하늘의 특정 지역에서부터 특정 주파수의 전파를 통해 얼마만큼 지구로 유입되는지를 측정한다. 우리가 흔히 접하는 전파 신호는 일정 수준의 지능을 갖춘 생물이 만든 것이다. 주로 라디오나 텔레비전 방송국을 운영하는 사람들 말이다. 그러나 자연 그대로의 물체들도 여러 가지 이유에서 전파 신호를 방출한다. 그중 한 가지 이유는 뜨겁기 때문이다. 고온의 물체도 전파를 낸다는 말이다. 1956년 초였다. 전파망원경을 금성 쪽으로 돌렸더니, 금성이 전파를 방출하고 있음을 처음 알게 됐다. 수신된 전파 신호를 분석한 결과 금성의 온도가 매우 높다고 추측할 수 있었다. 그러나 금성의 표면이 정말 놀랍게 뜨겁다는 사실에 대한 실질적인 증거는 소련이 수행한 베네라(Venera) 우주선 계획이 가져다줬다. … 불충분한 자료에 근거한 추론은 우리를 쉽게 오류의 늪에 빠지게 한다. (Sagan, 1980/2006, 203쪽)

망원경은 미디어입니다. 우리는 흔히 신문이나 방송 등 인간 세상의 정보를 수집하여 실어 나르는 인공물들에 한정하여 미디어라고 정의합니다. 그러나 무엇이 되었건 정보를 수집하기 위한 목적으로 만든 인공물들은 모두가 미디어라고 할 수 있습니다. 우주의 정보를 수집하는 망원경이나 원자와 미생물의 세계에 관한 정보를 눈으로 확인할 수 있도록 설계된 현미경도 그 맥락에서 의심할 바 없는 미디어입니다. 갈릴레오는 코페르니쿠스와 브라헤, 그리고 케플러에 의해 밝혀진 우주의 새로운 진실에 대해 눈으로 좀 더 정확하게 확인하기 위해 망원경을 만들어 관찰했습니다. 눈의 확장이고 마음의 표현이라는 얘기입니다. 직접 제작한 그 망원경으로 달의 표면을 관찰해 그림으로 남기기도 했습니다. 과학자들은 스펙트럼으로 분석하고 전파망원경으로 관찰하는 것으로도 성에 차지 않아 위성을 보내 사진을 확보하는 단계에까지 왔습니다. 과학자들은 이렇게 진실을 확인하는 노력이 집요하고 철저합니다. 보이는 것은 실재가 아니라는 합의와 신념이 있기 때문입니다. 불충분한 자료에 근거한 추론으로 인해 오류의 늪에 빠지지 않기 위한 노력이지요. 보이는 것만을 연구 대상을 삼는 사회과학이 본받아야 할 태도입니다.

> (보이저 2호의) 주요 과학 장비에는 자외선 분광 측정기, 적외선 분광 측정기, 하전 입자 검출기, 자기장 측정기, 목성 전파 수신기 등이 포함돼 있다. 보이저 계획에서 가장 큰 성과를 거둔 장비는 두 대의 텔레비전 카메라로서 이것들이 태양계 외곽에 외로이 떨어져 있는 행성들의 생생한 모습을 수만 장의 화상에 담아 우리에게 전해준 장본인이다. (Sagan, 1980/2006, 278쪽)

보이저 2호는 화성과 목성, 토성, 해왕성까지 날아가 수많은 사진을 보내옴으로써 새로운 사실들을 알게 해 주었습니다. 보이저 2호는 인류의 눈을 해왕성까지 확장시켜 준 것입니다. 뿐만 아니라 지구 대기의 전파 방해를 극복하기 위해 우주 공간에 허블망원경을 띄운 게 1990년이니 꼭 30년이 되었습니다. 지금은 더 먼 곳의 별에 대한 정확한 사진을 얻기 위해 천체망원경을 계속해서 업그레이드 하고 있습니다. 그러면 그 먼 곳에서 찍은 사진이 어떻게 지구에까지 보내질까요? 길지만 세이건의 설명을 직접 경청하는 게 좋겠습니다.

> 그럼, 어떻게 태양계 먼 곳에서 관측된 영상이 우리 지구에까지 전송될 수 있는 것일까? 먼저 태양 광선이 목성 주위를 궤도 운동하는 위성 유로파에 떨어지고, 유로파는 입사된 빛의 일부를 반사하여 우주 공간으로 다시 내보낸다. 이렇게 반사된 빛의 일부가 보이저에 실려 있는 텔레비전 카메라의 형광 물질을 자극함으로써 유로파의 이미지가 만들어지는 것이다. 이렇게 만들어진 이미지를 보이저의 컴퓨터가 읽어서 숫자 신호로 전환한 다음, 10억 킬로미터나 떨어져 있는 지구상의 전파망원경으로 송출한다. 그 신호를 수신할 지상의 전파망원경으로 송출한다. 그 신호를 수신할 지상 전파망원경은 스페인에 한 대, 캘리포니아 남쪽 모하비 사막(Mojave Desert)에 한 대 그리고 오스트레일리아에 또 한 대가 있다. 1979년 7월 9일 아침 바로 그 시간에 목성과 유로파를 정면으로 바라볼 수 있었던 망원경은 오스트레일리아의 것이었다. 오스트레일리아에서는 받은 전파 신호를 지구 주위를 돌고 있던 통신위성으로 보내고, 통신위성은 그 신호를 받아서 캘리포니아 남부로 넘겨준다. 이 신호는 지상에 설치된 몇 개의 극초단파 중계탑들을 징검다리 삼아 제트추진연구소에 도달한다. 그다음 제트추진연구소에서는 숫자 신호가 영상 이미지로 변환된다. 보이저가 보낸 이미지는 우리가 신문 지상에서 흔히 보는 전송 사진과 근본적으로 같은 원리로 만들어진 것이다. 이

미지 한 장을 만드는 데 밝기가 다른 약 100만 개의 회색 점들이 쓰인다. 점이 매우 작은데다가 서로 가까이 붙어 있어서 약간 멀리 떨어져서 보면 점들은 하나하나 구별돼 보이지 않고 밝기가 연속적으로 변하는 하나의 이미지로 나타난다. 우리 눈에 회색 점들이 하나씩 따로 보이는 것이 아니라 많은 점들의 누적된 효과가 연속적인 화상으로 느껴지는 것이다. 우주선이 보내주는 정보는 점 개개의 밝기이며, 이 밝기를 나타내는 숫자는 레코드판과 같은 역할을 하는 자기 디스크에 저장된다. 보이저 1호가 찍은 목성과 그 위성들의 사진이 총 1만 8000여 장에 이르며, 비슷한 양의 사진을 또 보이저 2호가 촬영해서 지구로 보내줬다. 수차례에 걸친 연결과 중계의 최종 결과가 한 장의 인화지 사진으로 우리 앞에 나타나는 것이다. 유로파의 놀라운 광경도 이런 과정을 거쳐서 우리의 가슴을 설레게 할 수 있었던 것이다. 이것이 바로 1979년 7월 9일 아침에 전송해 온 유로파 사진의 배후 사진이며 전후 사정이다. (Sagan, 1980/2006, 301~302쪽)

감격적이고 경탄할 만하지 않습니까? 20세기는 전기·전자 미디어의 시대입니다. 그중에서도 20세기 후반은 양자역학에 입각하여 개발된 트랜지스터 반도체를 이용한 전자 미디어의 시대입니다. 전자혁명이지요. 물론 전기의 힘도 빌려야 합니다. 21세기는 정보통신혁명에 의해 진전된 방송과 통신의 융합에 더해 생명공학까지 결합된 명실상부한 융합의 시대입니다. 인공지능(AI)이 그런 것입니다. 미디어의 융합에 그치지 않고 지식과 학문 전반의 융합으로 나아가고 있습니다. 전파 망원경과 우주선, 사진과 디지털 전송 기술은 우주의 비밀을 지속적으로 밝혀낼 것입니다.

인류가 밝혀낸 우주의 물질은 겨우 5%에 불과하다고 합니다. 나머지는

중력파는 빛이 전해주지 못하는 공간과 시간의 우주 정보를 확인할 수 있는 정보를 제공해 줄 것으로 기대를 모으고 있습니다.

암흑물질과 암흑 에너지입니다. 오리무중의 암흑물질의 존재도 빛이 전달해 주는 정보로 간접적으로 확인할 수 있습니다. 빛은 태양과 같이 질량이 큰 별을 지나가게 되면 휩니다. 우리가 태양 옆에 있는 별을 관찰했다면, 그 별은 태양 뒤에 있을 확률이 높습니다. 태양의 중력으로 인해 휘어져오는 빛을 관찰한 것이므로 옆에 있는 것으로 보이지만 실상은 뒤에 있는 겁니다. 태양보다 수십 배 수백 배 무거운 질량을 지닌 별을 지나는 빛은 중력렌즈 효과는 내는데, 그걸로 암흑물질의 존재를 간접적으로 추론할 수 있다고 합니다. 화제가 된 블랙홀 사진도 빛이 전달해준 정보입니다. 지구상의 정보에 국한해 우주 공간의 일은 미디어 연구의 대상이 아니라고 덮어둘 때가 아닙니다. 미디어의 정의를 확대해서 우주 공간의 정보를 수집하고 전달해 주는 존재도 미디어로 받아들여야 합니다. 우주 공간의 정보가 우리 생활과 무관하지 않기 때문입니다.

중력파도 미디어

아인슈타인은 1915년 뉴턴의 중력이론을 발전시킨 일반상대성이론을 발표하면서 중력파의 존재를 예견한 바 있습니다. 뉴턴은 사물들이 서로 끌어당기는 힘의 존재를 규명했지요. 우주 공간에서도 항성과 행성들은 중력의 작용으로 균형을 유지하는 것으로 설명합니다. 예를 들어 태양과 지구는 빛의 속도로 8분 19초가 걸리는 먼 거리에 있으면서도 둘은 질량의 곱에 비례하고 거리의 제곱에 반비례하는 중력의 작용으로 일정한 거리를 유지하며 공전을 하고 있는 것으로 설명합니다. 그러나 아인슈타인은 지구를 비롯한 행성들이 태양이 자기 질량만큼 형성한 휘어진 공간에 중력장이 작용함으로써 일정한 운동을 하는 것으로 수정했습니다. 그리고 중력파의 존재를 예견했습니다. 과학자들은 이 일반상대성이론이 발표된 지 꼭 100년이 되는 2015년에 드디어 중력파의 존재를 확인하게 됩니다. 중력파의 존재는 두 번 세 번 거듭 확인이 되었습니다. 중력파는 빛이 전해주지 못하는 공간과 시간의 우주 정보를 확인할 수 있는 정보를 제공해 줄 것으로 기대를 모으고 있습니다.

빅뱅 직후 30만 년까지는 수소와 헬륨의 핵과 전자가 결합하지 못한 상태가 지속됩니다. 원자핵과 전자가 분리되어 뒤엉켜 있는 플라즈마 상태에 있는 것이지요. 태양의 내부도 수소의 핵과 전자가 분리되어 있는 플라즈마 상태에 있습니다. 30만 년이 지나기까지는 승객들로 만원을 이룬 버스에서 사람들이 움직이지 못하는 것처럼 입자들이 밀집되어 있어서 빛도 빠져

나가지 못하고 갇혀 있었습니다. 빅뱅 직후 어마어마하게 높았던 온도가 30만 년이 지나면서 3000K로 떨어지자 수소와 헬륨의 원자핵과 전자의 결합이 이루어졌습니다. 비로소 우주는 수소 원자와 헬륨 원자로 가득 차게 되었습니다. 플라즈마 시기를 지나 빈 공간이 생겨난 것입니다. 이때를 놓치지 않고 갇혀 있던 빛은 뻗어나가기 시작했습니다.(이지유, 2012) 그러니까 지금 거꾸로 빛을 추적하면 빅뱅 이후 30만 년 시점까지만 추적이 가능합니다. 빛이 플라즈마 상태에 갇혀 있는 시기는 추적할 수 없는 것입니다. 빛을 추적하는 것만으로는 이 30만 년이 공백으로 남습니다. 그러나 중력파는 그 공간도 뚫고 들어갑니다. 빅뱅 이후 30만 년까지 시기의 정보는 중력파를 추적해 확인할 수 있을 것으로 기대하고 있습니다. 중력파의 발견 이후 중력파 망원경 연구와 개발도 구상하게 되었습니다. 이렇게 중력파도 미디어의 대열에 합류하게 되었습니다.

제7장

마이크로 코스모스와 생명 현상

마굴리스와 마이크로 코스모스

진화생물학자 마굴리스(Lynn Margulis)는 『공생자 행성』에서 영국의 화학자 러브록(James Ephraim Lovelock, 1919~)의 가이아 가설을 지지하면서 지구 자체가 공생자라고 주장합니다. 가이아 이론은 지구가 살아 있는 생명체라는 메타포(metaphor, 隱喩)에서 시작합니다. 실제로 무수한 생명체들이 공생하면서 기상조건들과 어우러져 살아 있는 생명체처럼 작동하지요. 지구는 공생자 행성입니다.

50억 년 전 태양이 만들어지고, 그로부터 4억 년 가량 지난 후 지구가 형성되었습니다. 그 후 초신성의 잔해인 원소들이 날아 와 정착하기를 11억 년 동안 계속하는 동안 원시바다에서 박테리아가 출현합니다. 생명 현상이 떠오른 겁니다. 생명의 역사는 생명체들이 화석이 됨으로써 현대의 과학자들에게 정보를 제공합니다. 화석이 미디어인 셈이지요. 왓슨(James D. Watson, 1928~)과 클릭(Francis Crick, 1916~2004)이 1953년 DNA가 2중의 나선 구조로 되어 있다는 사실을 발견한 이후 발전한 분자생물학이 생명의 역사를 밝히는 데 괄목할 만한 성과를 내고 있습니다. 물론 유전자는 미디어입니다. 유전학자와 고고학자들은 동물의 화석에서 유전자를 채취해 정보를 얻어냅니다.

마굴리스는 동료이자 아들인 도리언 세이건(Dorion Sagan, 1959~)과 함께 『마이크로 코스모스』를 써서 미생물 세계의 비밀을 풀어 놓았습니다. 코스모스의 비밀을 밝혀줄 미디어가 빛과 중력파라면 미생물의 세계인 마이크로 코스모스의 비밀을 밝혀줄 미디어는 화석입니다. 최근에는 분자생물학이 진화의 정보를 규명해 주고 있습니다. 우리는 생물학자들이 밝혀놓은 정보로써 생명의 역사를 학습할 따름입니다.

마굴리스는 20억 년 진화의 역사를 볼 때 지구에서 인간이 특별히 우월하거나 특별한 존재가 아니라고 일깨웁니다. 보통 인간을 만물(萬物)의 영장(靈長), 지구에서 가장 뛰어난 영묘한 능력을 지닌 존재라고 하는 표현을 의심 없이 받아들입니다. 부지런히 찾고는 있지만 아직까지는 우주 만물 중에서 최고로 우수한 존재라고 생각하는 것도 마찬가지입니다. 마굴리스는 이러한 통념을 해체합니다. "우리는 약 20억 년 전 대기 중에 산소가 축적될 때 출현했던, 산소를 사용해서 물질대사를 할 수 있었던 박테리아와 기타 여러 박테리아들로 구성된 재조합물에 불과하다."는 것입니다.(Margulis and Sagan, 1986/2011) 아직 대기 중에 산소가 없을 때인 약 35억 년 전 바다 속에서 원핵세포들이 새롭게 생성되고 있는 산소를 피해 결합하여 공생하게 된 것이 생명의 도약이요, 이후로 여러 형태의 공생이 새로운 생명과 진화로 이어졌다는 사실은 이제 생물학의 정설이 되었습니다. 미토콘드리아도 원래 독립된 세포로서 존재하다가 그즈음 다른 세포와 결합해 공생하게 된 것입니다. 오만하기 짝이 없는 우리 인간을 겸손하게 만드는 또 하나의 코스모스가 있는 것입니다.

진화는 애초에 공생으로부터 시작되었으며, 다윈의 자연선택론은 그 후의 시기에 해당하는 진실입니다. 그리고 부모의 획득된 형질은 바로 유전되지 않지만 공생관계에서 한몸이 된 유전자는 대를 이어 유전됩니다. 마굴리스가 제기한 신라마르크주의입니다. 아주 희박한 확률로 돌연변이가 진화의 한 축을 담당함은 물론입니다. 마굴리스는 공생체인 엽록체의 기원이 세포 내부에 공생하는 시아노박테리아이며, 진핵세포의 호흡을 담당하는 장소인 미토콘드리아도 박테리아에서 유래했다는 사실을 밝혀냈습니다. 시아노박테리아는 태고에서부터 지금까지 존재하는 박테리아입니다. 마굴리스가 엽록체와 미토콘드리아가 내부공생에서 비롯되었다는 사실을 밝혀내는 데는 전자현미경이 한몫을 했습니다.(Knoll, 2003/2007, 183쪽) 인간은 기나긴 생명 진화의 역사에서 무려 80%를 차지하는 미생물의 역사에 이어 진화사의 가장 최근에 나타난 존재일 뿐입니다. 그러니 우월의식을 갖고 다른 생명을 짓밟고 지구를 정복하려는 오만에서 벗어나야 한다는 생각으로 이어지게 됩니다. 인간은 우주의 중심도 아니어서 얼추 1천 억 개의 별들을 거느린 은하계의 변두리에서 공전하고 있는 태양계의 한 행성에 불과한 지구에서 살고 있는 미물에 불과합니다. 우주에는 우리 미리내 은하와 같은 은하수가 최소한 1천 억 개나 있습니다.

〈표〉 생물계에서 인간의 소속

분류 단위	특징	시작 시기
동물계 Kingdom Animalia	포배에서부터 발생	7억 5000만 년 전
척삭동물문 Phylum Chordata	등 부분에 관 구조의 신경조직이 있고, 척수와 뇌수, 아가미 구멍이 있다.	4억 5000만 년 전
포유동물강 Class Mammalia	피부에 털과 땀샘이 변형된 유선이 있다. 젖을 먹여 새끼를 키운다.	2억 년 전
영장목 Order Primates	해부학적으로 뚜렷한 특징이 없다. 원숭이류, 고릴라류 등이 모두 포함된다.	6000만 년 전
유인원과 Family Hominidae	유인원과 원인원이 속한다.	400만 년 전

인류속 Genus Homo	현대인을 제외하고는 모두 멸종했다. 호모 에렉투스가 현대인의 조상으로 추정된다.	50만 년 전
현대인종 Species sapiens	예술가, 시인, 식량 채취인, 사냥꾼	10만 년 전

* 이 표는 인간의 소속을 가장 커다란 분류 단위에서부터 차례로 표시한 것으로 오른쪽의 연대는 언제 그 생물집단이 처음 출현했는지를 나타낸다.(Margulis and Sagan, 1986/2011)

생물의 역사에서는 약 2억 4,500만 년 전 모든 생물의 52%가 멸종된 페름기 대멸종을 비롯하여 약 6,600만 년 전 생물의 11%가 사라진 중생대 백악기의 대멸종 등 약 5억 년 동안 다섯 차례에 걸친 대멸종이 있었습니다. 인간은 불과 600만 년 전 그러한 대규모의 멸종에서 살아남은 동물들에게서 풍부한 유전 물질을 상속받아 나타난 존재입니다. 통계적으로 대멸종은 2,600만 년마다 발생한다고 하며, 인간과 같은 척추동물의 종은 약 100만 년 정도 살아남는다고 합니다. 현생인류가 20만 년 정도 되었으니 단순 계산상으로는 80만 년 정도가 남았습니다. 인구 증가로 인한 개발로 동식물의 서식지가 파괴되고, 산업화로 인한 온실효과로 빙하가 빠른 속도로 녹아내리는 등 기후변화로 볼 때 그렇게 오랫동안 존속할 수 있을는지조차도 의문인 현실입니다. 마굴리스의 단호한 생각입니다.

> 어쩌면 인류는 영원히 존속할 거라고 믿을 수도 있다. 그러나 인류가 진화 과정을 따르지 않을 것이라는 개념은 마치 산타클로스의 존재를 믿는 것처럼 비이성적인 발상이다. 인류가 앞으로 100만 년 또는 그보다 조금 더 긴 시간 안에 멸종하거나, 하나 또는 둘 이상의 후손 종으로 대체될 것이라는 견해는 지극히 타당하다. 우리가 현재까지 축적했던 생물종에 관한 모든 지식에 근거할 때 우리의 이 견해는 충분히 예견 가능한 예측이다. (Margulis

and Sagan, 1986/2011, 313쪽)

최근 50억 년 후 지구가 맞이할 최후의 순간을 보여주는 천문 현상이 사상 최초로 관측되었다고 합니다. 핵융합 반응의 원료인 수소가 바닥을 드러내는 바람에 일생을 마감하게 된 항성이 '적색 거성'으로 부풀어 올라 자신의 궤도를 도는 행성을 삼키거나, '백색 왜성'으로 수축되어 강력한 중력으로 자신의 주변을 도는 행성을 갈기갈기 찢어 내는 장면이 실제로 포착된 것입니다. 지구가 50억 년 뒤 수명을 다한 태양과 함께 파괴된다는 천문학자들의 예측이 어떻게 나타나는지가 처음으로 관측된 것입니다. 천문학자들에 따르면 우리 태양 크기의 항성은 핵융합 반응 원료인 수소가 고갈되면 원래 크기의 100~200배인 '적색 거성'이 되고, 이후 다시 수축해 크기는 작아도 밀도는 매우 높아 강력한 중력을 지닌 '백색 왜성'으로 변해 소멸하게 됩니다. 이때 지구는 태양과 가깝기 때문에 50억 년 후에는 적색 거성이 된 태양에 삼켜질 가능성이 크며, 이 위기를 넘겨도 관측된 처녀자리 행성과 마찬가지로 백색 왜성 단계의 태양 중력으로 인해 갈기갈기 찢어질 운명이라는 것입니다.

그러나 지구는 그보다 훨씬 전부터 생명체가 살아갈 수 없는 환경으로 바뀌게 됩니다. 태양의 남은 수명이 50억 년인데 10억 년이 지나면 서서히 에너지가 약해지기 시작할 것이라고 합니다. 그러면 그 즈음부터 지구는 직접적인 영향을 받게 되어 생물이 살기 어려운 조건으로 변해갈 것입니다. 물론 그 전에 인류는 멸종하든지 다른 행성으로 이사했든지 하겠지요. 자연 생태계를 파괴해 가는 현재의 관행을 개선하지 않으면 인류는 종의 천수를 누리지 못할 가능성이 농후합니다. 종의 수가 과다하여 전반적으로 지구 생

생물의 역사에서는 약 2억 4,500만 년 전 모든 생물의 52%가 멸종된 페름기 대멸종을 비롯하여 약 6,600만 년 전 생물의 11%가 사라진 중생대 백악기의 대멸종 등 약 5억 년 동안 다섯 차례에 걸친 대멸종이 있었습니다.

태계를 교란하고 있기도 합니다. 가이아 이론은 바로 이 점을 경고하고 있는 것입니다. 인류가 지구에 가한 피해가 회복되기까지는 1천 년 이상 걸릴 것이라면서 이제는 지속가능한 발전을 이루기에는 이미 때가 늦어서 현실적으로 필요한 것은 지속가능한 퇴보라고도 합니다.(Lovelock, 2006/2008) 사회과학은 이러한 자연과학의 지식과 환경의 변화에도 주목해야 합니다.*

* 빌 게이츠는 한 시사지와의 인터뷰에서 "자본주의는 기후변화로부터 우리를 구할 수 없다"면서 "오직 사회주의만이 지구를 지킬 수 있다"고 주장했다고 합니다. "민간 부문은 너무나 이기적이고 비효율적이어서 화석연료를 대체할 만한 효과적인 대체에너지를 생산할 수 없다"면서 "사회주의가 미래 지구의 유일한 대안체제"라고 말한 것입니다.(《세계일보》 2015년 11월 2일 자) 자본주의 기업은 이산화탄소 감축을 위한 노력에 나서지 않기 때문에 국가의 통제에 기댈 수밖에 없다는 의미일 것입니다.

지구의 지배자는 미생물

> 지구는 생명이 약동하는 활력의 세계이다. 지구는 우주적인 관점에서 볼 때에도 가슴 시리도록 아름답고 귀한 세상이다. 지구는 이 시점까지 우리가 알고 있는 한, 유일한 생명의 보금자리이다. 우리는 시간과 공간을 헤쳐 우주를 두루 돌아다녔다. 그렇지만 코스모스의 물질이 생명을 얻어 숨을 쉬고 사물을 인식할 수 있게 된 곳은 이곳 이외에는 아직 찾을 수가 없었다. 이곳은 확실히 물질이 인식의 주체가 될 수 있었던 곳이다.

이 말은 칼 세이건이 『코스모스』에서 지구에 대해 표현한 고백입니다. 그가 참여했던 프로젝트인 보이저1호가 해왕성까지의 탐사를 마치고 뒤로 돌아서 지구를 찍어 보낸 사진을 주제로 한 저서인 『창백한 푸른 점』에서 "인류의 역사에서 그 모든 것의 총합이 여기에, 이 햇빛 속에 떠도는 먼지와 같은 작은 천체에 살았던 것이다."라고 했던 말과도 상통합니다. 태양계의 맨 끝에서 본 지구는 햇빛이 비칠 때 우리가 볼 수 있는 먼지와도 같이 작은 창백하고 푸른 점에 불과했습니다. 광활한 우주 속의 지구의 존재를 인식하면 인간은 겸손해질 수밖에 없습니다. 세이건은 또 우주가 얼마나 미묘하고 복잡하게 만들어지고 돌아가는지에 대한 인간의 경외심이 우주의 질서를 뜻하는 코스모스라는 단어 하나에 고스란히 담겨 있다고 했습니다.

우주라는 거대한 세계에 대비되는 또 하나의 세계가 있습니다. 바로 박테리아를 비롯한 미생물의 세계입니다. 35억 년 전 생명은 이런 미생물에서 시작했습니다. 인류가 지구의 지배자라고 생각하지만 실제로 지구의 지배자는 미생물입니다. 지구의 생명체는 햇빛이 없으면 생존할 수 없지만, 또

한편으로 미생물 없이는 존재할 수 없습니다. 인간이 미생물의 세계를 파악하고 박테리아를 퇴치할 수 있는 것 같지만 그렇지 않습니다. 코로나19 바이러스에서 보듯이 한 종을 퇴치하면 자연선택에 따라 진화한 변종으로 다시 나타나 인류를 괴롭힙니다. 아마 인류가 멸종하더라도 미생물은 멸종하지 않을 겁니다. 또 하나의 코스모스, 마이크로 코스모스는 생명에 관한 이야기입니다. 이 분야의 석학으로서 공생진화론을 처음 제기한 마굴리스의 말입니다.

> 현미경 덕분에 미생물 세계의 광대함이 점차 밝혀지면서 우리는 자연에서 우리의 진정한 위치에 대해 놀라운 사실들을 깨닫게 되었다. 이제 미생물(상황에 따라서 미소생물, 병원균, 벌레, 원생생물, 박테리아 등으로 불리는 생물군)은 생물세계의 기본적인 구성원일 뿐만 아니라 현재 지구에 있는 모든 생물을 점유하고 있으며, 그것들을 형성하는 필수 요소라는 사실이 명백해졌다. 짚신벌레에서부터 인류에 이르기까지 모든 생물은 진화를 계속하는 미생물이 교묘하게 조직화된 정교한 집합체라고 할 수 있다. 미생물은 진화의 사다리에서 가장 아랫부분을 차지하고 있지 않다. 처음 생물이 탄생하여 현재에 이르기까지 단 한 번도 단절된 적이 없는 진화의 역사는 오늘날의 모든 생물이 동등하게 진화되었음을 분명히 보여준다. … 지상에 생물이 생존한 약 35억 년의 역사 가운데, 인류가 동굴에서 살았던 때부터 오늘날 아파트에서 생활한 시기는 전체 생물 역사의 1퍼센트도 되지 않는다. 행성으로서 지구의 역사를 고려한다면, 원시 생물체는 매우 일찍 지상에 나타났으며 더욱이 처음 약 20억 년 동안은 완전히 박테리아의 시대였다고 말할 수 있다. (Margulis, 1986/2011, 32~34쪽)

현미경은 망원경과 함께 우리 눈의 확장으로서 미디어입니다. 현미경 덕분에 맨눈으로는 보이지 않는 미생물의 세계가 보이기 시작했습니다. 인류의 역사는 우주의 역사에서 볼 때 0.0015%밖에 안 되는데 생물의 역사에서 볼 때도 1퍼센트 미만이라는 겁니다. 우주와 생명의 역사에서 차지하는 인류의 위상이 아주 미미함에도 불구하고 마치 우주와 생명의 지배자라도 되는 양 오만해지기 시작한 것은 말을 하게 되면서부터일 겁니다.

세상을 지배하는 동물은 만물의 영장이라는 인간일까요? 데카르트는 신으로부터 모든 권한을 위임받은 인간을 자연의 주인이요 지배자로 격상시켜 놓았지만 실제는 그렇지 않습니다. 창세기의 신화는 신이 우주 만물을 창조하고 6일째 되는 날 마지막으로 인간을 창조했다고 했지요. 지난 세월은 거론하지 않더라도 지구 생태계는 인간이 없어도, 아니 인간이 없으면 더 잘 번성하지만, 없어서는 안 되는 생물이 있습니다. 바로 미생물입니다. 인간에게 일부 해로운 미생물을 제외하고 대부분의 미생물은 지구 생태계의 유지에 없어서는 안 될 존재들입니다. 당연히 인간에게도 유익한 미생물들이 부지기수로 많습니다. 우리들 몸속에도 말이지요. 다시 마굴리스의 말입니다. 마굴리스의 다음과 같은 이야기는 생물학이 곧 철학임을 말해줍니다. 앞서 인용한 부분과 일부 중복되지만 다시 인용해봅니다.

> 우리가 생물권의 막강한 능력을 충분히 인식한다면, 인간의 도움이 없을 때 자연(인간이 생활하는) 역시 무능할 수밖에 없다는 환상을 쉽게 깨어 버릴 수 있으리라. 우리의 모든 행위가 우리에게는 매우 중요한 듯 여겨지지만, 이를 지구 표면을 구성하는 두꺼운 생물 층과 관련지어 생각해 본다면 인간의 역할이란 다분히 일시적이며 소모적인 것에 불과하다는 사실을 쉽게 깨

달을 수 있다. 인간은 공기와 물을 오염시켜 자손을 불행하게 할 수도 있고 우리 운명을 스스로 그르칠 수도 있지만, 그런 행위들조차도 미생물 우주의 영속성에는 아무런 영향을 미치지 못할 것이다. 우리 몸은 약 10,000조개의 동물세포로 이루어져 있으며 또한 약 10만조의 박테리아 세포를 지녔다. 인간에게는 '천적'이 없다. 그러나 죽으면 그동안 잊고 지냈던 우리의 근원인 흙으로 돌아간다. 이때 우리 몸의 물질을 재순환시키는 생물은 바로 미생물이다. 미생물 우주는 우리 주위에서 여전히 진화를 거듭하고 있으며 우리의 주변에, 그리고 우리 내부에 존재한다. 미생물이란 우리와 함께 진화를 계속하고 있는 공동 운명의 존재라 할 수 있다."(Margulis, 1986/2011)

마굴리스는 지구 생명의 진정한 지배자는 박테리아라고 했습니다. 다분히 철학적이지요. 과학은 이렇게 철학적일 수밖에 없습니다. 인류는 말을 하면서 대상에 이름을 붙이기 시작했고 추상적인 신을 창조했습니다. 창세기의 기록에 따르면 고대 사회 즈음부터 신의 이름을 빌려 자연의 지배자라는 생각을 하기 시작한 듯합니다. 문자의 기록이 그러하니 사실은 좀 더 앞섰는지도 모르겠습니다. 그 후 인간을 자연으로부터 분리시켜 자연의 주인으로서 자연을 지배하고 정복하고 이용할 수 있는 존재로 확실하게 각인하게 된 것은 데카르트 이후부터입니다. 코로나19로 인해 인간의 활동이 정지되자 그동안 자취를 감췄던 동물들이 나타났다고도 하지요.

신은 창조주로서의 지위만 인정한 채, 신이 창조한 자연의 지배자는 인간이 되었습니다. 인간의 이성이 신이 창조한 우주 자연의 질서 법칙을 파악할 수 있다고 믿었습니다. 인간은 신의 권위를 누렸습니다. 그것이 동양에 뒤졌던 서양이 과학의 발전과 함께 자본주의를 일으켜 동양을 비롯한 나머지 세계를 지배하게 된 원동력입니다. 그 덕에 인류 역사에서 처음으로 풍요로운 사회가 도래하였음은 물론입니다. 반면에 무분별하게 자연을 착취함으로써 생태계의 질서를 파괴해 온 것도 사실입니다.

세상을 지배하는 동물은 만물의 영장이라는 인간일까요? 데카르트는 신으로부터 모든 권한을 위임받은 인간을 자연의 주인이요 지배자로 격상해 놓았지만 그렇지 않습니다.

마굴리스는 공생(symbiosis) 진화를 강조하면서 지구 생물의 역사를 상호의존적인 관점에서 파악합니다. 그리고 진화학과 생태학에서 얻은 교훈을 인간과 정치 영역까지 연장해서 생각해야 한다고 강조합니다. 인간은 자연의 아주 작은 일부로서 자연의 정복자가 아니라 동반자입니다. 마굴리스는 그래서 인간 중심적인 생태학적 오만에서 벗어나 미생물 위주의 심층생태학이 필요하다는 점에서 생태학적인 겸손함을 강조합니다. 마굴리스의 동지였던 화학자 러브록의 얘기입니다.

> 마굴리스는 우리 인간까지를 포함하는 모든 대형 동물들은 그런 혐기성 미생물들에게 적당한 서식처를 제공하기 위하여 마련된 수단에 불과할지도 모른다고 가정한다. … 산소가 점차적으로 대기권의 중요한 구성 성분으로 자리를 잡게 되었던 것이나 또는 거대한 유성이 떨어지는 것과 커다란 자연적 재난들은 생물종들에게 그야말로 엄청난 위협이 아닐 수 없었을 것이다. 하지만 이렇게 해서 새로 조성되는 환경 조건에 적합한 새로운 생태계가 만들어지고 그 생태계는 다시 새로운 종들로 충만하게 되는 것이 또한 자연법칙이다. (Lovelock, 1995/2007)

눈의 탄생, 빛을 보다

빛은 원초적 미디어라고 했습니다. 빛은 우리 눈을 통해 뇌에 정보를 전달해주는 미디어입니다. 우리는 오관(눈 · 귀 · 코 · 혀 · 피부) 중에서 대부분 눈을 통해 정보를 획득합니다. 그러나 생명이 탄생한 35억 년 전부터 눈을 가지게 된 것은 아닙니다. 최초의 생명체는 원핵세포였으니 말이죠. 종-속-과-문-강-문-계의 분류 중에서 생명의 설계는 문(門)입니다. 그 사이 원핵세포는 바다 속 산소의 발생에 대응해 다핵세포로 진화합니다. 하나는 미토콘드리아가 되는 겁니다. 그렇게 오랜 세월을 지내다가 유전자에 의해 생명체의 문을 결정하는 38가지 설계도가 만들어집니다. 문을 결정하는 것은 겉모습이 아니라 내부구조입니다. 물론 내부구조를 결정하는 유전자의 작용입니다. 분자생물학자들은 모든 문의 체계가 10억 년 전에서 6억 6천만 년 전 사이에 순차적으로 진화했다고 판단합니다. 그러나 이렇게 내부 설계를 마쳤음에도 불구하고 생명체는 여전히 큰 변화 없이 부드러운 몸의 벌레 모습으로 살았다고 합니다. 그 후 수억 년이 더 지난 고생대의 캄브리아기 700만 년 동안 겉모습이 다른 놈이 나타났습니다. 딱딱한 껍질을 가진 동물들이 나타난 겁니다.(이정모, 2015)

이것은 물론 화석이 증명합니다. 화석은 생명의 역사를 밝혀주는 유력한 미디어입니다. 화석 얘기부터 하지요. 고생대의 캄브리아기에 생물종의 대폭발이 발생합니다. 이 시기에 삼엽충을 비롯해 다양한 동물 화석이 대량으로 발견된 것에서 그것을 알 수 있습니다. 물론 대폭발이라고 하지만 갑자기 돌연변이로 나타난 것은 아닙니다. 딱딱한 껍질이나 단단한 외부 골격 없이 연한 몸체만 있는 동물들의 존재도 화석으로 증명되었습니다. 그중에서 절지동물인 오파비니아의 화석이 대표적입니다. 그 오랜 과정을 거쳐 다양한 동물들이 폭발적으로 나타났던 것입니다. 진화는 그렇게 빠르게 진행되지 않습니다. 중요한 것은 이 시기에 현생 동물들의 내부 설계도가 완성되었다는 점입니다. 인간도 그 진화의 산물입니다.(이정모, 2015)

그러면 왜 몸을 딱딱한 껍질로 무장한 동물들이 나타났을까요? 진화는 자연선택입니다. 필요는 기관을 창조한다고 하지요. 포식자가 등장한 것입니다. 캄브리아기에 크게 늘어난 식물을 먹기 위해 동물들은 거머쥐고 깨물 수 있는 튼튼한 다리와 주둥이가 필요했습니다. 그리고 프로토헤르트라는 육식동물이 나타납니다. 화석으로 남아 있는 최초의 육식동물이라고 합니다. 프로토헤르트의 먹이가 되지 않으려는 몸부림의 결과로 물렁물렁한 몸을 딱딱한 껍질로 무장하게 된 것입니다. 자연선택의 원리이지요.

뿐만 아니라 눈을 가지게 됩니다. 5억 4,200만 년 전에서 5억 4,100만 년 전의 100만 년 사이에 눈이 달린 삼엽충이 출현한 것입니다. 눈의 탄생은 생명의 역사에서 가장 기념비적인 사건으로 평가됩니다.(이정모, 2015) 동물이 눈을 가지게 됨으로써 먹이의 위치를 정확하게 파악해서 사냥을 할 수 있게 되었고, 반대로 잡아먹히지 않고 생존할 수 있는 확률을 높여 주었습니다. 빛이 전달해 주는 정보를 활용할 수 있게 된 것입니다.

이렇게 해서 바다의 생명체들은 폭발적으로 증가했고 다양하게 진화해 갑니다. 그중 척추동물이 나타나고 육지로 진출하게 됩니다. 육지로 진출한 물고기는 양서류로 발전합니다. 그리고 파충류, 포유류로 진화하고 포유류 중에 유인원이, 그리고 다시 인간이 진화되어 나타나는 겁니다. 이 모든 것은 화석이 증명해 줍니다. 물고기와 양서류 사이에 존재함으로써 가교 역할을 했던 동물의 화석도 발견되었습니다. 3억 8,500만 년 전의 물고기 화석과 3억 6,500만 년 전의 네 다리가 있는 양서류 화석이 있고, 그 사이에 존재했던 생명체의 화석도 발견됩니다. 물고기 화석과 양서류 화석의 중간 화석으로 이누이트족의 말로 '커다란 민물고기'라는 뜻의 틱타알릭(Tiktaalik)의 화석이 발견되었습니다. 틱타알릭에는 물고기처럼 아가미와 비늘이 있지만, 목과 원시 형태의 팔이 달려 있다고 합니다.(Shubin, 2008/2009, 71쪽) 이처럼 동물의 화석은 진화의 정보를 간직하고 있는 미디어로서 기능하고 있다는 사실을 알 수 있습니다.

자연은 인간의 존재 유무와 관계없이 자연의 방식대로 정보를 남깁니다. 빛, 중력파, 유전자, 화석 등이 그것입니다. 인류는 그 정보가 담긴 미디어를 찾아 읽어내고 있는 유일한 생명체입니다. 그것도 아주 최근의 일들입니다. 분자생물학은 유전자 정보를 읽어내는 최첨단 학문이지요.

생명, 다양성

생명은 생체계를 구성하는 분자들 사이의 협동으로 떠오른 집단 성질입니다. 이것이 생명의 본질입니다. 그 분자들은 초신성의 폭발이나 지구로 떨어진 운석으로부터 온 원자들의 결합입니다. 이를테면 생명이란 그 분자들의 협동 현상으로서 가장 궁극적인 떠오름입니다. 따라서 인간을 포함해 생명이 존재한다는 것이 우주적인 과정이므로 생명 현상을 보이는 생체계도 은하와 마찬가지로 물리법칙이 지배하는 것으로 생각할 수 있습니다.(최무영, 2008) 다시 말해서 생명을 연구하는 모든 분야에 공통적으로 적용되는 대전제는 모든 물질이 원자들로 이루어져 있기 때문에 모든 생명 활동은 결국 원자의 움직임으로 이해될 수 있다는 것입니다.(Feynman, 1963/2003)

화학자들은 좀 더 구체적으로 생명 탄생의 비밀을 추적합니다. 무기물에서 유기물이 만들어지고, 유기물이 생명이 되는 비밀 말입니다. 유기물 가운데 간단한 복제를 할 수 있고 조잡한 유전 정보를 나를 수 있는 분자가 생기고, 그 분자가 나아가서 단백질 합성을 중계하는 RNA와 복제 시스템의 중심 역할을 하는 DNA로 진화하는 과정을 가정하는 것입니다. 아직은 모두 가설 수준이지만 생명 탄생 전의 화학이 진화적 관점을 도입하기 시작했다는 것이 중요합니다.(Ball, 1994/2001, 408쪽) 역시 학문의 융합은 창의성의 원천입니다.

자연에서 새로운 것의 미래를 결정하는 많은 원칙은 인간 사회에도 똑같이 적용됩니다. 자연생태계는 전체가 하나같이 일사분란하게 행동하지 않으며, 일사불란함은 바람직하지도 않습니다. 일사분란한 자연이나 사회라면 발전을 보장하지 못합니다. 흩어져 있는 갈라파고스 제도의 동물 사회처럼 작은 하위집단으로 나뉜 커다란 사회가 가장 발전 가능성이 높은 사회라 할 수 있습니다.

자연과 마찬가지로 다양성이 보장되는 사회가 역동적으로 발전합니다. 미국의 물리학자 프리먼 다이슨(Freeman John Dyson, 1923~2020)은 다양성으로 인해 인류가 그렇게 빠른 속도로 발전할 수 있었다며, 그래야 새로운 버전이 성공하는 걸 우연이 도와줄 수 있다고 주장했습니다. 인류의 진보는 세계 인구가 아주 일찌감치 독자적인 언어와 문화를 가진 작은 집단으로 갈라져 있었기에 가능했다면서 획일적인 문화는 변화를 허용하지 않고 무조건 적응하라는 무자비한 압력을 통해 만들어진다는 것입니다.(Klein, 2004/2006) 자연에서도 그렇지만 사회에서도 진보를 위해서는 새로운 것이 우선 상대적으로 안정된 환경 속에서 발전하고 방해 없이 퍼져나갈 수 있는 토양이 필요합니다. 언론의 자유와 다양성을 강조하는 것도 이 논리로 설명하면 훨씬 과학적 지식에 가까워질 것입니다.

프랑스의 분자생물학자 자크 모노(Jacques Lucien Monod, 1910~1976)는 생명체의 진화는 미시적이며 우연적인 사건의 결과로서 이 사건들은 자신들이 생명체의 합목적적인 기능에 따라 나타나는 효과들에는 전혀 무관심하다고 합니다. 그러나 일단 한 번 DNA 구조에 새겨지고 난 다음에는 이 우연적인 사건들은 기계적으로 충실하게 복제되고 번역됩니다. 그리고 자연선택은 우연의 산물들에 대해서 작용하지만 자연선택이 작용하는 영역은 엄격한 요구가 지배하는 영역이며 도킨스(Richard Dawkins, 1941~)가 강조한 것처럼 모든 우연이 배제된 영역입니다.

인간의 뇌는 후천적으로 환경의 영향을 받으며 성장하는 과정을 밟습니다. 개발하지 않으면 정체됩니다. 언어 능력의 습득도 그렇습니다. 인간은 기본적으로 발성 체계와 의미 체계를 결합할 수 있는 유전자를 가지고 있지만, 완성된 형태가 아니라 가능성의 상태이기 때문에 언어 능력은 노력함으로써 습득됩니다. 어린 아이의 초기 언어 습득이 이렇게 후성적(後成的) 발생 과정과 연관되어 있다는 생각은 해부학적 자료들에 의해 확인이 됩니다. 실제로 뇌의 성숙은 출생 이후 계속 진행되다가 사춘기와 더불어 끝나며, 이러한 뇌의 발달은 본질적으로 피질 신경세포(뉴런)들의 상호연결과 시냅스의 형성이 현저히 풍부해지면서 이루어지는 것입니다. 이 과정은 출생 후 두 해 동안 대단히 빠른 속도로 진행되다가 그 이후로는 점점 더 느려집니다. 이렇게 인간의 인지적 기능과 상징적 언어 사이에는 아주 긴밀한 공생관계가 있으며, 이런 긴밀한 공생관계는 이 둘의 장기간에 걸친 공동 진화의 소산입니다.(Monod, 1970)

인류의 조상은 언어의 사용으로 말미암아 지금의 인류로 대약진을 하게 됩니다. 언어의 사용은 생산력의 증대에 결정적으로 기여하면서 원시 공동체사회의 붕괴와 문명 시대로의 진입에 촉매제 역할을 합니다.

진화론으로 보면, 인간의 뇌는 파충류의 뇌와 포유류의 뇌를 거쳐 인간의 뇌로 진화해 왔습니다. 파충류의 뇌는 신체적 반응의 본능, 포유류의 뇌는 기억이 중추입니다. 포유류의 한 종인 인간은 직립보행으로 손이 자유롭게 되는 등의 변화로 생각이 많아집니다. 이로 인해 생각을 담당하는 대뇌 부위가 진화하게 됩니다. 이 진화의 과정은 갓 태어난 아이의 뇌가 성장하는 과정과 닮았습니다. 파충류의 뇌에서 포유류의 뇌로, 그리고 인간의 뇌로 완성되어 가는 겁니다. 뇌가 성장하는 과정에서 결정적으로 중요한 것은 시냅스의 연결입니다. 뇌는 완제품으로 태어나는 것이 아니라 의지적인 노력으로 완성해 가야 한다는 사실입니다. 이처럼 뇌가 성장하는 과정에서 다양한 지식과 정보를 축적하는 게 중요합니다. 다양한 문화적 경험도 중요합니다. 이것이 한 인간의 본성과 자아를 형성하게 되는 것입니다.

생명의 역사, 대멸종

지구 생태계는 몇 차례 대량 멸종 사태를 겪었는데 대부분의 생물이 사라졌을 만큼 가장 규모가 컸던 2억 5,000만 년 전 페름기의 대멸종 이후 두 번째로 규모가 컸던 6,500만 년 전 백악기 말의 K-T 대멸종 시기에는 공룡을 비롯하여 종의 85%가 사라졌습니다. 1억 5,000만 년 동안 지구를 지배하던 공룡의 멸종은 포유류들에게는 기회였습니다. 공룡을 피해 밤에만 활동하던 포유류들이 밤낮을 가리지 않고 활개를 치기 시작한 것입니다. 그리고 포유류의 한 종으로 인류가 등장하게 됩니다. 인류의 등장은 장차 생태계에 큰 변화를 초래하게 됩니다. 우주와 생명의 긴 역사에서 볼 때 이것은 순식간에 벌어진 일입니다.

인류의 조상은 언어의 사용으로 말미암아 지금의 인류로 대약진을 하게 됩니다. 언어의 사용은 생산력의 증대에 결정적으로 기여하면서 원시 공동체사회의 붕괴와 문명 시대로의 진입에 촉매제 역할을 합니다. 뿐만 아니라 1만 3,000년 전 무렵 언어의 사용으로 사냥 능력이 발전한 인간에 의한 대형 동물의 멸종 사태가 빚어지기도 했습니다. 그리고 지금 또 다시 인간에 의한 동식물의 대멸종 사태가 진행되고 있는 실정입니다. 미디어가 그 촉매 역할을 하고 있다는 사실에 주목하고자 합니다. 동식물의 대멸종은 인류의 멸종을 예견하고 있는바, 미디어의 역할에 대한 성찰이 필요한 시점입니다. 가이아의 경고가 인류의 생존을 위협하는 마당에 우리가 지구를 위해 해야 할 일이 무엇인지 생각해 보면 좋겠습니다.

예전 암흑기에 수도원의 교단은 우리를 개화시켜 줄 것의 정수를 보존했다. 이 지식의 많은 부분은 책에 실려 있었고, 수도사들은 책을 소중히 했으며 독서를 수양의 일부로 삼았다. 안타깝게도 우리는 더 이상 그런 식의 직업을 갖고 있지 않다. 현재의 방대한 지식은 어느 한 사람이 간직할 수 없을 정도로 많다. 그래서 지식은 학문 분야로 나뉘고 더 세분된다. 각 분야는 직업적으로 그 분야에 종사하는 전문가들의 영역이다. 그들은 대부분 자기 분야에는 통달해 있지만 다른 분야에 대해서는 모른다. 소명 의식을 지닌 사람도 거의 없다. (Lovelock, 2006/2008, 238쪽)

제3부 근대 이후 과학과 미디어

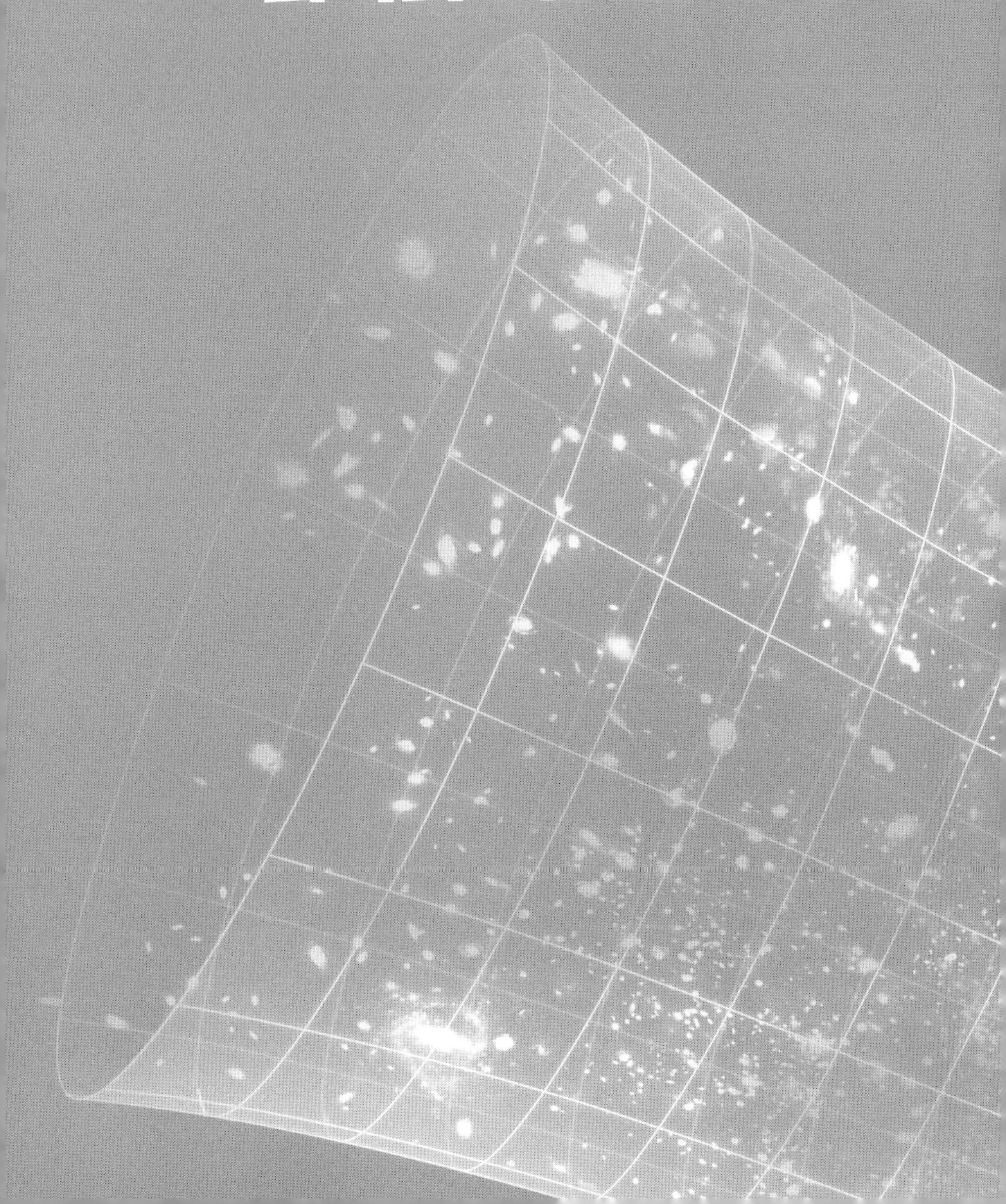

제8장

근현대 미디어의 역사와 자연과학

과학과 기술의 결합

동 · 서양 공히 과학(철학)과 기술은 별개였습니다. 특히 서양에서 지배계급의 일원이었던 철학자들은 기술을 천시했습니다. 서양이 관념철학과 종교(religion)에 치중하는 반면에 현실을 중시하는 동양에서는 실용적인 기술이 발전하였습니다. 물론 그 기술을 담당한 사람은 학자가 아닌 기술자들이었지요. 제지술을 비롯해서 4대 발명품이 일찍이 동양에서 출현했던 것을 보아도 알 수 있는 일입니다. 동양의 4대 발명품은 중세 후반기가 되어서야 서양에 전달되지요. 과학과 기술의 분리 양상이 변화하기 시작한 것은 르네상스 시대부터였습니다. 십자군 전쟁으로 교회의 권위가 약화된 틈새에서 지식인들이 아라비아에서 건너온 고대 그리스 서적들을 공부하고 번역하기 시작하면서부터입니다. 이 번역서들은 구텐베르크 인쇄술의 등장을 계기로 하여 대량으로 인쇄되어 보급되었습니다.

십자군 전쟁 이후 이탈리아에는 도시국가가 성립되면서 시민사회의 싹이 트기 시작했습니다. 비잔틴 제국이 1453년 오스만 제국에 의해 멸망했을 때, 많은 학자들이 고대 희랍의 문헌들을 가지고 피렌체로 피신했습니다. 피렌체가 이탈리아 르네상스의 발원지가 된 배경 중 하나입니다. 이탈리아 사람들은 문예와 더불어 새로운 삶을 동경하게 되었습니다. 그리고 새롭게 중산층이 형성됩니다. 그동안 백안시되고 소외되었던 상인들이 축적된 부를 기반으로 시민사회를 주도하면서 학문과 예술을 지원하였지요. 자연스럽게 사회적 신분의 장벽이 붕괴되면서 철학자와 기술자의 분리와 차별도 무너지면서 과학과 기술이 결합되기 시작합니다. 그 대표적인 인물이 레오나르도 다빈치(Leonardo da Vinci, 1452~1519)입니다.* 과학의 지원을 받은 기술은 일취월장 발전하는 한편으로 과학도 관찰과 실험을 통해 새로운 이론에 도전할 수 있었습니다. 고대 그리스 이래의 합리적 · 수학적 방법과 실험적 · 실증적 방법의 결합이 이루어진 것입니다.

한편으로 데카르트의 기계적 자연관은 자연 현상의 법칙을 규명하여 자연을 지배하고 이용할 수 있다는 정당성을 부여했으며, 베이컨(Francis Bacon, 1561~1626)은 학자적인 전통과 직인적인 전통의 결합의 필요성을 강조하면서 '지식이 힘(sciéntĭa est poténtĭa)'이라고 역설함으로써 신의 증여에 의한 인간의 자연 지배권을 강조했습니다. 기술자는 학자로부터 과학적인 방법을 몸에 익혀 능률을 올릴 수 있고, 학자는 경험이나 실험을 통해 자연 현상을 좀 더 정확하게 파악할 수 있다는 통찰입니다.(장병주, 1986) 코페르니쿠스, 티코 브라헤, 케플러에 의해 태양계의 진실이 드러난 것과 더불어 이러한 인식의 전환에 힘입어 갈릴레이의 관성의 법칙과 천문학 등 근대역학이 태동합니다. 뉴턴은 이 모든 것을 종합하여 역학을 완성하게 되지요. 기계적 세계관과 뉴턴역학은 산업혁명의 기반이 되었습니다.

* 조선에서는 과학과 기술의 결합을 이룬 대표적인 인물이 정약용이라고 할 수 있으며, 그 뒤로 실학사상가인 최한기, 서유구 등으로 계보가 이어집니다.

고전역학과 상업적 대중지의 출현

와트(James Watt, 1736~1819)는 기구 제작 기술자로서 글래스고 대학에서 수학 기구 제작 임무를 맡고 있었습니다. 여기서 그는 물리학, 화학, 수학 등의 학자와 교류하면서 근대과학의 실험적 방법을 몸에 익혔습니다.(장병주, 1986) 기술이 과학을 만나 능률을 높인 사례가 되겠습니다. 그 힘으로 증기기관을 완성함으로써 산업혁명의 원동력이 된 것은 주지의 사실입니다. 산업혁명은 금속 가공 기술과 제철 기술의 발전을 촉발시킨 결과 증기기관이 더욱 진전을 보면서 가속도가 붙었습니다. 이를테면 윌킨슨(John Wilkinson, 1728~1808)은 보링머신을 발명하여 와트의 증기기관을 한층 더 정밀하게 만들 수 있게 했습니다. 그 후 자동공작기계가 실현됨으로써 고압증기기관으로까지 발전했습니다. 이 시기에 금속 가공과 제철 기술 등의 발달은 공학이라는 새로운 학문을 성립시켰다는 사실도 기억할 만합니다.

산업혁명의 가장 중요한 특징은 대량생산입니다. 대량생산은 물류 이동수단을 발전시키게 됩니다. 16세기 네덜란드에서 청어 잡이를 위해 조선업이 발달한 것과 같은 이치입니다. 대량생산은 교통과 통신 수단에 일대 혁명적인 변화를 가져옵니다. 증기기관차의 등장은 철도의 발전을 가져오고, 연동하여 철강 산업이 발전하게 됩니다. 통신 영역에서는 전기를 이용한 유선통신의 발달과 더불어 신문 성격의 변화를 가져옵니다. 신문에 광고가 쏟아져 들어오자 소수의 엘리트를 대상으로 발행되던 정론지(政論紙) 성격의 신문은 불특정 대중을 상대로 영리적인 목적으로 발행되는 상업적 대중지로 바뀌게 됩니다.

광고 수주를 위해 많은 독자를 확보해야 하기 때문에 공정보도와 객관보도를 표방하게 되고, 치열한 경쟁의 결과로 자연스럽게 선정성을 띠게 됩니다. 보통 상품은 경쟁을 하면 품질의 향상을 가져오지만 신문은 품질의 저하를 가져옵니다. 독자들이 감각적인 내용의 신문을 선호하기 때문이지요. 신문의 수요가 증가하면서 신문 산업도 대량생산 시대에 돌입하게 된 데서 이런 문제가 발생합니다. 신문의 대량 인쇄를 위해서는 구텐베르크 수준의 인쇄기로는 어림도 없게 된 것입니다. 그래서 윤전기가 나오게 됩니다. 윤전기는 증기기관과 실린더의 결합입니다.

이 시기에 신문의 광고는 계속 증가 추세를 보이고 있었던바, 대부분의 신문들이 전 지면의 반 이상을 광고에 할애하였습니다. 상업지의 경우에는 비율이 훨씬 높아서 그중 일부 신문들은 5분의 4 또는 10분의 9를 광고로 채우기도 했습니다. 신문 보급률이 계속 급증했으며, 미국은 전 세계에서 가장 높은 보급률을 보이고 있었는데, 이것은 문자 해독자가 점점 많아진 데에도 그 원인이 있었습니다. 1830년대에 20세 이상 백인 인구의 91퍼센트가 문자를 해득할 수 있었습니다.

증기를 동력으로 하는 실린더 인쇄기를 미국에서 처음 도입한 신문은 1825년 뉴욕 '데일리 애드버타이저'지로서, 이것을 사용함으로써 시간당 2,000부를 찍어낼 수 있었습니다. 이 인쇄기는 그 후 뉴욕의 리차드 호우(Richard Hoe, 1812~1886)라는 사람에 의해 다시 개량되어 시간당 4,000부를 인쇄할 수 있게 됨으로써 신문의 대량생산 시대의 문이 활짝 열리게 되었습니다.(차배근, 1983) 구텐베르크의 수동 인쇄기가 1시간에 100장 정도 인쇄할 수 있던 수준에 비하면 비약적인 발전을 한 셈입니다.

한편으로 전 세계로 뻗어나간 영국의 무역은 유선통신의 확대를 필요로 하게 됩니다. 무역 관리의 필요에 의해 전 세계에 해저 케이블을 깔게 되고,

해저 케이블을 이용한 통신사의 등장으로 신문은 글로벌 미디어로 변신하게 됩니다. 국내외 뉴스를 신속하게 대량으로 보급하게 된 신문사들은 본격적인 경쟁 체제에 돌입합니다. 이러한 맥락에서 독자 확보 경쟁이 공정보도와 객관보도, 그리고 선정적 보도라는 현대 저널리즘의 성격을 규정하게 된 것입니다. 정론지 시대에는 생각할 수 없었던 혁명적인 변화라고 할 수 있습니다. 저널리즘의 공정성과 객관성에 대해서는 따로 설명을 하겠습니다.

사진의 등장

이 시기에 사진이라는 새로운 미디어가 등장합니다. 르네상스 시대 이래로 사실주의와 원근법이 회화의 지향점이고 방법이었습니다. 대상을 최대한 있는 그대로 묘사하고, 그 맥락에서 보이는 대로 그린다는 입장에서 원근법을 도입하게 됩니다. 다빈치가 "회화는 대자연을 가급적 정확하게 묘사해야 한다."라고 한 말도 그런 시대정신을 반영한 것입니다. 그런 분위기는 19세기까지 이어지다가 사진 기술이 등장합니다. 자연과 인물을 정확하게 묘사하는 데서 회화는 사진을 따라갈 수 없었지요.

사람들은 초상화를 얻기 위해 화가를 찾는 대신에 사진관을 찾았습니다. 화가들의 생존 수단과 함께 회화의 존립 기반이 무너집니다. 이때 화가들이 돌파구를 찾은 게 인상파 그림입니다. 당시 사진은 흑백이었기 때문에 햇빛이 만들어내는 색의 조화를 순간적으로 포착하는 기법의 그림으로 사진과의 차별화를 도모한 겁니다. 인상파가 등장하게 된 배경입니다. 인상파는 후기 인상파와 큐비즘으로 이어집니다. 이제 회화는 서서히 생활에서 순수예술로 발전해 나갑니다. 후기인상파의 세잔(Paul Cézanne, 1839~1906)은 현

자연과 인물을 정확하게 묘사하는 데서 회화는 사진을 따라갈 수 없었지요 … 사진은 신문 저널리즘과 결합하면서 그 위력을 배가합니다.

대미술의 아버지로 오르게 됩니다. 사진은 신문 저널리즘과 결합하면서 그 위력을 배가합니다.

열역학의 법칙과 커뮤니케이션

열역학은 산업혁명 시기에 열효율을 증대시키기 위한 공학자들의 노력으로 태동하였습니다. 증기기관이란 게 석탄을 태운 열로 증기를 발생시킴으로써 피스톤을 작동하게 하는 것인데, 대부분의 열에너지는 공기 중으로 방출됩니다. 따라서 열 손실을 줄이면서 좀 더 많은 에너지가 증기를 발생시키는 데 투입되도록 강구할 필요가 있었던 겁니다. 그 과정에서 정립된 것이 바로 열역학입니다.

열역학에는 대표적으로 제1법칙과 제2법칙이 있습니다. 열역학 제1법칙은 이른바 '에너지 보존의 법칙'으로서 어떤 물리적 화학적 변화가 일어나더라도 우주의 에너지 총량은 변하지 않는다는 것입니다. 어떤 경우에도 에너지가 새로 창조되거나 소멸되지 않으며, 유입된 에너지와 유출된 에너지는 항상 같다는 자연의 절대적인 법칙입니다. 우리는 이 법칙을 이해함으로써 유한한 에너지 자원을 낭비해서는 안 된다는 교훈을 얻을 수 있습니다. 열효율을 제고할 필요도 있습니다.

열역학은 열이 가해진 물체가 일을 행하는 방식을 연구하면서 시작되었습니다. '공급된 열을 좀 더 효율적으로 사용하는 열기관을 만들 수는 없을까?' 하는 것입니다. 낭비가 있다는 얘기지요. 주어진 물리계에 열을 가하고 일을 해주면 물리계의 에너지는 그만큼 증가합니다. 물리계에 열(Q)과 일(W)을 가했을 때 계의 에너지(U)의 변화량은 다음과 같습니다.

U의 변화량 = Q + W

작은 양의 열 ΔQ와 작은 양의 일 ΔW가 가해졌을 때 U의 변화량 ΔU는 다음과 같습니다. 위 식을 순간변화량을 계산하는 미분의 형태로 표현한 것입니다.(Feynman, 2007)

$$\Delta U = \Delta Q + \Delta W$$

그런데 에너지는 전량이 열기관의 가동을 위해 유용하게 소비되는 것이 아닙니다. 유용하게 소비되지 않는 에너지는 질이 낮은 에너지로 변화하여 남습니다. 자동차를 움직인다든지 전기를 사용한다든지 할 때 에너지의 형태가 변하면 반드시 효율성이 낮아집니다. 자동차의 경우, 휘발유 연료에 들어 있는 고품질 화학 에너지 중에서 20~25%가 차를 움직이는 기계적 에너지와 전기에너지로 변하고 나머지는 저질의 열로 변하여 공기 중에 방출됩니다. 그리고 그것이 지구 온난화의 주범 중 하나가 되기도 합니다. 전기의 경우, 전기 에너지는 전구의 필라멘트를 통과하면서 5%가 빛으로 바뀌고 95%는 방출됩니다. 미국에서 사용되는 에너지는 16%만 필요한 일에 사용되고 41%는 불가피하게 낭비되며, 43%는 불필요하게 낭비된다고 합니다. 그러니 관건은 불필요한 낭비를 줄이는 것입니다. 물질과 에너지의 생산을 줄임으로써 자원을 절약하고, 자원의 재순환과 재활용을 실천하고 인구 증가를 억제해야 하는 것입니다. 열역학 제2법칙은 바로 이렇게 에너지를 사용하는 과정에서 저질의 에너지가 다량 발생하여 공기나 물 분자로 흩어져 자연 생태계를 교란시키게 되는 현상을 설명해 주는 법칙입니다. 엔트로피의 법칙이라고도 하지요. 자연 상태에서 무질서를 의미하는 엔트로피는 높아질 수밖에 없으며 역진하지 않습니다.

엔트로피의 법칙은 사회 현상을 설명하는 데에도 유용하게 적용됩니다. 닫힌계(closed system)는 자연 상태에서 엔트로피가 지속적으로 높아집니다. 인위적인 조치를 취하지 않으면 그 역은 성립하지 않으며 임계점에 도달할수록 위험하게 됩니다. 정돈해 놓은 책상은 며칠만 지나도 어지럽혀지고, 싱크대의 설거지통은 시간이 지날수록 지저분해집니다. 책상은 매일같이 정돈해야 하고, 설거지는 미루지 말고 해야 합니다. 만약 통제된 사회에서 언론의 자유가 허용되지 않는다면 구성원들의 불만이 고조되고 유언비

어가 난무하게 되어 종국에서 혼란과 저항과 혁명으로 이어지게 될 것입니다. 1987년의 6월 혁명과 2016~2017년의 촛불혁명이 바로 그런 것입니다. 엔트로피의 법칙은 열린 사회와 언론의 자유, 그리고 개방적 소통의 중요성을 확인해 줍니다.

사회열역학

사회열역학이란 사회 현상을 열역학의 이론과 방법으로 설명하는 시도입니다. 에너지 불변의 열역학 제1법칙, 열은 온도가 높은 곳에서 낮은 곳으로 흐른다는 열역학 제2법칙(엔트로피의 법칙), 물은 높은 곳에서 낮은 곳으로 흐르고 바람도 고기압에서 저기압으로 불고 있다는 자연의 법칙이 있듯이 사회 현상에서 관측되는 법칙도 자연의 법칙과 비슷하다는 것입니다.(최동식, 2000) 최동식 교수는 사회열역학이 경제학이 풀지 못하는 문제를 해결할 수 있기를 기대한다면서 정운찬 교수가 소개한 1993년 노벨경제학상 수상자 노스(Douglass C. North, 1920~2015)의 주류경제학 비판을 소개했습니다. 비록 인용한 얘기지만 화학자가 경제문제에 대해 의견을 피력했다는 점에서 다소 길게 인용하겠습니다.

> 1) 수리화된 경제학으로는 세계 경제의 일부 특징적 상황을 묘사할 수는 있어도 제대로 경제 전반을 설명할 수 없다.
>
> 2) 근대 경제학의 경제 주체의 행동에 관한 7가지 가정은 제도 경제학을 성립시켰지만, 지난 20년 동안 실험 경제학자들에 의해 현실 경제 주체의 행동을 묘사하는 데 적절하지 못함이 밝혀졌다.

3) 위의 7가지 가정을 대신하여 훨씬 현실적인 새로운 7가지 가정을 제시하면 다음과 같다.

① 때로는 균형의 개념이 경제 분석의 귀중한 도구가 될 수 있다. 그러나 대부분의 경우 균형이 한 개만이 아닌 여러 개가 될 가능성이 크다. 왜냐하면 개별 경제 주체는 현실을 객관적으로 인식하지 못하고 자기 나름대로 주관적으로 인식할 뿐이고 이에 근거해 행동하기 때문이다(따라서 사람들의 수만큼이나 다양한 결과가 나타날 수 있다).

② 사람들이 때로는 동일한 선택 상황을 반복적으로 접하고, 합리적으로 이에 대처하기도 하지만, 때로는 독특하고 낯선 선택 상황에 직면하기도 한다. 이때 상황에 관한 정보는 불충분하기 마련이고 선택의 결과도 불확실한 경우가 많다.

③ 비록 겉보기에 선호 체계의 변화로 보이는 경제 행위가 실제로는 숨어 있는 상대가격 변화의 결과인 경우가 많더라도, 선호 체계의 안정성에 관한 믿음을 확고히 가지기는 어렵다. 심리학적 연구 결과에 따르면 많은 비정상적인 형태가 관측되기도 하고, 역사적으로 보아도 선호의 변화는 분명히 존재하는 것 같다(예를 들어 노예제도의 폐지는 인간의 존엄성에 관한 사람들의 가치관 변화를 전제하지 않고는 설명하기가 쉽지 않다).

④ 물론 경제 주체는 자신의 선택에 따른 결과를 개선하고 싶어 한다. 그러나 워낙 정보가 불충분하여 개선을 가능케 하는 기회를 인식하기가 어렵다.

⑤ 시장의 경쟁 압력은 억제될 가능성이 있고, 시장이 주는 신호는 매우 혼란스럽기 때문에 이에 대한 반응이 더디게 일어나거나 혹은 잘못된 방향으로 오도될 가능성이 크다.

⑥ 역사적으로 볼 때 현실세계에서 합리적, 이기적인 행동양식과 부합하

지 않는 많은 사례가 나타나 있다.

⑦ 주류경제학이 채택하고 있는 여러 가정들이 특정 문제를 해결하는 데에는 유용할 수 있다. 그러나 이러한 시각은 사회과학자들이 직면한 다른 많은 문제의 해결에는 부적절하다. 특히 제도의 생성과 성격, 그리고 변화를 이해하는 데에는 큰 걸림돌로 작용한다.

4) 위의 가정을 받아들이면, 제도란 현실의 경제생활에서 이제까지 경제학자가 인식했던 것 이상으로 매우 중요한 역할을 수행하고 있음을 알게 된다. 즉 거래비용의 존재가 제도를 생성시키는데, 이 거래비용은 불확실성에서 유발되고 이 불확실성은 기본적으로 정보의 부족 때문에 발생한다. 따라서 경제 주체는 제도란 틀을 만들고 그 안에서 자신과 다른 사람의 행동을 정형화함으로써 불확실성 거래비용을 줄이려는 경향이 커진다. 이상 살펴본 대로 자연과학에서 개발된 수학 기법에 경제학이 광범위하게 응용되고 있는 사례를 알았고, 그 결점을 보완하려는 시도도 보았다. 케인즈가 경제학을 "이론과 사실, 상상과 현실적인 판단이 인간의 지성에 알맞도록 혼합되어 있는, 가장 우리 마음에 드는 도덕과학이다."라고 정의한 것에 공감을 표하고 있다.(최동식, 2004, 16-18쪽)

이렇게 화학자도 주류경제학 이론의 맹점을 정확하게 파악하면서 사회열역학이 경제학에 새로운 바람을 불러일으킬 것으로 기대했습니다. 자연의 법칙이 인간 사회에도 어김없이 적용되기 때문에 경제 현상도 잘 설명할 수 있을 것이라는 생각입니다. 예를 들어 얼음에 열을 가하면 녹아서 물이 되었다가 100℃에 이르면 수증기로 증발하듯이, 사회도 근대화 과정까지는 사회 온도에 별 변화가 없다가 사회 에너지가 공급되면서 사회 온도가 올라

와트는 … 증기기관을 완성함으로써 산업혁명의 원동력이 된 것은 주지의 사실입니다. 산업혁명은 금속 가공 기술과 제철 기술의 발전을 촉발시킨 결과 증기기관이 더욱 진전을 보면서 가속도가 붙었습니다.

가기 시작해서 사회 활동이 점점 더 활발해진다는 것입니다. 이때 소득분포의 불균형이 발생하게 됩니다. 로렌츠 곡선의 지니계수 분포에 따르면, 상위 20%가 전체 소득의 50%를 차지하게 된다는 식입니다.(최동식, 2004)

최동식은 이렇게 열역학을 사회 변화와 혁명, 정치 및 언론 체계 등에 적용했습니다. 사회열역학이란 사회 현상을 열역학의 접근법으로 설명하는 학문이라고 하면서 인간들이 욕심과 의사 결정에 의해 제멋대로 일을 벌이는 것 같아도 전체를 보면 사회 현상에서 관측되는 법칙이 자연의 법칙과 비슷하다는 것을 알게 된다는 것입니다. 분자 하나하나의 운동은 천차만별로 움직이는 것 같지만 전체로 보면 규칙을 발견할 수 있다는 열역학의 법칙을 말하는 겁니다. 그러면서 사회열역학이 사회과학의 새로운 패러다임이 될 가능성이 커질 것이라고 예측합니다. 최동식은 열역학을 사회 현상에 적용할 때 정치 및 언론 체계의 사회열역학적 해석, 인터넷 사이버 공간에 대한 사회열역학적 해석 등을 다루었습니다.

지금까지의 논지에서 우리가 관심을 갖는 것은 열역학 이론으로 미디어의 변동을 설명할 수 있다는 겁니다. 아직 걸음마의 수준이고, 그 이후 진전도 없는 것 같습니다. 그러나 지식과 학문의 융합 차원에서 그 시도를 높이 평가할 수 있다는 점에서 미디어 학자들이 수용해서 발전시킬 수 있는지 연구가 필요하다고 봅니다. 이를테면 인터넷의 등장과 방송과 통신의 융합 이후 미디어 혁신은 매우 빠른 속도로 진행 중입니다. 엔트로피가 높아지는 겁니다. 이 상황을 과학적으로 설명하고 정리를 해 줌으로써 엔트로피를 보통 상태로 유지해야 할 필요가 있겠지요.

산업혁명은 1만 년을 이어오던 농업사회를 산업사회로 바꿔 놓았습니다. 농업사회에 비해 산업사회는 매우 역동적인 사회입니다. 공기 좋고 한적하던 농촌마을은 매연을 내뿜는 공장지대와 많은 인구로 북적이는 도시로 바뀝니다. 계급 갈등이 심화되는 등 복잡한 사회 문제들이 분출합니다. 엔트로피가 높아지는 겁니다. 산업혁명 이전에는 아담 스미스의 논리대로 보이지 않는 손의 작용으로 엔트로피가 그다지 높게 올라가지 않았는데 산업혁명 이후에는 급격하게 올라갑니다. 돌파구가 필요합니다. 영국과 프랑스는 시장을 전 세계로 확장함으로써 열린계(open system)를 유지했으며, 독일은 사회보장정책을 도입함으로써 노동자들의 불만을 잠재워 엔트로피를 낮추는 효과를 보았다고 해석할 수 있습니다.

열역학 제2법칙은 화학 이전에 물리학의 중요한 이론입니다. 정확하게 알아야 미디어 연구에 적용할 수 있을 겁니다. 이 법칙의 엔트로피 개념은 위에서 보았듯이 미디어 연구에도 유용하게 적용할 수 있습니다. 열역학은 물체의 내부를 직접 들여다보지 않고 물리적 특성들 간의 상호관계를 연구하는 분야로 3개의 법칙이 있습니다. 열역학은 내부 에너지라고 부르는 계의 열에너지를 연구하고 응용하는 분야로서 온도가 중심 개념입니다. 냉장고에서 맥주를 꺼내 따라 놓으면 온도가 올라가 방의 온도와 같아지고, 뜨거운 커피를 따라 놓으면 방의 온도와 같아질 때까지 식습니다. 이처럼 온도의 변화는 계와 주위 사이에 열에너지가 교환된 결과입니다. 열에너지는 원자나 분자 같은 미시입자의 막 운동과 관련된 운동에너지와 퍼텐셜(Potential, 潛在) 에너지로 이루어진 내부 에너지입니다. 결국 열은 계와 주위의 온도 차이에 따라 계와 주위 사이에 전달되는 에너지로 정의됩니다.(Halliday, Resnick, Walker, 2006, 578쪽)

열역학 제1법칙은 에너지 보존의 법칙입니다. 위 식을 풀어 설명해 보겠습니다. 간단합니다. 물리계에 열(Q)을 가하고 일(W)을 하면 계의 에너지(U)는 그만큼 증가합니다. 이렇게 되는 겁니다. 계의 에너지 U(내부 에너지)의 변화량 = Q + W. 시스템 내에서 열을 가하고 일을 하면 에너지가 그만큼 증가하겠지요. 당연한 겁니다. 이 식을 미분의 형태로 표현하면 이렇게 됩니다. $\Delta U = \Delta Q + \Delta W$. 에너지의 변화가 없다는 얘깁니다.

열역학 제2법칙은, 열은 자연 상태에서 높은 곳에서 낮은 곳으로 이동하며, 차가운 쪽에서 더운 쪽으로는 흐르지 않는다는 것입니다. 가역기관에서 두 개의 온도(Temperature) T_1, T_2가 있을 때 $Q_1/T_1 = Q_2/T_2$이면 온도 T_1에서 Q_1의 열은 온도 T_2에서 Q_2의 열과 동등합니다. 이 맥락에서 온도 대비 열을 표시하는 Q/T는 열기관이 흡수하거나 방출하는 양을 의미하며, 가역기관에서 이 양은 변하지 않습니다. 이 Q/T를 엔트로피라 하며 인위적인 조치가 작용하는 가역기관의 엔트로피는 변하지 않는 게 됩니다. $T=1°$라면 엔트로피 $S=Q/1°$가 됩니다. 그러나 비가역적인 과정에서는 엔트로피가 항상 증가합니다. 비가역입니다. 완전하게 가역적인 과정은 현실 세계에 존재하지 않

으므로 자연 상태에서 우주의 엔트로피는 항상 조금씩 증가하게 마련입니다.(Feynman, 2007)

다시 정의하자면, 자연 상태의 비가역 과정에서 닫힌계의 엔트로피는 항상 증가하며 결코 감소하지 않습니다. 이러한 특성 때문에 엔트로피의 변화를 '시간의 화살'이라고도 합니다. 시간은 앞으로만 흐르지요. 닫힌계의 어떤 한 부분에서는 엔트로피가 일시 감소할 수 있지만 계의 다른 부분에서는 동일하거나 더 큰 엔트로피의 증가가 항상 있게 됩니다. 그 결과 계의 총 엔트로피는 결코 감소하지 않습니다. 이것이 열역학 제2법칙으로서 $\Delta S \geq 0$으로 표현합니다.(Halliday, Resnick, Walker, 2006, 645쪽)

통계역학

엔트로피는 통계역학의 영역입니다. 전체의 집단성질을 다룰 때 전체를 구성하는 분자들 각각의 성질을 무시하는 거시적 관점으로서 거시적 성질을 파악하는 것입니다. 거시 상태와 미시 상태는 일대일로 대응하지 않습니다. 미시 상태와 관계없는 거시 상태가 나타나는 것입니다. 윷놀이에서 걸이 나왔을 때 어떤 윷이 엎어졌는가는 따지지 않는 식입니다. 여기서 핵심은 시간을 되돌릴 수 없는 비가역적 상태라는 사실입니다. 엔트로피는 낮은 상태에서 높은 상태로 변하는데 그 반대는 일어나지 않는다는 것, 다시 말해서 '외떨어진 상태는 계의 엔트로피가 감소하는 방향으로는 바뀔 수 없다'는 것입니다.(최무영, 2011) 컵에 물을 채우고 잉크를 한 방울 떨어뜨리면 점점 물과 잉크가 섞이게 되겠지요. 엔트로피가 점점 증가하는 것으로 원래 상태로 되돌리는 것은 불가능합니다.

2019년 진한 감동을 주었던 jtbc의 드라마 〈눈이 부시게〉에서는 시계를 거꾸로 돌려 아버지가 교통사고가 나기 전 출근할 때의 시간으로 되돌아가는 장면이 연속적으로 나옵니다. 현실에서는 불가능한 상상입니다. 열은 항상 뜨거운 곳에서 차가운 데로 흐르는 것도 마찬가지입니다. 그런데 생명이 존재하려면 엔트로피를 끊임없이 줄여 주어야 합니다. 고립 단절된 계에서는 엔트로피가 지속적으로 증가하므로 지나치게 높아지지 않도록 줄여주어야 합니다. 모든 문이 닫힌 방에서 생활을 하게 되면 공기도 나빠지고 먼지와 쓰레기도 쌓이고 어지럽혀져서 건강을 해치게 됩니다. 닫힌계에서 엔트로피가 지속적으로 증가하기 때문입니다. 그래서 종종 문을 열어 통풍을 시키고 청소도 하면서 엔트로피를 낮춰 주어야 하겠지요. 이렇게 인위적으로 가역적인 과정을 조성해야 합니다.(최무영, 2011)

통계역학은 계의 무질서 정도를 나타내는 엔트로피의 개념과 관련하여 스코틀랜드의 물리학자 맥스웰(James Clerk Maxwell, 1831~1879)이 너무나 많은 원자와 분자의 운동처럼 세부적인 사실을 모두 알아야 할 필요가 없다는 통찰에서 시작되었습니다. 기체의 성질은 기체 입자의 속력에 대한 확률 분포인 통계를 이용해서 설명할 수밖에 없습니다. 맥스웰의 통찰은 오스트리아의 물리학자 볼츠만(Ludwig E. Boltzmann, 1844~1906)에 의해 통계역학으로 완성되었습니다. 맥스웰과 볼츠만의 이론은 뉴턴의 운동 법칙을 엄청나게 많은 수의 움직이는 입자들에 적용해서 유도된 것입니다. 볼(Ball, 2004)은 뉴턴의 결정론에서 통계적 과학으로의 변화가 사회물리학이 가능하도록 해주었다고 했습니다. 과학자와 철학자들이 사회 현상이 근본적으로 통계적 현상이라는 사실을 깨달은 데서 비롯되었다는 것입니다. 그렇다고 해서 사회과학이 통계적 방법만을 내세우는 것은 곤란합니다.

사람들 하나하나의 성질을 파악해서 전체의 성격을 규정하는 것은 불가능합니다. 그러나 대중과 군중 전체의 움직임에서 패턴을 찾을 수는 있습니다. 한 사람 한 사람이 모여 군중을 형성했을 때 전체의 성질은 통계적으로 설명할 수 있습니다. 볼은 물리학을 사회학과 정치학에 적용했는데 커뮤니케이션학에도 적용할 수 있는 것입니다. 폐쇄된 계에서 엔트로피는 지속적으로 증가한다는 법칙은 언론의 자유가 통제된 독재국가에서는 엔트로피가 지속적으로 증가하여 사회적 위기가 초래될 수 있다는 해석을 가능하게 합니다. 따라서 인위적으로 가역적인 상황으로 바꿈으로써 사회 엔트로피를 낮춰 주어야 합니다. 과거 군사정권 시절에 학생들이 언론의 자유를 요구하고 기자들이 저항하며 대안언론을 추구했던 움직임들이 그런 것입니다. 지금은 인터넷이 있기 때문에 완벽한 통제는 불가능하게 되었습니다. 과거에 소련과 중국을 두고 철의 장막이니 죽의 장막이니 했지만 사회주의 국가들 사이에서는 열려 있었기 때문에 버틸 수 있었을 겁니다. 미국의 선전 공세였을 따름입니다. 북한도 마찬가지입니다. 그러나 좀 더 열린사회로 발전해야겠지요. 이렇게 열역학의 법칙도 사회 현상이나 언론 상황을 설명하는 데 유익하게 적용할 수 있는 것입니다.

전자기학과 방송

19세기에는 전자기학이라는 새로운 학문이 등장합니다. 19세기는 참으로 위대한 시기라고 할 만합니다. 1천년 만에 농업사회를 마감하고 산업사회로 진입했으며, 열역학과 통계역학이 등장했으며, 전자와 엑스레이의 발견으로 이어집니다. 다윈과 마르크스, 프로이트는 각기 세상을 뒤집어놓는 세기적인 명저를 남겼습니다. 전자기학의 성립도 이에 못지않습니다.

1820년 이전에는 전기와 자기를 별개의 현상으로 인식했습니다. 전기와 자기의 존재는 고대 시기에도 인지하기는 했지만 더 이상 진전시키지는 못했습니다. 영국의 길버트(W. Gilbert, 1544~1603)는 1600년에 지구 자기설 주장했습니다. 중국은 그보다 훨씬 전에 나침반을 발명했지요. 전기 기술은 18세기 이전에는 존재하지 않았고 19세기에 와서 전기 에너지를 내는 장치를 개발하게 됩니다. 1746년 전기를 저장했다가 사용하는 라이덴병이 발명되었고, 볼타(A. Volta, 1745~1827)는 1800년에 아연막대와 구리막대를 황산용액에 담그고 철사를 연결하면 전류가 흐른다는 사실을 발견했습니다. 볼타 전지라 하지요. 이로써 본격적인 전류 연구가 시작됩니다. 그 사이에 쿨롱(Coulomb, 1736~1806)의 법칙이 나옵니다. $F = Qq/r^2$. 전하(電荷)들 사이에도 뉴턴의 중력의 법칙과 같은 법칙이 성립한다는 겁니다. 이처럼 전기의 연구를 자극한 것은 산업혁명에 따른 세계 무역의 확대로 인해 광범위한 영역에서 신속한 정보 전달의 필요가 절실해졌기 때문입니다. 모르스(S. F. B. Morse, 1791~1872)는 1844년 전신기를 발명해 세상에 선을 보입니다. 무선전신 시대의 개막입니다.

그리고 드디어 덴마크의 물리학자 외르스테드(Øersted, 1777~1851)는 1820년 전류가 자기를 발생시킨다는 사실을 발견했습니다. 전기와 자기는 별개의 독립된 존재가 아니라는 획기적인 발견입니다. 전기와 자기가 통합되는 역사의 시작입니다. 외르스테드의 발견은 전기통신기술의 성립에 결정적인 영향을 미칩니다. 앙페르(Ampére, 1775~1836)는 같은 해에 전류가 만드는 자기장의 방향과 세기를 결정해 주는 앙페르의 법칙을 발견합니다.

가우스(Karl F. Gauss, 1777~1855)는 1835년에, 같은 전하는 서로 밀고 다른

종류는 서로 당긴다는 가우스의 법칙을 발견했고, 패러데이(Michael Faraday, 1791~1867)는 1831년 자기장에서 전류를 유도하는 전자기 유도법칙을 발견했습니다. 1845년에는 자기장과 자기력선 개념을 도입하기도 합니다. 이로써 전기와 자기는 별개의 독립된 현상이 아니라 전류가 자기를 발생시키고, 자기장도 전류를 발생시킨다는 사실이 확인되었습니다. 그리고 드디어 맥스웰입니다.

맥스웰은 위 법칙들을 종합해 전자기학을 완성합니다. 1873년에 발표한 맥스웰 방정식으로 전자기파의 존재를 수학적으로 규명했고, 빛도 전자기파의 일종으로 그 속도는 초속 30만km라는 사실도 밝혀냈습니다. 전기장과 자기장이 서로 자기와 전류를 발생시키면서 파동으로 뻗어나가는 것이 전자기파입니다. 미디어와 직접 관련 있는 것은 적외선 밖에 있는 라디오파입니다. 무선전신과 방송이 가능해진 것입니다. 전자기학이 나오지 않았다면 방송도 없었을 것이고, 상대성이론과 양자역학도 생각할 수 없었을 겁니다. 물론 1950년대 전자혁명도 불가능했을 테니 지금의 스마트 미디어 시대도 오지 않았을 겁니다. 신문방송학은 가능했을까요?

맥스웰은 전자기파의 존재를 수학적으로 규명함으로써 전파의 존재를 예견해 놓았습니다. 이제 실험으로 확인하는 일이 남았습니다. 독일의 물리학자 헤르츠(Hertz, 1857~1894)가 그것을 해 냈습니다. 맥스웰 방정식을 이용해 전자기파의 존재를 실험으로 확인하고, 전자기파를 안테나로 수신하는데 성공한 것입니다. 1886년의 일입니다. 또한 전자기파가 맥스웰의 예측대로 빛과 똑같은 성질을 가진다는 사실을 확인했으며, 전자기파의 속도가 빛의 속도와 같다는 점도 확인했습니다. 헤르츠를 기념해서 진동수의 단위로 헤르츠(Hz)를 사용하는 것은 주지의 사실입니다. 1Hz는 1초에 한번 진동하는 수입니다. 그러나 헤르츠는 전파를 통신에 이용하는 것에 대해서는 부정적이었습니다. 그것은 마르코니가 해냅니다.

마르코니(Marconi, 1874~1937)는 1897년 영국으로 가서 화이트 섬에 송신국을 설치하고 1899년에 영국 해협을 건너는 무선(라디오) 통신에 성공합니다. 1901년에는 대서양을 횡단하는 무선통신을 실시했습니다. 해저 케이블을 이용한 유선통신의 시대에서 무선통신의 시대로 전환되는 겁니다. 신호가 전송되는 거리는 전송 안테나 높이의 제곱에 비례한다는 마르코니의 법칙을 발견하기도 했습니다.

그리고 드디어 물리학자와 공학자, 그리고 사업가들의 노력으로 라디오 방송이 등장하게 됩니다. 무선이라는 말은 컴퓨터와 키보드, 마우스, 모뎀, 그리고 인터넷 라이터 사이의 연결을 의미하는데, 그 과정은 라디오파(전파)로 이루어집니다. 이 시기의 라디오 방송은 진공관을 이용합니다. 진공관은 수명도 짧고 부피가 커 이동이 불가능했지만 1950년대 전자혁명이 도래하기까지는 진공관의 시대였습니다. TV도 마찬가지입니다.

양자역학의 탄생

뉴턴역학과 열역학, 전자기학을 묶어 고전역학이라고 합니다. 이제 물리 현상에 대해 더 밝혀낼 것이 없을 것이라는 생각이 19세기를 지배했습니다. 그러나 볼츠만에 의한 통계역학의 창시 이후 뢴트겐(Wilhelm Röntgen, 1845~1923)의 X선 발견(1895년), 베크렐(Henry Becquerel, 1852~1908)의 방사능 발견(1896년), 톰슨(Joseph Thomson, 1856~1940)의 원자 내 전자 발견(1897년), 퀴리 부부의 라듐 발견(1898년) 등 고전역학으로는 설명할 수 없는 발견들이 우후죽순처럼 이어집니다.

독일의 물리학자 막스 플랑크(Max Plank, 1858~1947)는 1990년 흑체복사에서 작용양자를 발견합니다. 빛에는 최소 단위가 있다는 것으로 플랑크 상수(h)라고 합니다. 빛과 같은 복사는 양자(quantum)의 형태로 방출, 전달, 흡수된다는 겁니다. 양자는 최소 단위의 양(量)을 가진 입자입니다. 뉴턴 이래 빛은 입자로 인식해왔는데, 전자기학은 빛이 파동이라는 사실을 보여줍니다. 그러나 플랑크는 이를 뒤집어 다시 입자라고 하는 겁니다. 이즈음 아인슈타인은 "빛은 최소 단위를 가진 입자의 성질을 띤다."라고 하는 광양자론을 발표했습니다.* 결국 빛은 입자인 동시에 파동인 것으로 귀결되는데, 플랑크의 발견으로부터 양자역학의 문이 열립니다. 플랑크는 양자역학의 창시자가 됩니다.

양자역학은 원자의 구성에서 전자의 운동을 기술하는 겁니다. 영국의 물리학자 톰슨이 전자를 발견한 후 양전하를 가진 물체에 전자가 박혀 있는 원자모형을 제시했고, 뉴질랜드 태생의 영국의 물리학자 러더포드(Ernest Rutherford)는 양전하를 띤 입자들이 모여 있는 원자의 중심을 전자가 회전하는 행성모형을 제시했습니다. 그리고 보어(Niels Bohr) 모형을 거쳐 현대의 확률적 모형으로 발전했습니다.

원자 모형은 흡사 태양계를 연상시킵니다. 그래서 전자는 태양계의 행성들처럼 예측 가능한 운동을 할 것이라고 추측했지요. 당연히 뉴턴의 이론으로 설명할 수 있을 것으로 생각했습니다. 미적분 계산에 의해 8개 행성의 운

* 아인슈타인은 광양자론으로 노벨 물리학상을 받았습니다. 아인슈타인이 노벨상을 받았다고 하면 상대성이론을 연상하지만 광양자론으로 받았습니다.

동을 정확하게 알아낼 수 있는 것처럼 말이지요. 그러나 아니었습니다. 지구나 달은 위치와 속도를 정확하게 계산할 수 있습니다. 해가 뜨고 지는 시간을 알 수 있고, 밀물과 썰물의 물때를 알 수 있으며, 일식과 월식의 날짜와 시간도 정확하게 예측할 수 있습니다.

그러나 전자는 위치와 속도를 동시에 정확하게 알 수 없습니다. 다시 말해서 태양계 행성들과 달리 전자의 위치와 속도를 동시에 알 수가 없는 것입니다. 위치를 확인하면 속도를 알 수 없고, 속도를 알아내면 어디에 있는지 위치를 확인할 수 없습니다. 그것이 바로 하이젠베르크(Heisenberg)의 불확정성 원리입니다. 하이젠베르크는 전자의 운동을 입자로 보고 행렬역학으로 접근했습니다. 반면에 슈뢰딩거(Schrödinger)는 파동방정식으로 전자의 위치를 확인할 수 있다고 생각했습니다. 그러나 독일 태생으로 영국에서 활동한 보른(Max Born, 1882~1970)은 슈뢰딩거 방정식은 전자가 있을 확률이라고 해석했습니다. 결국 전자의 위치는 확률적으로만 확인할 수 있는 것으로 합의가 되었습니다. 바로 코펜하겐 해석이라는 겁니다. 하이젠베르크의 불확정성 원리와 슈뢰딩거의 파동방정식은 결국 같은 결론에 도달하게 됩니다. 둘 다 맞다는 거지요. 양자역학은 확률입니다. 아인슈타인은 그럴 리가 없다면서 "신은 주사위 놀음을 하지 않는다."라고 반발했지요. 이 점에 대해 매클루언은 이렇게 꼬집었답니다.

> 아인슈타인조차도 새로운 양자물리학을 편안한 마음으로 대할 수 없었다. 너무나도 시각적인 뉴턴주의자인 그는 이 새로운 과업에 직면해 양자(quanta)는 수학적으로 다루어질 수 없다고 말했다. (McLuhan, 2003, 155쪽)

플랑크 이후 물리학자들은 원자의 세계를 설명하기 위해 애를 먹었습니다. 그 중심에는 덴마크의 물리학자 보어가 있습니다. 보어는 상보성이론으로 하이젠베르크의 불확정성 원리와 슈뢰딩거의 파동방정식과 함께 양자역학에 큰 발자취를 남겼습니다. 입자와 파동은 양립할 수 없습니다. 그러나 전자는 입자이면서 파동입니다. 파동으로 운동을 하다가 관찰하면 입자 운동으로 바뀝니다. 그러면 어떻게 해야 하느냐? 이 문제를 상보성 원리로 해결합니다. 입자로 접근한 결과와 파동으로 접근한 결과는 서로 대립적인 것이 아니라 상보적이기 때문에 종합해야 한다는 것입니다. 둘을 다 선택해서 종합하면 실체가 드러난다는 겁니다. 보어는 주역의 음양설에서 상보성 원리의 아이디어를 얻었다고 합니다.

실재론에서 실증론으로

뉴턴역학은 실재론입니다. 물질은 인간의 의식과 관계없이 독립하여 존재한다는 겁니다. 그 객관적 실재를 규명하는 것이 객관성입니다. 뉴턴은 그것을 해 냈습니다. 달은 우리가 보고 있건 아니건 자기 운동을 합니다. 46억 년 동안 변함이 없습니다. 물론 아주 미세하게 지구에서 멀어지고 있기는 합니다. 그 역시 객관적으로 확인된 사실입니다. 그러나 전자와 같은 입자의 운동은 관찰하면 달라집니다. 달은 관찰의 영향을 받지 않지만 입자는 파동 운동에서 입자 운동으로 바뀌는 겁니다. 그래서 실증론입니다. 물리의 상태는 물질이 단독으로 '실재'하는 것이 아니라 관측 장치와 맺는 상호관계에 따라 실증된다는 것, 관측 장치에 따라 결과가 달라진다는 것입니다.

이 새로운 원리는 물리학의 범주를 초월해 모든 분야에 혁명적인 사고의 변화를 초래합니다. 일단은 뉴턴역학이 타격을 받지요. 뉴턴역학은 이미 상대성이론으로 명성에 금이 갔고, 양자역학으로 결정적인 타격을 받습니다. 따라서 상대성이론으로 지식계는 사유의 일대 소용돌이가 일어났고, 양자역학은 더 큰 충격을 주었습니다. 이를테면 사회과학도 실증론과 확률적 접근에 힘을 받게 되는 식이지요. 그렇다고 해서 뉴턴역학이 무용지물이 되는 것은 아닙니다. 우리가 경험할 수 있는 범주의 경험 세계는 여전히 뉴턴역학으로 충분히 설명하고도 남습니다.

다만 4차원의 시공간에 대한 인식, 매우 빠른 속력으로 이동하는 경우의 변화, 미시세계 등에 대해서는 다르단 얘기입니다. 모두 우리가 일상으로 경험할 수 있는 영역은 아닙니다. 물론 뉴턴역학보다는 상대성이론과 양자역학이 좀 더 발전된 이론임은 분명한 사실입니다. 그것이 우주의 근본적인 법칙이고 원리라는 겁니다. 실재론에서 실증론으로, 그리고 결정론에서 확률론으로의 변화입니다. 양자역학은 새로운 세계관으로 모든 학문에 영향을 미칩니다.

트랜지스터 반도체와 전자혁명

양자역학은 트랜지스터를 발명하게 함으로써 20세기 후반을 전자혁명의 시대로 이끕니다. 트랜지스터란 3개의 반도체가 접합된 전자부품으로서 전자제품의 핵심 기술입니다. 지금도 일상의 생활에서나 경제에서 반도체의 지위는 막강하지요. 바딘(John Bardeen, 1908~1991)과 브래틴(Walter Brattain, 1902~1987)이 1948년 공동으로 발표한 「트랜지스터, 3극 반도체」라는 논문은 전극이 3개 달린 반도체가 전류를 증폭시키는 효능이 있음을 확인해 주었습니다. 트랜지스터의 아버지로 불리는 쇼클리(William Shockley, 1910~1989)와 두 사람은 1956년 트랜지스터를 만든 공로로 노벨상을 수상합니다. 그동안 사용해 오던 진공관은 오래 사용할 수 없는 필라멘트를 뜨겁게 달구는 과정이 필요해 많은 전력이 소모되는 데 비해 트랜지스터는 소형이고, 반영구적이었습니다. 이로써 트랜지스터, 즉 3극 반도체가 진공관을 대체하게 됩니다. 라디오와 텔레비전은 소형화되고 휴대가 가능한 우수한 성능의 방송 미디어를 보유하게 됩니다. 혁명적인 변화가 아닐 수 없습니다. 과학과 기술의 결합이 가져온 최고의 성과라고 할 수 있습니다.

20세기 후반은 전자혁명의 시대입니다. 전자혁명은 퍼스널 컴퓨터(PC)의 개발과 보급, 인터넷의 대중화와 더불어 정보화시대의 도래를 가져옵니다. 1970년대 침체하던 미국의 경제는 정보통신산업과 유전공학의 육성으로 돌파구를 찾습니다. 그것이 바로 PC와 인터넷의 개발과 보급, 그리고 게놈 프로젝트와 유전공학 및 뇌과학 등의 발전으로 이어집니다. 정보통신산업의 발전은 방송과 통신의 융합 및 디지털 시대의 도래를 가져오고, 급기야 독립된 영역으로 발전해 오던 유전공학과의 융합 단계에까지 왔습니다. 인공지능과 빅데이터, 사물인터넷, 클라우드 등이 그것입니다. 스마트 미디어의 진화는 현재진행형입니다.

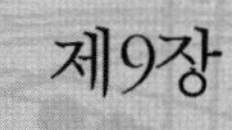

제9장

현대 저널리즘의 객관성과 공정성

역사의 맥락

저널리즘의 활동이 개시되고 그에 합당한 개념으로서 객관성과 공정성 문제가 대두된 것은 19세기 후반의 일입니다. 유럽의 중세 후반기에 상업 활동이 왕성해지면서 근대 신문이 출현하게 되지요. 부르주아 혁명의 성공으로 신문은 부르주아 지식인들의 소통 창구가 되었습니다. 자본주의적 생산관계가 부상하기는 했지만 아직은 농업사회가 유지되는 공장제 수공업 단계였습니다. 당연히 생산력 수준은 낮아서 신문사가 자립할 수 있는 형편이 아니었습니다. 게다가 신문은 문자 해독력을 가진 독자를 전제로 하기 때문에 근대 이전에는 대중적인 독자 시장이 형성되지 않아 소수의 엘리트를 대상으로 할 수밖에 없었습니다. 정부와 정치권에 재정을 의존할 수밖에 없는 신문은 정파적 성격의 정론지(政論紙)일 수밖에 없었지요. 정치적 주장과 주관적 의견이 지면을 채웠습니다.

산업혁명은 신문 시장을 형성하게 해 주고 하나의 산업으로 성장하게 됩니다. 농업사회는 산업사회로 개편되고 대량생산의 시대가 되었습니다. 18세기 무렵부터 의료기술이 발전하고 위생 조건이 개선되는 한편으로 경제가 성장한 데 힘입어 인구가 증가합니다. 대량생산을 받쳐 주는 대량소비의 시장이 형성된 겁니다. 대량생산은 경쟁을 낳고, 신문사에 광고가 들어옵니다. 신문사는 광고 유치를 위해 독자 확보에 나섭니다. 마침 개발된 윤전기가 힘을 보탭니다. 소수 엘리트를 대상으로 발행하며 특정 정파를 지지하고 주관적 의견이 난무하는 신문으로는 많은 독자를 확보할 수 없는 사회적 환경이 조성되었습니다.

그래서 신문사는 저마다 객관보도와 공정보도를 자임하게 됩니다. 여기서 객관보도는 의견을 배제한 사실보도를 의미하고, 공정보도는 불편부당의 중립적인 보도를 의미했습니다. 영리적 목적으로 불특정 다수의 대중을 대상으로 삼게 되는 것입니다. 신문들이 진짜로 객관적이고 공정한 보도를 하는지는 별개의 문제입니다. 그러자면 이해관계에 있는 당사자들이 아닌 학자들이 개념 정의를 바르게 내려주어야 할 것입니다. 그러나 유감스럽게도 학자들은 저널리즘이란 범주 안에서 비과학적으로 주관적 의견을 피력하는 데 그쳤습니다. 그 사이에 저널리스트들은 각자의 경험에서 터득한 개념을 절대화했지요. 그런 상황이 지금까지도 계속되고 있는 실정입니다.

철학의 주제

객관적이고 공정한 보도 즉 저널리즘의 객관성과 공정성이라는 주제는 철학의 도움을 필요로 하는 지식 개념입니다. 철학에서 이미 정의해 놓은 개념이란 얘기지요. 그러나 미디어 연구자들은 철학을 건너뛰고 저널리즘 현장의 경험에서 축적된 주관적 의견을 제각기 주장하고 적용하는 경향이 있습니다. 물론 그 원조는 미국입니다. 이를테면 저널리스트 출신 교수들이 자신의 경험을 절대화하고 그것을 과거 역사에서 합리화하는 형식으로 논문을 쓰고 책을 출판하면 바로 국내에 소개되어 퍼집니다. 결국 객관성과 공정성의 개념은 중구난방으로 많아집니다. 따라서 부실하고 편파적인 기사와 보도에 대해서도 객관적이고 공정하다고 주장하게 되고, 그에 합당한 지적을 하기 어렵습니다. 비평 무용론이 나올 수밖에 없습니다.

지식은 직관과 이성의 통찰에 의해 성립된 형이상학적 지식, 그리고 수학과 관측 및 실험에 의해 획득된 과학적 지식으로 구분됩니다. 고대 동서양의 철학 내지 학문은 뛰어난 철학자와 내성외왕(內聖外王)의 냉철한 이성의 사유로써 우주와 인간에 대한 통찰을 남겨 놓았습니다. 근대에 들어와 그 형이상학적 지식을 다루는 철학은 자연 현상에 대해서는 수학과 관측과 실험으로 증명하는 자연과학으로 발전했지만, 여전히 자연과학으로 설명되지 않는 영역을 담당하는 철학의 역할이 있습니다. 사회과학은 자연과학의 도움으로 설명할 수 있는 지식의 영역이 있는 동시에 철학의 도움이 필요한 영역도 상존합니다. 자연과학의 법칙과 이론만이 지식인 것은 아닙니다. 형이상학(Metaphysics)은 물리학(Physics)이 설명하지 못하는 영역에 대해 통찰을 제공합니다. 형이상학은 물리학의 범주에서 벗어나 있는 주제에 대해 논리적으로 지식을 구축하는 역할을 합니다. 둘 다 이성의 기능이라는 점에 유념할 필요가 있습니다.

수학과 물리학에 능통했던 철학자 화이트헤드(Whitehead, 1926/2008)는 이성의 기능을 삶의 기술을 증진시키는 것이라고 정의하고, 인간은 그 이성의 기능으로 인해 자연에 적응할 뿐만 아니라 좀 더 나은 삶을 위해 자연에 능동적으로 대처하면서 진화해 왔다고 했습니다. 그래서 과학적 방법에 해당하는 율리시즈의 이성은 플라톤의 이성과 결합해야 이성의 기능은 완성된다는 것입니다. 형이상학의 지식이 유용하게 적용되는 영역이 있으니 객관보도와 공정보도의 개념이 그러합니다.

객관보도와 공정보도는 객관성과 공정성에 대해 고대 그리스 철학과 중국의 유학에서 내린 정의를 적용하면 개념이 명료해집니다. 당시 철학자와 사상가의 뛰어난 이성적 통찰에 의해 정교하게 성립된 정의는 2,500년의 세월에 걸쳐 검증된 인류의 자산으로서의 지식입니다. 이 통찰을 고려하지 않고 저널리즘의 현장에서 각자의 주장을 반복한다는 것은 시간의 낭비일 것입니다.

저널리즘에서 가장 중요한 두 가지는 객관성과 공정성의 확보입니다. 그러자면 객관성과 공정성의 개념을 명확하게 정의해 두어야 합니다. 그래야 이론의 진전이나 현장의 경험에서 혼란이 없을 것입니다. 먼저 객관성에 대해 생각해 보기로 하겠습니다. 저널리즘의 본분은 진실보도에 있다고 합니다. 사실과 진실을 혼동하는 경우는 있을지라도 진실보도를 부정하는 연구자나 저널리스트는 없을 겁니다. 그런데 객관성의 개념에 대해서는 의견이 일치하지 않습니다. 객관성, 즉 객관적인 보도는 불가능하다는 것이 전반적인 기류를 형성하고 있습니다. 여기서 의문이 생깁니다.

저널리즘 차원 이전에 철학적으로 진실과 객관성은 다른 영역에 속하는 별개의 개념인가? 진실은 확인할 수 있지만 객관성은 실현될 수 없는 이상이라는 말이 성립되는가? 이 질문에 대한 답은 철학에서 찾을 수밖에 없습니다. 철학의 중요한 역할이 모든 학문에서 사용하는 개념을 명료하게 해 줌으로써 진실의 발견으로 안내하는 것이기 때문입니다. 공정성은 어떤가요? 공정성의 개념은 합의가 되어 있는가? 그렇지 않은 것 같습니다. 객관성과 공정성을 혼동하기도 하고, 중립성이나 균형성과 같은 개념으로 보기도 합니다. 무엇보다 두 개념 모두 철학적으로 엄밀하게 정의하기보다는 제각기 현장의 경험과 실용성에 바탕을 두고 정의하며 적용하는 실정입니다.

철학이 규정한 정의를 무시하고 저널리즘의 객관성과 진실보도 및 공정성을 논한다는 것은 어불성설입니다. 철학은 모든 학문의 근원으로서 개별 학문들이 추구하는 개념과 방법론을 비판적으로 검토해 주기 때문입니다. 철학에서 2,500년 동안의 시시비비를 거쳐 정립해 놓은 개념을 바탕으로 해서 저널리즘의 객관성과 진실보도를 논하고 합의를 마련하는 것이 순리입니다. 그래야 저널리즘이 혼란과 갈지자 행보를 마감하고 정도를 걸을 수 있을 것입니다. 이는 1인 미디어 시대에 저널리즘 활동을 하는 개인들을 위해서도 필요한 일입니다. 무엇보다도 객관성과 공정성은 별개의 개념입니다. 전혀 무관한 것은 아니지만 일단은 각기 개념 정의를 명료하게 해 놓아야 합니다.

객관성과 진실보도

2005년 창간된 미국의 탐사보도 온라인 뉴스 매체인 Voice of San Diego의 보도준칙을 보면, 저널리즘 현장에서의 객관성과 진실보도에 대한 인식을 확인할 수 있습니다. 나름대로 저널리즘의 모범을 보이고 있는 Voice of San Diego의 보도준칙은 그 정신이 훌륭하기는 하지만 객관성과 진실보도의 원칙에 대해 모순적인 내용을 담고 있는 것을 알 수 있습니다. Voice of San Diego는 이 준칙에서 기사를 쓸 때 기억해야 할 사항으로 다음 세 가지를 제시했습니다.(안수찬, 2015)

1) 맥락(context), 권위(authority), 그리고 발생한 일 자체가 아니라 그것이

의미하는 것.

2) 객관성 따위는 없다.

3) 공정성 같은 것은 있다.

'팩트 자체가 아니라 그것이 의미하는 것을 보도해야 한다'는 것은 진실을 보도해야 한다는 의미라고 강조하면서 객관성은 부정합니다. 이 원칙에 따라 기자는 자신만의 여과장치를 갖고서 자신의 주관적 판단에 따라 무엇을 취재하고 어떻게 보도할 것인지를 결정함으로써 50 대 50의 기계적 균형을 경계하면서 '진실을 말하라'고 합니다. 객관성은 부정하고 주관적 판단을 권고하면서 진실을 보도한다는 것이 가능할까요? 궤변에 가깝습니다. 미국의 언론에서 객관성은 죽어 버린 원칙이라고 합니다.

그러면 진실은 주관적 견해란 말인가? 이런 혼란을 종식시키기 위해 객관성과 진실의 관계를 분명히 할 필요가 있는 것입니다. 이 둘의 관계는 저널리즘 이전에 철학의 문제입니다. 분분한 의견들을 적당히 취합해서 해결될 문제가 아닙니다. 특히 존재론 철학에서 정리된 내용을 배제한 상태에서는 사람마다 다른 주장을 할 뿐 합의는 이루어지지 않습니다. 그런 합의는 합의를 위해 구성된 사람들에 따라 매번 달라질 것입니다. 결국 언론사에 따라 기준이 다 다르게 되는 겁니다. 누구나 동의할 수 있는 보편타당한 개념이 만들어질 수 없습니다. 경험주의 사회과학의 한계이기도 하지요. 때문에 더 나아가서 이들 개념은 철학과 더불어 자연과학의 이론과 방법론을 준거로 삼아야 합니다. 그렇지 않으면 과학적 진실에서 멀어진 주관의 향연으로 빠지게 될 겁니다. 자연과학과 단절된 사회과학은 '과학'으로서의 내용을 채우는 데 한계가 있다는 점을 염두에 두어야 합니다. 과학은 검증된 지

인간의 의식이 사회적 존재를 결정하는 것이 아니라, 사회적 존재가 의식을 결정한다는 객관주의의 입장을 견지해야 하는 것입니다. 이것이 바로 과학의 바른 자세입니다. 저널리즘도 마찬가지입니다.

식(sciéntĭa)입니다. 따라서 과학은 각 분야에서 객관적 지식을 추구하는 철학의 행위라고 할 수 있습니다. 저널리즘의 객관성과 공정성이라는 개념은 이러한 인식의 바탕 위에서 정의되어야 할 것입니다.

개념과 철학, 과학

화이트헤드(Whitehead, 1926/2008)는 과학의 발전에 따라 그 개념들을 재구성하려고 할 때는 우선 객관주의적 입장에 설 것인지 주관주의적 입장에 설 것인지 결정해야 한다고 했습니다. 화이트헤드의 철학이 높은 평가를 받는 까닭은 수학과 물리학의 지식을 바탕으로 하여 논리를 전개했기 때문입니다. 먼저 그는 "주관주의적 입장에 선다는 것은, 우리가 직접 경험하는 자연이란 경험하는 주관의 지각적 특성의 산물이라고 믿는다는 것을 말한다." 라고 규정하면서 다음과 같이 부연설명을 했습니다.

> 이 입장에서 보자면, 지각되는 것은 그 인식 작용으로부터 대체로 독립해 있는 여러 사물들의 복합체가 지닌 부분적 모습이 아니라, 그 인식 작용 자체의 하나하나 특성 표현에 불과한 것이다. 따라서 다양한 인식 작용에 공통되는 것이라고는 그것들의 지각에 결합되는 논리적 추리뿐이다. 그래서 이 경우 우리의 감각적 지각에 결합된 사유라는 공통의 세계는 있지만, 우리가 사유할 공통의 세계는 없는 것이다. 우리가 사유하는 것은, 전적으로 우리 각자의 것인 우리 자신의 개별적인 여러 경험에 차별 없이 적용되는 공통의 개념 세계이다. 이와 같은 개념 세계는 궁극적으로 응용수학의 방정식에서 완벽하게 표현될 수 있을 것이다. 이런 것이 극단적인 주관주의가 취하는 입장이다.

주관주의적 입장, 즉 주관성이란 우리의 주관적 인식으로부터 독립해 있는 객관적 세계를 인정하지 않습니다. 사물들은 오로지 주관적 경험에서 비롯된 인식의 산물일 뿐입니다. 그러나 개인의 경험이라는 것은 추측된 증거에 의거해서 재구성해 놓은 것에 불과한 것이므로 경험되는 세계가 우리 자신의 내적 세계에 속하는 것이라고 보기는 어렵습니다 (Whitehead, 1926/2008) 최근에 진전을 보이고 있는 뇌과학에 비추어 보더라도 경험에 의한 정보를 해석하는 뇌의 판단은 매우 주관적입니다.

다음으로 객관주의의 입장에 대해 화이트헤드는 "우리의 감각에 의해 지각되는 현실적인 요소들은 그것들 자체로서 공통 세계의 요소이며, 이 공통 세계는 우리의 인식 작용을 포함하면서도 그것을 초월하는 여러 사물들로 이루어진 복합체"라고 규정합니다. 그리고 객관주의의 관점에서 "경험된 사물은 그 사물에 대한 우리의 지식과 구별되어야 한다. 이 양자 사이에 의존관계가 있다고 한다면, 어디까지나 사물이 인식을 가능하게 하는 것이지 그 반대는 아니다."라면서 주관주의에 대한 불신을 토로했습니다. 화이트헤드의 주관주의 비판은 19세기 낭만주의 시인들의 분별없는 상상력에 대한 비판과 관련됩니다. 복잡한 현상과 사물에 대해 압축적으로 설명하는 추상력과 그 근본을 사유하는 상상력 모두 필요하지만, 분별없는 상상력은 절대자, 범천(梵天, Brahma), 신 등과 같이 자연의 배후에 궁극적 실재가 존재하는 것처럼 온당하지 못한 결론으로 귀결될 수 있다는 것입니다.(Whitehead, 1926/2008)

인간의 의식이 사회적 존재를 결정하는 것이 아니라, 사회적 존재가 의식을 결정한다는 객관주의의 입장을 견지해야 하는 것입니다. 이것이 바로 과학의 바른 자세입니다. 저널리즘도 마찬가지입니다. 그러니 저널리즘에서 객관성을 실현 불가능한 이상이라고 제쳐놓는 것은 올바른 태도가 아닙니다. 진실은 객관의 세계에 있기 때문입니다. 화이트헤드는 상대성이론을 주관주의의 입장으로 왜곡하는 경향에 대한 비판도 빼놓지 않았습니다. 상대성이론을 주제로 한 강연에서 다음과 같이 지적한 것입니다. 커뮤니케이션 분야에서는 일부 포스트모더니즘 계열의 문화 연구가 그 영향을 받게 되기 때문에 경청할 필요가 있습니다.

이 새로운 이론에 대해서 극단적으로 주관주의적인 해석을 가하려는 경향이 있어 왔다. 즉 공간 및 시간의 상대성을 마치 관측자의 선택에 달려 있는 것처럼 해석해 왔다는 것이다. 만일 관측자를 관련시킬 때 설명이 용이해진다면, 그러한 시도는 전적으로 정당한 것이라 하겠다. 그러나 필요한 것은 관측자의 신체이지 그의 정신은 아니다. 그리고 신체라고 해도, 그것은 아주 흔히 볼 수 있는 형태를 지닌 장치의 한 예로서 도움이 되는 데에 불과하다. 일반적으로 말해, 마이컬슨의 간섭계에 주의를 집중하고, 그의 신체나 정신은 염두에 두지 않는 편이 좋을 것이다. 문제는 어째서 간섭계의 스크린에 검은 간섭무늬가 나타났으며, 어째서 이 장치를 돌렸을 때 이 무늬에 아무런 변화도 나타나지 않았느냐 하는 것이다. 새로운 상대성이론은 공간과 시간을 과거에는 생각해 볼 수도 없었으리만큼 긴밀하게 결합시켰으며, 그래서 구체적 사실에 있어서의 양자의 분리는, 다른 의미를 낳게 되는 다른 추상 방식에 의해 이루어질 수 있는 것이라고 가정하고 있다. 그러나 모든 추상 방식은 자연 안에 있는 어떤 것에 주목하고, 그렇게 함으로써 그것을 고립시켜서 고찰한다. 실험에 들어맞는 사실은, 여러 자연적 존재들 사이에 성립되는 시공 관계의 다른 여러 체계들 중에서 단지 그 간섭계에 들어맞는 어떤 하나의 체계에 속한 것일 뿐이다. (Whitehead, 1926/2008)

마이컬슨(A. A. Michelson, 1852~1931)은 몰리(Edward W. Morley, 1838~1923)와 함께 간섭계 실험을 통해 빛을 전달하는 에테르(aether)의 존재를 확인하려 했습니다. 실험 결과 에테르는 존재하지 않는 것으로 확인되었으며, 아인슈타인의 특수상대성이론을 뒷받침해 주었습니다. 중요한 것은 공간과 시간이 절대적이지 않고 좌표계에 따라 상대적이라는 것인데, 이것은 관측자의 선택과는 무관한 자연의 본성이라는 사실입니다. 그런데 일부 철학자들은 관찰자의 주관성을 개입시키고 주체를 앞세워 사회 현상을 상대주의로 호도한다는 점이 문제입니다. 양자역학에 대한 오독도 마찬가지입니다. 원자 안의 전자를 관찰할 때 전자가 빛을 비추는 관찰 행위의 영향을 받아 움직인다는 사실을 자의적으로 해석하여 객관적 실재를 부정하며 주체의 행위를 부각시키는 것입니다. 그러나 양자역학이 밝힌 진실은 원자의 세계는 불확정성의 원리처럼 거시세계와는 다른 원리에 의해 작동한다는 것이 자연의 객관적 법칙이요 진실이라는 점입니다. 이런 주장도 있습니다.

> 구조주의자들(특히, 알튀세로)이 내세우는 문화의 상대적 자율성이라는 개념들도 상부구조의 역할이나 인간 경험들에 대해서는 침묵을 지킨다고 지적한다. 이러한 구조주의에 대한 비판은 톰슨이 내세우려고 하는 인간의 능동성에 입각한 것이다. 교조적인 마르크스주의자들이 끊임없이 자연과학 법칙과 역사를 혼동하고 있다고 톰슨은 파악한다. (원용진, 1996, 162쪽)

인간의 능동성을 강조하고 있습니다. 관찰자의 주관성, 주체 등과 같은 인식입니다. 객관적 실재를 부정하고 인간의 경험을 앞세우는 것입니다. 흔히 종북이나 좌파 타령처럼 '교조적 마르크스주의'라는 딱지를 붙이면 자연과학의 법칙은 멀리해야 할 바이러스와 같은 존재가 됩니다. 앞서 설명했듯이 마르크스주의 이론은 19세기 자연과학의 성과를 반영했습니다. 그게 학문을 하는 옳은 태도입니다. 오히려 20세기 후반의 문화 연구가 상대성이론과 양자역학 등 새롭게 대두된 자연과학의 발견을 경원시하는 게 문제입니다.

인간의 능동성에 입각한 경험이 문화의 실재일까요? 톰슨은 문화를 평범한 사람들의 경험, 가치, 사상, 욕망 등이 포괄적으로 조합된 것이라고 했네요.(원용진, 1996) 왜 평범한 사람들만 해당할까요? 그러니까 뒤르켐의 주장을 이어받아 '빈 서판론'의 관점에서 문화는 인간의 생물학적 성질과 관련 없이 오로지 후천적인 행위에 의해서만 형성되는 것이라는 주장입니다.

문화란 인류가 이루어 놓은 유형무형의 모든 자산을 포괄하며, 프로그램화되어 있는 유전자를 기본으로 해서 후천적인 활동이 상호작용하면서 형성된 것입니다. 유전자 프로그램이 없는 행동은 파충류의 본능적인 행동과 다르지 않을 겁니다. 인간의 본성은 유전자에 의해 고착된 것도 아니고, 오로지 경험의 산물만인 것도 아닙니다. 유전자가 행동에 영향을 미치고, 또 행동이 유전자에 영향을 미치면서 인간의 본성은 형성됩니다. 그 과정에서 인간이 만들어 놓은 것이 문화입니다. 이것은 자연의 법칙입니다.

화이트헤드는 "문제는 어째서 간섭계의 스크린에 검은 간섭무늬가 나타났으며, 어째서 이 장치를 돌렸을 때 이 무늬에 아무런 변화도 나타나지 않았느냐 하는 것이다."라고 했지요? 경험과 능동적 행동 자체가 아니라 왜 그런 행동을 하느냐를 과학적으로 규명하는 게 중요합니다. 역사와 문화를 과학에서 분리시키려 할 때 주관적 해석에 탐닉하게 되겠지요.

한편 언론학계에서는 객관성을 부정하거나 객관보도를 사실보도와 동일하게 취급하는 경향도 있습니다. '객관적인 보도란 사실을 정확하게 전달하는 것인데, 어차피 게이트키핑 과정에서 기자의 주관이 개입될 수밖에 없기 때문에 사실을 있는 그대로 전달하는 것은 불가능하니 저널리즘에서 객관성의 실현은 불가능하다.' 이것이 학계의 거의 공통적인 인식입니다. 스티븐스(Stephens, 2007/2010, 383쪽)는 "객관성은 20세기에 와서 저널리스트들이 공정성뿐만 아니라 현실을 어떤 종류의 편견이나 왜곡 없이 있는 그대로 반영한다는 것을 다짐하기 위해 사용한 용어"지만 현실적으로 객관성을 실천하는 것이 불가능하다는 사실이 입증되었다고 합니다. 뉴스란 게 수많은 사실들 중에서 선택하는 과정에서 기자의 주관이 개입되기 때문에 객관성이 불가능하다는 것입니다. 그런데 방송법 제6조는 뉴스가 공정하고 객관적이어야 한다고 되어 있습니다. 방송법은 불가능하다는 뉴스의 객관성을 주문하고 있는 것입니다. 과학적 방법은 '자연'이 객관성을 가지고 있다는 당연한 가정 위에 놓여 있으며, 과학은 객관성의 전제로써 수행하는 엄정한 비판을 필요로 합니다. 객관성의 전제는 과학과 동질적인 것입니다.(Monod, 1970/1985, 41쪽) 언론학이 과학을 포기하지 않는 한 이 전제에서 벗어날 수는 없습니다.

코바치와 로젠스틸은 저널리즘의 첫째 의무가 진실 추구이며 언론인이 진실을 말해야 한다는 데는 누구나 동의하지만 진실의 의미에 대해서는 혼란을 일으키고 당혹해 한다고 주장합니다. 이들은 저널리즘이 추구하는 진실이란 실용적이고 기능적인 형태의 진실이지 절대적이거나 철학적 의미의 진실도 아니고 화학적 등식의 진실도 아니라고 주장합니다. 이를테면 생활에 필요한 정보를 충분히 전달하는 것이라고 합니다. 그렇다고 해서 정확성만 추구하는 것은 또 아니라고 합니다. 그래서 저널리즘의 진실은 과정이라고 합니다. 사실들을 축적하면서 진실에 근접해 가는 과정이고 목표라는 것입니다. 한 방울 한 방울 모여 조금씩 자라는 석회동굴 속 석순과 같은 실용적 진실이라는 겁니다.(Kovach & Rosenstiel, 2001/2014, 54~63쪽)

이러한 인식은 무엇이 문제인지 어렵지 않게 드러납니다. 진실은 상대적일 수 없으며 절대적이어야 합니다. 그 절대적 지식은 철학적 의미로서 드러나는 법이고, 화학적 등식에 준하는 것이어야 합니다. 진실은 엄격해야 합니다. 실용적이고 기능적인 형태의 진실은 진실이 아닐 수 있으며 결국 상대주의로 귀결될 수밖에 없습니다. 상대주의의 주장은 진실이 아닙니다. 원칙적으로 《한겨레신문》의 기사와 《조선일보》의 기사가 둘 다 진실일 수는 없습니다. 어느 한쪽은 주관적 의견에 해당하는 주장일 뿐입니다.

코바치와 로젠스틸(2001/2014, 67쪽)은 "알베르트 아인슈타인이 과학에 대해 그것은 진실을 확인하기 위한 것이라기보다는 우리가 아는 것들이 덜 잘못되도록 하기 위한 노력이라고 말한 것과 같은 방식으로 진실을 받아들인다."라고 주장합니다. 이들은 아인슈타인을 잘못 이해했거나 왜곡하고 있습니다. 아인슈타인은 사람들이 200년 이상 동안 절대적인 진실이라고 믿었던 뉴턴의 이론에 의문을 갖게 되면서 자연 현상의 진실을 확인하기 위해 집요한 노력을 기울인 끝에 특수상대성이론과 나아가서 일반상대성이론을 완성해 냈습니다. 상대성이론은 그가 아는 이론이 덜 잘못되도록 하기 위한 노력의 소산이 아니라 진실을 확인하기 위한 것이었습니다.* 뉴턴이 틀렸던 것입니다. 이로써 진실이 바뀌었고 그 결과 세상이 변화했습니다. 저널리즘과 사회과학이 추구하는 진실이 아무리 어렵다고 해도 이보다 더 어렵지는 않습니다. 화학적 등식에 준하는 진실로서의 보편성 획득을 목표로 삼고 노력해야 하는 것입니다.

코바치와 로젠스틸이 진실 추구에 대해 부정적인 것만은 아닙니다. 역사

* 혹자는 저널리즘 연구에 상대성이론과 같은 자연과학의 지식이 무슨 필요가 있느냐고 반문할는지 모릅니다. 그러나 이렇게 불쑥 상대성이론을 왜곡하면서 주관주의를 관철해 나가는 경향을 볼 수 있습니다. 적어도 이런 잘못된 인용을 들춰 내기 위해서라도 자연과학의 이론에 대한 이해는 필요합니다. 모르면 속을 수밖에 없지요. 사실은 그 이상으로 필수적입니다.

가 고든 우드(Gorden Wood, 1933~)의 말을 인용한 내용입니다. "우리는 역사 기록이 파편적이고 불완전하다는 관점을 받아들일 수 있다. … 또 역사가들은 종국에는 결코 그들의 해석에 대해 합의하지 못한다. 그렇지만 여전히 과거에 대한 객관적 진실이 관찰될 수 있고 경험적으로 확인될 수 있다는 사실을 믿는다." 코바치와 로젠스틸은 이러한 태도가 저널리즘에서도 적용될 수 있다고 생각합니다. 그러면서 우드의 말을 다시 인용합니다. "역사가는 결코 그 진실을 직접 볼 수 없다. 완전하고 최종적으로 제시할 수도 없다. 그러나 누군가는 다른 사람보다 더 진실에 가까이 접근할 거고, 좀 더 완전하게 기술할 거고, 좀 더 객관적으로, 더 정직하게 기록할 수 있을 게다." 과학에 대한 정확한 인식이고 저널리즘의 진실에 대한 훌륭한 접근 방법이라고 할 수 있겠습니다. 우드가 객관적 진실에 가까이 접근할 수 있다고 한 것은 진실에 대한 정확한 인식입니다. 진실은 객관적인 것이고, 객관적인 것이 진실입니다. 주관주의의 입장은 진실을 담보하지 못합니다. 경험에만 전적으로 의존하는 것은 한계가 있다는 점은 앞서의 논의에서 강조한 바 있습니다.

그런데 문제는 기자들 사이에서 객관성에 대한 신념이 무너졌다고 하는 점입니다. 코바치와 로젠스틸은 객관성의 개념이 혼란 상태를 지나 그 원래 의미가 완전히 잘못 이해되거나 상실되어 버렸다고 진단합니다.(Kovach & Rosenstiel, 2001/2014, 132쪽) 이들은 "이러한 상황은 저널리즘의 개념에 대한 위협일 뿐 아니라 시민사회가 자신의 문제를 맞닥뜨리고 해결할 수 있는 가능성이 있는가에 대한 위협"이라고 우려합니다. 이런 상태에서 공공 영역은 타협이나 합의, 해결책을 위한 공간이 사라지고 양극화된 논쟁의 마당이 되어버린다는 것입니다. 홍원식(2016)은 다른 관점에서 객관성의 필요성을 제기합니다. “1970년대 이후 언론의 객관성은 총체적으로 부정되는 경향”을 보이는데, “포스트모던 관점의 영향 속에서 객관성에 대한 존재론적, 인식론적 근거를 부정”할 뿐만 아니라 “단순히 객관성의 근거를 부정하는 것 이상으로 객관성이 보편을 가장하기 위한 이데올로기 도구로 인식”하고 있다는 것입니다.

그러나 보편성이 상실되면 상대주의의 영역에서 작동할 수밖에 없다는 점에서, 특히 전통적 뉴스 매체의 경계가 허물어진 현실에서 “뉴스의 보편성으로 나타나기보다는 공적 관심으로서의 뉴스는 약화되고 관점의 상대성만이 존재하는 형태로 나타나고 있다”는 점을 우려하면서 홍원식은 실용적 객관성이 필요하다고 주장합니다. 객관성을 포기해서는 안 된다며 도덕적 규범으로서의 객관성 개념이 필요하다는 것입니다. 그래서 아리스토텔레스의 목적론적 세계관의 차원에서 뉴스의 본질적 목적을 대화 내지는 공론장의 제공으로 보고 “언론의 객관성은 공통의 관심을 유발하고, 다양한 정체성들의 상대성을 극복하여 대화에 참여할 수 있게 하는 윤리적 지향으로 정의”하자고 합니다.

도덕적 · 윤리적 규범으로서 저널리즘과 관련한 개념의 통일을 모색했다고 볼 수 있는 〈KBS 공정성 가이드라인〉의 객관성 및 공정성의 개념을 보기로 하겠습니다. 2015년 3월에 발표된 이 가이드라인은 “객관성, 사실성, 정확성 등은 모두 ‘참’ 또는 ‘진실’과 관련된 가치로서 ‘옳음’ 또는 ‘정의’와 관련된 공정성과 구분된다.”면서 “뉴스와 시사 프로그램에서 객관성, 사실성, 정확성 등 ‘참’ 또는 ‘진실’과 관련된 가치를 구현하는 것은 공정성에 대한 정당한 평가를 받기 위한 첫걸음이 된다.”고 했습니다.

객관성에 대해 ‘진실’과 관련한 가치로서 공정성의 전제로 인식하고 있음을 알 수 있습니다. 공정성 부분에서 설명할 실용주의적 객관성을 공정성의 기초로 전제한 조항제(2019)의 주장과 일치합니다. 객관성과 공정성을 구분하면서도 연결시킨 것을 알 수 있습니다. 이 가이드라인이 공정성에 초점을 맞췄기 때문에 객관성에 대해서는 짧게 규정했지만 객관성이 진실과 관련되어 있음을 천명한 점에서는 의미가 있습니다. 저널리즘이 진실을 보도해야 한다고 하면서 객관성은 부정한 Voice of San Diego의 지침과 대비되는 것입니다. 그러나 도덕적, 윤리적, 규범적 정의는 보편적일 수 없습니다. 시대와 나라와 사람에 따라 다를 수 있는 문화이자 주관적 견해이기 때문입니다. KBS와 Voice of San Diego만 보아도 다르지요. 객관성이 공정성과 연관된 것이긴 하지만 엄밀하게는 별개의 개념이라는 점도 다시 한 번 지적하지 않을 수 없습니다.

SBS 노사 양측은 2016년 3월 22일 열린 노사협의회에서 보도준칙을 개정하고 보도국과 시사교양국의 공정성과 독립성 확보를 위한 제도 개선안에 합의했습니다. 개정된 보도준칙 전문에는 '보도의 객관성과 공정성은 보도 책임자와 실무자 공동의 책무임을 인식한다.'는 문구를 포함시켰습니다. 또한 공정보도와 관련한 준칙 5조에서는 '정부나 특정 집단의 정책이나 의견 등을 다루는 경우 다른 의견을 가진 집단 등에게 공정한 기회를 제공하고 의견의 다양성을 보장한다.'는 문구를 넣었습니다. '정부나 특정 집단이 제시한 통계나 주장에 기초한 보도를 하는 경우 객관적 사실과 주장을 분명히 구분해 보도한다.'는 조항도 포함됐습니다. 이 보도준칙은 개념이 명확하지 않아 현장에서 위력을 발휘하는 데 한계가 있을 것으로 보입니다. 사실과 주장을 분명히 구분하는 것은 불가능합니다. 다양성은 공정성보다는 객관성과 관련됩니다. 다양성은 진실을 찾는 여정에서 필요로 하는 필요조건에 해당합니다.

객관성은 진실의 추구이고, 공정성은 공평의 정의를 실현하기 위한 것입니다. 진실이 정의와 무관하지는 않겠지만 개념상으로는 별개로 정의되어야 합니다. 따라서 우리는 존재론 철학의 도움을 받아 저널리즘의 객관성과 공정성의 개념에 대해 명료하게 정의를 내릴 필요가 있습니다. 자연과학과의 관련에 대해서는 후술하겠습니다.

존재론에서의 객관성과 진실

서양 과학의 발달은 고대 그리스의 철학에 대한 진지한 성찰에서 비롯된 바가 큽니다. 특히 존재론 철학은 자연철학과 더불어 자연과학의 자양분 역할을 했습니다. 객관적 실재로서의 진리, 진실, 진상을 규명하려는 노력이 오늘날 자연과학의 발달을 가져온 원동력이었습니다. 자연과학의 법칙들은 그 바탕에서 탄생했습니다. 그러나 사회과학은 자연과학과는 다른 길을 걸었습니다. 인류의 지적 자산인 철학과 자연과학의 지식을 덮어 둔 채 독립적으로 사회 현상에 대한 경험적 견해를 생산해 온 것입니다. 사회과학의 철학이자 방법론인 경험론과 실증주의는 주관의 영역인 경험적 사실들 사이의 관계만 실증적으로 밝혀줄 뿐 객관적 진실의 단계에는 도달하지 못합니다. 과학이 경험적 영역을 벗어나서는 안 된다고 제한했기 때문입니다.

국내 언론학자 13인이 참여해 출판한 『저널리즘의 이해』라는 책을 보면 객관성과 공정성에 대한 장이 없습니다. '언론은 객관적이고 공정한가?'라는 화두를 던졌지만 이 주제를 다루지 않은 것입니다. 몇 가지 사례들을 보았듯이 미국의 사정도 마찬가집니다. 코바치와 로젠스틸(Kovach &

Rosenstiel, 2001/2014)은 그들의 책 서문에서 저널리즘의 원칙 10가지를 다음과 같이 제시했습니다.

1. 저널리즘의 첫 번째 의무는 진실에 대한 것이다.

2. 저널리즘의 최우선적인 충성 대상은 시민들이다.

3. 저널리즘의 본질은 사실 확인의 규율이다.

4. 기자들은 그들이 취재하는 대상으로부터 반드시 독립을 유지해야 한다.

5. 기자들은 반드시 권력에 대한 독립적인 감시자로 봉사해야 한다.

6. 저널리즘은 반드시 공공의 비판과 타협을 위한 포럼을 제공해야 한다.

7. 저널리즘은 반드시 최선을 다해 시민들이 중요한 사안들을 흥미롭게 그들의 삶과 관련 있는 일로 인식할 수 있도록 전달해야 한다.

8. 저널리즘은 뉴스를 포괄적이면서도 비중에 맞게 다뤄야 한다.

9. 기자들은 그들의 개인적 양심을 실천해야 하는 의무가 있다.

10. 그들의 선택을 통해 뉴스 생산에 참여하는 시민들은 뉴스에 관해 권리를 행사할 수 있다. 그러나 그들은 책임감을 가져야 한다. 그들이 스스로 생산자와 편집자가 되는 상황에서는 더욱 그러하다.

모두 훌륭한 원칙들입니다. 그러나 정말 중요한 것이 빠졌습니다. 저자들 자신도 인정했듯이 공정성(fairness)과 균형성(balance), 그리고 객관성이 빠져 있는 것입니다. 그들은, 공정성은 너무나 주관적인 개념이어서 실제로 어떻게 실천해야 하는지 지침을 거의 제시하지 못했고, 균형성은 너무 제한적이어서 진실을 자주 왜곡하는 보도 방법이었다고 제외시킨 이유를 설명했습니다. 공정성은 균형성을 포괄하는 개념으로서 다음 절에서 설명하기

진실이 정의와 무관하지는 않겠지만 개념상으로는 별개로 정의되어야 합니다. 따라서 우리는 존재론 철학의 도움을 받아 저널리즘의 객관성과 공정성의 개념에 대해 명료하게 정의를 내릴 필요가 있습니다.

로 하겠습니다. 저자들은 객관성에 대해서는 그 개념이 아주 망가졌기 때문에 20세기 초 객관성이라는 개념이 사회과학 영역에서 저널리즘으로 건너왔을 때의 의미를 복원하려 한다면서 이렇게 설명했습니다.

> 객관성은 기자는 편견이 없다는 사실을 강조하려는 개념이 아니었다. 거꾸로, 기자는 결코 객관적일 수 없기 때문에, 그들의 방법은 객관적이어야 한다는 뜻이었다. 다시 말하면, 우리 모두는 편견이 있다는 사실을 인정하자는 말이다. 그러면 뉴스는 과학과 마찬가지로 방어할 수 있고, 엄밀한, 그리고 투명한 취재와 보도 과정을 통해 만들어져야 한다는 결론에 도달한다. 그리고 이 과정은 오늘날 같은 네트워크 사회에서는 더욱 중요하다.

이게 미국 언론(학)의 수준입니다. 국내 학자들은 이런 주장들을 부지런히 퍼 나릅니다. 기자는 당연히 알게 모르게 편견을 갖게 마련입니다. 편견의 정체는 잘못된 정보가 뇌에 입력되어 있는 것입니다. 원초적으로 인간은 이성적 동물인 동시에 감성적 동물입니다. 이성보다 감성이 더 강합니다. 그렇다고 해서 기자는 객관적일 수 없다고 단정하는 것은 잘못입니다. 인간은 편견과 감성에 해당하는 주관적 해석을 배제하면서 객관적 판단을 할 수 있는 능력을 가지고 있습니다. 바로 화이트헤드가 강조한 이성의 기능이지요. 부족하나마 교육과 수련을 통해 감성을 억제하고 이성으로써 판단하는 태도를 형성할 수 있는 능력을 보유하고 있습니다. 물론 쉽지는 않지만 꾸준히 연마해야 합니다. 이것이 어렵다고 해서 포기하면 객관성을 포기하는 것이 되고 맙니다. 객관성과 객관적 방법이 다른 게 아닙니다. 객관적 방법으로 진실에 접근하는 것이 곧 객관성입니다.

진실은 객관의 영역에 있습니다. 그래서 소크라테스는 도덕적 인식을 얻는 수단으로 감각을 경시하고 이성을 중시했습니다. 그리고 보편적인 지식은 오랜 시간을 투자한 진지하고 또 한결같이 지성적인 탐색을 통하여 밝혀질 수 있는 것이라고 강조했습니다.(Lamprecht, 1955/1963) 보편적인 지식이 바로 진실이며, 주관의 영역인 감성을 배제하고 이성을 동원하여 밝힐 수 있는 것입니다. 사실이나 의견은 정보로서 아직 지식으로서의 진실은 아닙니다. 이런 관계를 명쾌하게 정리해 주는 것이 존재론입니다. 객관성을 부정하는 것은 기자이기를 포기하는 것입니다.

존재론은 엘레아 출신의 그리스 철학자 파르메니데스(Parmenides, B.C.520~B.C.440)로부터 비롯되었습니다. 파르메니데스는 변하지 않고, 움직이지 않으며, 분리되지 않으며, 항구적인 일자(the One)로서의 존재(存在)를 주장했습니다. 존재하는 것(Being)은 변화하며 생성 중에 있는 것(Becoming)

이 아니라 영원히 변하지 않는 것입니다. 파르메니데스는 그의 생각을 기록한 「자연에 관하여(Concerning Nature)」라는 장편의 시에서 제1부 진리의 길(Way of Truth)과 제2부 의견의 길(Way of Opinion)로 구분해서 존재에 관해 설명했습니다. 진리와 속견(俗見), 지식과 오류, 실재와 가상(假象), 지성과 감각을 대조하여 존재에 대한 견해를 피력한 것이지요.(Lamprecht, 1955/1963) 파르메니데스의 철학은 소크라테스를 거쳐 플라톤에게 깊은 영향을 주었습니다.* 사유와 존재가 동일하다고 했던 점에서 파르메니데스를 이성주의의 조상이라고 하기도 합니다. 이성의 사유는 존재하는 것에 대해서만 가능하다고 했던 점에서 감성을 배제하고 이성의 사유를 통해 진리를 깨우쳐야 한다고 했던 소크라테스의 철학과 통하는 것입니다. 플라톤의 이데아론이 바로 파르메니데스의 존재론을 발전시킨 것입니다.

파르메니데스는 "그대는 존재하지 않는 것을 알 수 없으며(그것은 행할 수 없는 것이기 때문에), 또한 말로 표현하는 것도 가능하지 않다."라고 했습니다. 이성의 사유로써 알 수도 없고 말로도 표현할 수 없는 것은 존재하지 않는다는 것입니다. 그리고 "'진리'는 '있는 것'을 우리에게 인지하게 하는 이성에게만 주어지기 때문에, '통찰력이 없는 눈과 속이 빈 대공과 같은 키'로 이루어진 감각에는 억견(臆見; doxa)만이 있을 뿐입니다."(玉井 茂, 1986, 51쪽) 감각에 의해 지각된 억견과 같은 현상의 사실은 존재하지 않는 것이요, 존재로서의 진리는 이성의 사유에 의해 확인할 수 있다는 것입니다.

파르메니데스는 그의 제자 제논(Zenon of Elea, B.C.496?~B.C.430)과 더불

* 소크라테스가 청년이었을 때 아테네를 방문한 노년의 파르메니데스를 만나 많은 것을 배웠다고 합니다.

어 엘레아학파를 형성하는데, 엘레아학파의 의의는 감각적 사실과 이성적 합리가 모순된다는 것, 사실에는 비합리성이 내포되어 있다는 것, 여러 가지 속성과 우연성을 초월한 실체(substance)의 탐구를 자극했다는 데 있습니다.(玉井 茂, 1986, 54~55쪽) 감각적으로 지각한 사실은 이성적 사유의 결과와 모순되며, 개인의 의견은 주관적 견해로서 억견에 불과하다는 것입니다. 그래서 시공을 초월하여 변하지 않는 항구적인 일자로서의 진리, 즉 실재의 본질을 찾아야 하는 것입니다.

저널리즘 교과서에서 객관보도는 간주관성 수준의 사실보도를 의미하며, 공정보도는 산술적 균형을 지키는 중립적 보도를 의미합니다. 간주관성이란 게이트 키핑(gate keeping)의 한계 때문에 객관보도가 불가능하다는 판단 하에 주관의 공통분모를 찾자는 것인데, 사실상 객관보도의 포기이며 상대주의에 가깝습니다. 학문이란 진리를 추구하는 것인데 상대주의는 진리와 거리가 멉니다. 사실보도는 현상의 영역에서 주관적 의견과 사건 등을 보도하는 것이고, 객관보도는 사실을 기반으로 하여 진실을 찾아 보도하는 것입니다. 재삼 강조하건대 진실은 객관의 영역에 있습니다. 객관을 포기하면 진실은 찾을 수 없습니다. 진실 규명이 어려운 것도 있고 쉬운 것도 있으나 불가능한 것은 아닙니다. 이러한 저널리즘 철학은 존재론 철학을 학습해야 깨달을 수 있습니다.

앞서 살펴본 대로 존재론은 경험의 영역을 넘어 이성의 영역에서 존재하는 객관적 진실을 추구하는 철학입니다. 존재론은 단순히 형이상학에 머무르는 것이 아니라 생물학의 지식에 의해 과학이 됩니다. 경험의 영역이라는 것은 감각기관에 의해 수집된 정보의 영역이라는 의미입니다. 존재론은 그 경험적 정보는 실재의 진실이 아니라는 것입니다. 인간의 감각기관의 능력에는 한계가 있기 때문입니다. 감각적 정보는 어제와 오늘이 다를 수 있고, 사람마다 다를 수 있습니다.

인간은 신경계를 통해 세상에 대해 경험하고 반응합니다. 그 경험과 반응 사이에는 신경계의 세포 활동을 통해 기억과 학습, 감정, 신념 등에 근거한 해석들이 존재합니다. 신경계에는 신경세포인 뉴런과 교세포라는 두 개의 기본 세포가 있습니다. 뉴런에는 정보를 전달받는 여러 개의 짧은 돌기와 다른 세포로 정보를 전달하는 긴 축삭이란 게 있습니다. 뉴런이 전기신호를 만들어 축삭을 통해 다른 뉴런이나 세포들에게 정보를 전달하면 해당 세포는 반응을 자극합니다. 교세포는 뉴런을 지지하고 보호하는 기능을 합니다. 뉴런들은 수백 조 개에 이르는 시냅스라는 네트워크로 조직화되어 있어서 정보를 처리합니다. 대부분 정보의 처리, 저장, 재현 등은 뇌와 척수의 중추신경계(CNS)에서 일어납니다. 요약하자면, 정보는 감각신경세포로부터 중추신경계를 경유하여 뇌에 전달됩니다.* 뇌에 있는 하나의 뉴런은 천 개 이상의 시냅스로부터 정보를 전달받습니다. 뇌의 모든 능력은 시냅스의 사용에 따라 향상되기도 하고 퇴화하기도 합니다. 뇌에서 처리된 정보는 축삭을 통해 각 기관에 전달되어 반응하게 합니다. 따라서 뇌에 축적된 정보는 이성의 사유과정을 거쳐 객관적 진실에 도달해야 합니다.

존재론에서는 보이는 대로의 현상은 실재의 진실이 아니라고 합니다. 인간은 오감 중에서 시각으로 받아들이는 정보가 가장 많은데 눈에 정보를 전달해 주는 매개체는 빛입니다. 빛이 전자기파라는 사실은 앞서 전자기학과 관련하여 설명한 바 있습니다. 인간의 눈은 빛 중에서 소위 가시광선이 전

* 중추신경계 밖에 있는 뉴런과 보조세포를 말초신경계(PNS)라고 한다.

달해 주는 정보만 시신경을 통해 뇌에 전달합니다. 그러나 어떤 다른 동물들은 자외선과 적외선을 감지하면서 활동합니다. 예를 들어 방울뱀은 적외선에 민감한 뉴런들이 밀집해 있는 구멍기관을 통해 먹잇감에서 나오는 적외선 파장을 암흑 속에서도 정교하게 검출합니다. 이 정보는 눈으로부터 오는 정보가 도달하는 곳과 같은 장소로 전달됨으로써 눈으로 보는 것과 같은 효과를 발휘하는 것입니다. 청각도 마찬가집니다. 코끼리는 인간이 들을 수 없는 파장의 음파로 소통을 하며, 박쥐는 인간의 청음역보다 훨씬 위에 있는 단파의 큰 소리를 방출하여 주변의 물체에서 반사되는 메아리를 듣습니다. 후각 등 다른 감각기관들도 마찬가집니다.

다시 말해 인간은 경험적으로 제한된 범위 내의 정보만을 감각할 뿐입니다. 따라서 경험의 한계 내에서 진실을 찾는다는 것은 원천적으로 성립될 수 없는 것입니다. 주관적 판단의 사견을 멀리하고자 했던 고대 그리스 철학자들의 선견지명을 확인할 수 있는 대목입니다. 서양의 철학자들은 존재론 철학에 익숙한 가운데 경험의 영역을 벗어나 있는 객관적 실재의 지식을 추구하였고, 그것이 근대에 이르러 자연과학의 발달을 가져왔음은 주지의 사실입니다. 경험의 영역을 초월해 있는 객관적 실재의 지식을 추구하는 학문의 본령이 철학이나 자연과학에만 해당한다고 볼 수는 없습니다. 사회과학도 경험주의와 실증주의에 안주하지 않는 가운데 객관의 영역에 도전해야 합니다. 그곳에 진실이 있기 때문입니다. 사실(fact)은 감각기관이 전달해주는 정보에 불과합니다. 따라서 끊임없는 학습을 통해 시냅스의 능력을 유지 내지 향상시키면서 사유(思惟)에 의해 진실을 확인하는 작업에 소홀히 해서는 안 되는 것입니다. 이것이 바로 저널리즘의 제1 원리입니다.

러셀(Bertrand Russell, 1872~1970)은 존재론의 허점을 지적하면서도 "파르

파르메니데스의 철학은 소크라테스를 거쳐 플라톤에게 깊은 영향을 주었습니다. 사유와 존재가 동일하다고 했던 점에서 파르메니데스를 이성주의의 조상이라고 하기도 합니다.

메니데스 이후로 오늘에 이르기까지 철학이 그에게서 배운 것은 너무나 지나친 역설인 변화의 불가능성이 아니라, 실체(實體, substance)의 불멸성이었다."라고 인정했습니다.(Russell, 1961/1996, 102쪽) 실체는 2천년 이상 철학과 심리학, 물리학의 기본적인 개념의 하나로 존속되어 왔다는 것입니다. 변화를 강조한 헤라클레토스에 대립되는 입장으로 제기한 변화의 불가능성은 사실 성립하지 않습니다. 변화하는 것(易)이 자연의 본성이고, 그 안에 진리가 있는 법입니다. 진리는 하나지만 새로운 발견에 의해 바뀔 수 있습니다. 그러나 파르메니데스의 의의는 그런 가운데서 변하지 않는 실체를 추구하게 만들었다는 데 있습니다. 이 관념이 물리학을 비롯한 자연과학의 발달을 가져온 것입니다. 저널리즘을 비롯한 사회과학도 이 관념에 따라, 조변석개하는 억견이 아니라 변하지 않는 진실을 추구해야 함은 물론입니다.

파르메니데스의 존재론과 소크라테스의 진리관, 플라톤의 이데아론의 공통점은 개인의 주관적 의견이나 감각기관에 의해 지각된 사실의 너머에 있는 실재(實在, reality)로서의 진리를 파악해야 된다는 것입니다. 파르메니데스는 진리의 길을 존재라 하고, 속견의 길을 비존재라고 했습니다. 이것은 현상과 실재(본질, 실체)의 문제이기도 합니다. 현상(現象, phenomena)은 감각기관이 지각할 수 있게 나타난 것(appearance)입니다. 오감에 의해 지각된 대상이지요. 감각의 영역이라는 얘깁니다. 그런데, 감각기관의 감도(感度)는 사람에 따라 다르고 시간과 공간의 영향을 받아 변합니다. 주관의 영역이지요. 감각이 작동하는 영역은 주관의 영역입니다. 의견과 사실이 바로 그러한 것입니다. 따라서 주관적일 수밖에 없는 의견과 사실은 진실일 수가 없습니다.

그러면 어떻게 해야 하는가? 지각된 사실에 대해 이성의 사유로써 배후에 드러나지 않은 실재의 진실을 밝혀야 합니다. 상상력과 추상력을 동원하고 수학과 관찰과 실험으로 증명함으로써 진실을 드러내야 합니다. 감각의 영역에 대비되는 이성의 영역으로서 진실은 바로 이 객관의 영역에 있습니다. 우리의 지각 작용과 독립적으로 존재하는 대상들이 실제로 존재하며, 그 존재는 감각 작용의 경험에 의해 확인할 수 있습니다.(Russell, 1912/1989, 30쪽) 예를 들어 우리가 눈으로 보는 어떤 별은 200만 년 전의 모습입니다. 그 별이 내뿜는 빛이 200만 년을 달려 우리 눈에 도달한 것이지요. 그 별은 초신성으로 폭발해 '지금'은 사라져 존재하지 않을 수도 있습니다. 이로써 우리는 경험과 실재를 구분해 보아야 할 필요성을 확인할 수 있습니다. 경험은 주관이고 실재는 객관입니다.

객관성이란 것은 이 객관의 영역에 속하는 속성으로서 진실은 여기에서 찾아야 합니다. 코바치와 로젠스틸이 강조한 대로 방법이 객관적이어야 한다는 것이 객관성과 다른 것이 아닙니다. 객관적 방법이 곧 객관성입니다.

그 방법이 단계적일 수도 있고 일회적일 수도 있습니다. 객관성과 진리는 이렇게 분리할 수 없는 밀접한 관련이 있습니다. 따라서 저널리즘에서 객관성을 부정하면서 진실을 추구한다는 것은 모순입니다.

진리라는 것이 영원히 변하지 않는 것은 아닙니다. 새로운 근거와 이론에 의해 반박되기 전까지만 진리일 것입니다. 이 점에서 존재론은 문제가 있지만, 러셀이 강조한 실체의 불멸성을 추구하는 것이 과학입니다. 소크라테스 이전에는 소피스트의 상대주의가 지배했습니다. 인간이 만물의 척도라는 것, 즉 사람마다 척도를 가지고 있기 때문에 절대적인 진리는 없다는 입장입니다. 진리의 상대성이라고 하지요. 소피스트들은 감각의 경험만을 중요하게 생각했습니다. 그래서 토론을 통해 다수의 의견을 채택하는 것으로 모든 것을 결정했습니다. 소크라테스는 이러한 관점을 배격하고 감성이 아닌 이성의 능력으로 절대적 진리를 깨달아야 한다고 강조했던 것입니다. 실재로서의 진리는 이성의 영역, 즉 객관의 영역에 있습니다. 우리는 사유하는 정신과 과학의 힘을 빌려 "진정한 객관적 세계에 관한 지식"을 추구해야 하는 것입니다.(Whitehead, 1926/2008, 242쪽) 저널리즘도 예외가 아닙니다. 혹여 과학에서의 진리와 저널리즘에서의 진실은 다르다고 말하면 안 됩니다. 진실의 규명도 방법은 다르지 않습니다.

요약하면, 현상은 감성에 의존하는 주관의 영역이기 때문에 이성의 기능에 의지하여 객관의 영역에서 실재의 진리를 찾아야 한다는 것입니다. 현상이 곧 실재라면, 다시 말해서 보이는 대로의 현상이 곧 본질이요 진리라면 고민할 것도 없고 과학도 필요 없을 것입니다. 그러나 현상이 빙산의 일각이라면 실재는 빙산의 보이지 않는 부분처럼 현상의 이면에 잠겨 있기 때문에 감관에 의해 확인하는 것은 불가능합니다. 현상을 생략한 실재의 확인도 불가능합니다. 현상의 확인과 이해는 실재를 확인할 수 있는 단서요 필수적인 과정입니다. 실재는 현상을 통해서만 도달할 수 있습니다. 그러나 현상의 영역에 머물러서는 안 된다는 점이 중요합니다. 실증주의, 현상론, 현상학, 실용주의 등은 실재를 현상계에서 찾습니다. 그것이 실재일 수는 없습니다. 오늘날에도 물리학을 필두로 하여 현실을 넘어서 실재를 찾는 지적 탐구들이 여전히 왕성합니다.(이정우, 2004)

그러는 한편으로 현대판 상대주의로서 실재 개념을 거부하는 학풍도 있습니다. 실재 개념을 거부하면 비실재(非實在) 곧 가짜가 판치는 세상을 비판할 존재론적 능력을 상실하게 되고, 가치론적 아노미에 빠지게 됩니다. 이렇게 진리(진실) 아래에는 늘 객관적 실재에 대한 개념이 깔려 있다는 점을 유념해야 합니다.(이정우, 2004) 『이기적 유전자』의 저자 리처드 도킨스(Richard Dawkins)의 견해가 도움이 될 것입니다.

> 사실, 우리는 아직도 모르는 것이 많다. 그러나 우리가 알고 있는, 지구는 둥글고 태양의 둘레를 돈다는 사실은 절대 변하지 않을 것이다. 그것만으로도, 세계에 대한 원시적 신화보다 과학적 견해를 더 선호해야 할 이유가 전혀 없다고 생각하는 상대주의자들처럼 얄팍한 철학 지식만을 지닌 채 객관적인 진실의 가능성을 부정하려는 이들을 충분히 반박할 수 있다. 우리의 조상이 침팬지의 조상과 같고, 더 먼 조상은 원숭이의 조상과 같다는 믿음은, 그 시기에 대한 세부적인 사항 외에는 바뀌지 않을 것이다. (John Gribbin, 1998/2005, 16쪽)

코바치와 로젠스틸(Kovach & Rosenstiel, 2001/2014)은 “기자들은 진실 추구

에 꿋꿋해야 한다. 그리고 자신의 관점을 극복하려는 노력에도 힘을 쏟아야 한다."라고 했습니다. 사실 이 말에 저널리즘에 관한 모든 것이 담겨 있습니다. 다만 그것을 객관성과 연결시키지 못했을 뿐입니다. 자신의 관점을 극복하려고 노력하면 객관의 세계가 열리게 되고 그곳에 진실이 있는 것입니다. 그것이 바로 저널리즘의 객관성입니다.

공정성과 중립, 중용

다음으로 공정성의 개념입니다. 앞서도 소개했듯이 한국의 방송법은 뉴스의 공정성을 의무로서 규정하고 있습니다. 문제는 공정성의 개념 정의입니다. 학문 연구의 영역에서나 현장의 실천에서나 공히 명료한 개념의 합의와 통일은 매우 중요합니다. 하나의 사안에 대해 복수의 개념 정의가 있다면 연구 및 실천에서 과정과 결과가 다르게 나타날 것입니다. 객관성만큼은 아니지만 공정성 개념도 중구난방으로 통일되어 있지 않습니다. 공정성은 대체로 중립과 균형을 지키는 것으로 회자되지만, 중립과 균형의 개념부터 제각각입니다. 먼저 균형을 포괄하는 개념으로서 중립에 대해 살펴보기로 하겠습니다.

조항제(2019)는 실용주의 입장에서 객관성을 해석한 스티븐 워드(Stephen J. A. Ward, 1951~)의 실용주의적 객관성 이론을 공정성의 이론 구성에서 가장 기본적인 것으로 삼았다고 합니다. 코바치와 로젠스틸의 설명과 일치합니다. 철학을 도입한 것은 좋은 접근이라고 봅니다. 그러나 저널리즘 중심으로 접근하면 기대하는 결과를 얻기 어렵습니다. 왜냐면 객관성과 공정성은 저널리즘 이전에 철학의 핵심 의제였으며, 그보다 더 원천적으로 인간의 본성과 관련된 것으로 자연과학의 논의도 들여다보아야 하기 때문입니다.

저널리즘의 공정성이라 할 때 마치 저널리즘을 독립적인 인격체 내지는 주체로 부지불식간에 간주할 수도 있습니다. 그러나 모두 사람의 문제입니다. 저널리즘을 담당하는 저널리스트나 저널리스트로부터 정보를 구하는 공중(公衆)에 우선적으로 집중해야 합니다. 객관적 진실과 공정함을 기대하는 인간의 본성을 이해하는 전제에서 철학에서의 논의를 검토한 후 저널리즘으로 접근하는 것이 순서입니다. 이 문제는 다시 정리하겠습니다.

대개 질적 균형보다 양적 균형을 강조하듯이 중립도 기계적 산술적 중립을 공정성의 전제로 생각하는 경향이 있습니다. 서양에서 기계적 중립의 뿌리는 아리스토텔레스로 거슬러 올라갑니다. 그 영향으로 서양의 저널리즘은 사실상 기계적 중립을 신조로 삼습니다. 아리스토텔레스는 선한 사람이 되기 위한 행동지침으로 중용(μεσον, 관계에서의 중간)을 제시했습니다. 과도하지도 않고 부족하지도 않는 중간을 지킴으로써 절제와 용기를 보존해야 한다는 것입니다. 이를테면 비겁하지도 않고 무모하지도 않아야 하며, 온갖 쾌락에 파묻혀 삼가는 게 없는 방탕한 사람이 되어서도 안 되고, 반대로 모든 쾌락을 회피하는 무감각한 사람도 되어서도 안 된다는 것입니다.(Aristoteles, 1984) 기계적 중간을 취하는 태도입니다. 아리스토텔레스는 덕(德, virtue)이란 것은 인간을 선하게 하는 성품이라고 하면서 덕의 특수한 성질을 다음과 같이 규정했습니다.

> 연속적이고 가분적인 모든 것에 있어서는 보다 많은 양, 보다 적은 양 혹은 균등한 양을 취할 수 있고, 또 그 사물 자체에 있어서 혹은 우리와의 관계에 있어서 취할 수 있다. 균등이라 하는 것은 과도와 부족의 중간이라 할 수

> 있다. 대상 자체에 있어서의 중간이란 양쪽 끝에서 똑같은 거리에 있는 것으로서 만인에 대해서 오직 하나 있는, 같은 것이다. 우리와의 관계에 있어서의 중간이라 하는 것은 너무 많지도 않고 너무 적지도 않은 것이다. 이것은 하나만 있는 것도 아니요, 만인에 대하여 같은 것도 아니다. 가령, 10이면 많고 2이면 적다고 할 경우, 대상 자체에 있어서는 6이 중간이다. (Aristoteles, 1984, 70쪽)

사람에게는 이렇게 딱 떨어지지는 않지만 어쨌건 산술적 중간을 강조합니다. 건강한 식생활에서 과도와 부족의 중간은 사람에 따라 차이가 나겠지만 각자 중간을 찾고 택한다는 것입니다. 결국 "만일 (도덕적인) 덕이, 자연도 그렇듯, 어느 기술보다도 더 정확하고 더 좋은 것이라고 하면, 덕은 중간을 목표로 삼는 성질을 가져야 한다."라고 했습니다. 미국이나 한국이나 커뮤니케이션 학자와 저널리스트들은 대체로 바로 이 양적 균형을 지키는 기계적 중립을 공정성의 기준으로 삼는 경향이 있습니다.

학자와 기자들이 공동의 작업으로 만든 〈KBS 공정성 가이드라인〉은 공정성을 특정 견해, 세력, 집단에 편향되지 않은 내용을 방송하는 것으로 규정합니다. 구체적으로 "뉴스나 시사 교양 프로그램 내용에 언급되는 당사자가 부당한 대우를 받아서는 안 된다는 것"과 "어떤 내용을 공표할 경우 그로 인해 자신의 견해나 가치가 부당하게 공격을 당했다고 판단하는 이가 없어야 한다."는 점을 들고 있습니다. 종합적으로 "부당하게 특정 견해를 공격하지 않도록 해야" 하고 "특히 사회적 소수이며 영향력이 약한 집단의 의견과 관점을 배려해야 한다."라고 정리했습니다. 대체로 물의를 일으키지 않는 수준의 수동적 관점에서 양적 균형과 기계적 중립을 지키는 것을 지향하고 있는 것을 알 수 있습니다. 어느 누구도 동등하게 대우하는 균형감각으로 중립을 유지함으로써 억울하게 생각하는 사람이 생기지 않도록 해야 한다는 것입니다. 이것은 보편적인 기준이 될 수 없는 주관적이고 모호한 규정입니다.

반면에 동양철학에서 공정성의 정의는 다릅니다. 아리스토텔레스의 중용 개념과 비슷하게 공자는 과유불급(過猶不及)을 강조했습니다. 지나친 것은 미치지 못함과 같다는 의미지요. 그러나 이것이 기계적 중간을 의미하는 것은 아닙니다. 유학의 사서(四書) 중에 『중용』은 공정성의 정의를 명쾌하게 내리고 있습니다. 『중용』 제6장의 내용입니다.

> 순임금은 대단히 지혜로운 분이어서, 묻기를 좋아하고 하찮은 얘기라도 살피기를 좋아했다. 나쁜 일은 덮어주고 좋은 일은 북돋워주었으며, 양쪽 얘기를 다 들어보고 백성들에게는 중을 적용했으니 과연 순임금이로다.(舜其大知也與, 舜好問而好察邇言, 隱惡而揚善, 執其兩端, 用其中於民, 其斯以爲舜乎)

중(中)을 적용했다고 했는데, 그 중(中)에 대해서는 제1장에서 설명을 해 놓았습니다.

> 하늘의 명령을 성이라 하고, 그 성을 따르는 것을 도라고 하며, 도를 닦는 것을 교라고 한다. … 희로애락이 유발되지 않은 상태를 중이라 하고, 유발되었을 때 그 모든 것을 절도에 맞게 표현하는 것을 화라고 한다. 중은 천하의 근본이요, 화는 천하가 도에 이름이다. 중화가 지극하게 되면 천지가 바르게 자리를 잡고, 만물이 잘 자라게 될 것이다.(天命之謂性, 率性之謂道, 脩道之謂敎. ……喜怒哀樂之未發, 謂之中. 發而皆中節, 謂之和. 中也者, 天下之大本. 和也

者, 天下之達道也. 致中和, 天地位焉, 萬物育焉.)

플라톤은 인간이 천성적으로 가장 깊은 관심을 가지고 알고자 하며 성취하고자 하는 고유한 좋은 상태를 덕(virtue)이라고 했습니다. 적극적인 탁월성의 성취요, 인간의 온갖 능력이 이상적으로 발휘되어 완성에 도달하는 것입니다.(S. P. Lamprecht, 1955/1963) 인격적으로 완성된 상태를 말한다고 볼 수 있습니다. 동양은 좀 다릅니다. 공자에게 덕은 도를 수련하여 실천하는 군자의 태도를 말하고, 노자에게 덕은 도를 수련하여 무위자연(無爲自然)의 상태에 머무는 것을 의미합니다. 그러나 현실 참여와 실천의 측면에서 공자의 관점을 따르자면, 중과 화의 도를 실천하는 덕의 자세가 중요하다고 하겠습니다. 도는 하늘의 이치요, 그 도를 실천하는 것이 덕입니다. 여기서 하늘은 자연입니다. 자연의 이치를 인간에게 적용하는 것이 덕이라는 얘기입니다.

그 점에서 순임금이 중(中)을 적용한다고 했을 때, 그 중(中)은 도를 연마한 군자가 덕을 실행한다는 생각으로 감정과 사사로운 이해관계를 초월하여 옳고 그름을 판단하는 것을 의미합니다. 상반되는 양쪽 주장을 들어보고 기계적으로 적당히 중재하는 것이 아니라 희로애락의 감정을 억제한 상태에서 이성적으로 옳고 그름을 판단해 주는 것입니다. 그 상황에서 기계적으로 중간을 취해야 한다고 하면서 판단하지 않고 무마시킨다면 둘 중 한 사람은 억울하다고 할 것입니다. 이것은 정의가 아니며 공평한 태도가 아닙니다. 그리고 희로애락이 발현되었을 때 절도에 맞게 하라는 것은, 기쁘고 즐거운 일에는 함께 기뻐하며 축하해 주고, 정의롭지 못한 행동에 대해서는

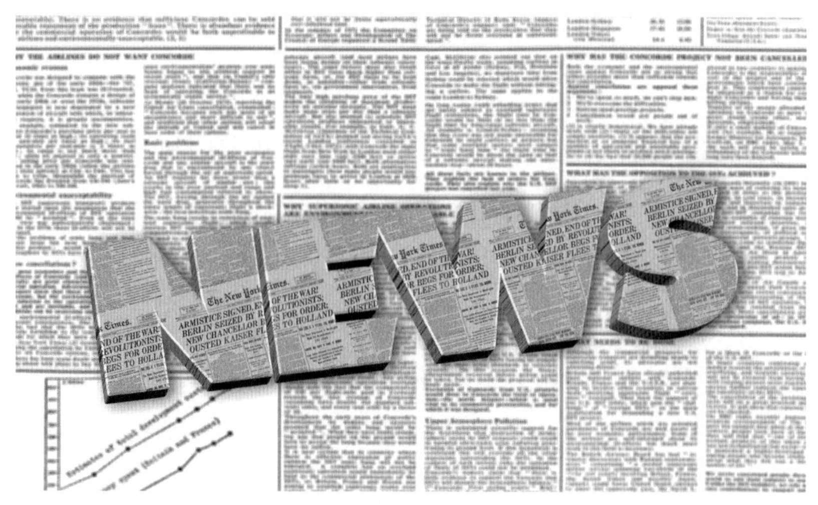

진실은 이성이 작동하는 객관의 영역이며, 사실은 감성이 작동하는 주관의 영역입니다. 저널리즘은 사실의 전달도 중요하지만, 더 나아가 진실을 파악해서 전달해야 합니다.

분노하고, 슬픈 일에는 함께 슬퍼하면서 위로해 주어야 한다는 것입니다.* 저널리즘의 공정성은 이 수준을 지향해야 합니다. 중화의 정신이 지극하게 되었을 때 사회가 바르게 되고 만사가 형통할 것입니다. 오늘날 우리 사회가 어지러운 까닭은 바로 저널리즘이 중화를 인지하지도 지향하지도 않은 상태에 있기 때문이라고 할 수 있습니다. 언론이 옳은 것을 옳다 하고 그른 것을 그르다고 가려 주지 않기 때문에 거침없이 비리를 저지르고 불의가 판을 치게 되는 것입니다.

맹자는 인간의 본성에 해당하는 사단(四端)의 하나로서 인간이라면 시비지심(是非之心)이 있을 것이라고 했는데, 그 옳고 그름을 가릴 줄 아는 마음

* 그 반대의 경우로, 세월호 사태 때 방송이 보여준 태도를 상기해 보면 알 것입니다.

을 발휘하는 것이 공정성의 핵심입니다. 시시비비(是是非非), 즉 옳은 것을 옳다 하고 그릇된 것을 그르다고 해야 공평하고 정의로운 것입니다. 그것이 공정성입니다. 언론이 중립을 가장하여 시시비비를 가리지 않으면 사회의 기강이 무너지고 정의는 실종될 것입니다. 팩트만 전달하고 판단은 각자가 하라는 것은 무책임한 태도입니다. 아리스토텔레스의 중립 개념을 적극적으로 해석하거나 공자의 중용(中庸) 사상을 저널리즘의 공정성 개념의 정의에 적용할 필요가 있습니다. 코바치와 로젠스틸이 회의적으로 평가한 대로 공정성이 그렇게 주관적인 개념이 아닙니다. 시시비비를 가리는 공정성을 포기하면 그것은 저널리즘의 가장 중요한 가치 중의 하나를 포기하는 것이 됩니다.

〈KBS 공정성 가이드라인〉이 공정성을 정의와 관련된 개념이라고 한 것은 정당합니다. 공정성이 정의의 차원에서 시시비비를 가리는 것이라는 점은 사법제도의 재판에서 명확하게 드러납니다. 법원의 재판은 법의 상징인 정의의 여신처럼 시시비비를 가려 잘못을 저지른 사람에게 벌을 내림으로써 정의사회를 구현하는 것입니다. 기계적 중립을 지키고 양적 균형을 유지하는 것으로 법의 소임을 다했다고 생각하지 않습니다. 불개입을 주장하는 중립의 입장에 머무르지 않고 면밀하게 조사해서 공평무사하게 잘잘못을 가려주는 것입니다. 저널리즘의 공정성도 다르지 않습니다. 샌델(Michael J. Sandel, 1953~)도 자유주의의 입장에서 논쟁적 사안에 개입하지 않는 중립의 자세를 비판하면서 공정하게 도덕적 가치판단을 해 주는 것이 정의라고 하면서 공동선과 좋은 삶을 강조합니다. 샌델의 얘기입니다.

나는 지금까지 소개한 여러 철학적 주장과 씨름하면서, 그 주장이 공적인 삶에서 어떻게 나타나는가를 지켜보았다. 그 결과 선택의 자유는, 공정한 조건에서 이루어질 경우에도, 정의로운 사회의 기초로는 충분치 않다고 생각하게 되었다. 게다가 중립적인 정의의 원칙을 찾다 보면 엉뚱한 길로 빠진다는 느낌마저 든다. 본질적인 도덕 문제를 다루지 않고서는 권리와 의무를 규정하기가 때로 불가능하다. (Sandel, 2009/2010, 308쪽)

좋은 삶을 지향할 때 자유라는 이름으로 개인의 선택에 맡기는 것은 공정한 조건이라도 정의가 될 수 없다는 것입니다. 샌델은 자유주의 이론가인 존 롤스(John Rawls, 1921~2002)를 비판하면서 두각을 나타내기 시작했지요. 가능하지도 않은 중립을 가장한 채 중요한 공적 문제를 결정해서는 안 되며, 중요한 도덕 문제에 개입하지 않는 정치는 시민의 삶을 메마르게 하고 편협하고 배타적인 도덕주의로 흐릅니다.(Sandel, 2009) 공자가 강조한 순 임금의 정치와 일맥상통함을 알 수 있습니다. 순 임금의 정치철학은 공정함을 바탕으로 한 정의의 실현입니다. 유교의 가치인 인의예지 중에서 의(義)의 뜻은 양(羊)처럼 선한 자아 혹은 양을 공평하게 분배하는 분배의 정의를 의미합니다. 물론 여기서 공평하게 분배한다는 것은 기계적으로 같은 양을 분배하기보다는 필요에 따라 분배하는 융통성을 발휘합니다. 그리고 그것을 실천하는 것이 예(禮)인데, 예의 한자 뜻은 제사 지내고 난 후 음식을 고루 나눈다는 의미를 표현한 것입니다. 예는 곧 법입니다. 결국 동양철학의 공정성은 분배의 정의와 관련된 것으로 그것을 판단하는 시시비비의 정신이라고 할 수 있습니다. 샌델도 분배의 공평함과 더불어 도덕적 가치판단을 강조했다는 점에서 상통하는 것입니다. 따라서 저널리즘의 공정보도는 정의의 실현 차원에서 공평하게 시비를 가리는 것이라고 할 수 있겠습니다.

고대 이집트의 기하학도 공평한 분배에서 비롯되었다는 사실을 상기하는 게 좋겠습니다.

요약하자면, 대개 객관성과 공정성을 중립성과 사실성, 진실성, 균형 등과 관련하여 설명하는데, 오히려 혼란만 가중시키는 경향이 있습니다. 일단 객관성과 공정성은 분리하여 개념 정의를 해야 합니다. 객관성은 객관적 진실의 추구이며 공정성은 공평하고 정의롭게 시비를 가리는 것입니다. 이때 물론 진실과 사실은 다릅니다. 진실은 이성이 작동하는 객관의 영역이며, 사실은 감성이 작동하는 주관의 영역입니다. 저널리즘은 사실의 전달도 중요하지만, 더 나아가 진실을 파악해서 전달해야 합니다. 의견이나 여론도 진실이 아닌 사실입니다. 그리고 공정성은 정의사회 구현의 차원에서 중립이나 균형에 관련된 것으로 그 관계를 명확하게 해주어야 합니다.

객관성과 공정성에 대한 철학의 정의가 물론 최종적인 것은 아닙니다. 그러나 최고의 철학자들에 의해 정의되고 전수된 개념을 저널리즘에 적용하고 난 후 지속적인 논의를 통해 발전시켜 나가는 것이 순리일 것입니다. 우물 안 개구리 식으로 저널리즘의 영역 안에서 찾으려고 하면 한이 없습니다. 저널리즘의 객관성과 공정성은 사회과학의 실상과 자연과학의 엄격함 차원에서도 살펴볼 필요가 있습니다. 저널리즘은 사회과학의 영역이며, 사회과학은 자연과학의 바탕에서 성립되었기 때문입니다. 그리고 자연과학은 철학을 자양분으로 하여 성립되었다는 사실도 유념해야 합니다.

자연과학의 시각

일본 최초의 노벨 물리학상 수상자인 유카와 히데키(湯川秀樹, 1907~1981)

는 1941년 1월에 쓴 글에서 '진실'에 대해 이렇게 말했습니다.

> 현실은 간절하다. 모든 달콤함이 배척된다. 현실은 예상할 수 없이 변모한다. 모든 평형은 아침저녁으로 파괴된다. 현실은 복잡하다. 모든 지레짐작은 금물이다.
>
> 그럼에도 불구하고 현실은 그 근저에서 항상 간단한 법칙에 따라 움직인다. 달인(達人)만이 그것을 통찰한다.
>
> 그럼에도 불구하고 현실은 그 근저에서 항상 조화를 이룬다. 시인만이 그것을 발견한다.
>
> 달인은 적다. 시인도 적다. 우리 범인(凡人)들은 항상 현실에 매달리는 경향이 있다. 그리고 현실처럼 변모하고 현실처럼 복잡하게 되거나 현실처럼 불안하게 된다. 그리고 현실의 배후에 보다 광대한 진실의 세계가 펼쳐져 있다는 것을 깨닫지 못한다.
>
> 현실 밖의 어디에 진실이 있는가를 묻지 마라. 진실은 이윽고 현실이 된다. (湯川秀樹, 1992/2012, 158쪽)

진실은 보이는 현상의 이면의 보이지 않는 근저에 존재합니다. 자연과학은 그 진실을 발견해 냅니다. 자연 현상의 실재를 찾아내는 것입니다. 사회과학이 과학의 이름에 값하려면 마땅히 사회 현상의 근저에 존재하는 실재로서의 진실을 찾아내야 합니다. 저널리즘의 객관성, 즉 객관적 보도라는 것은 눈에 보이는 현상을 전달하는 데 그치지 않고 기저에 존재하는 진실을 찾아내 전달해야 하는 것입니다. 그것이 불가능하다고 하는 것은 철학의 부재에서 오는 성급한 판단입니다. 자연과학자들이라고해서 보이지 않는 것을 발견하는 것이 용이했던 것은 아닙니다.

DNA의 이중 나선구조를 발견한 숨은 공로자인 로잘린드 프랭클린(Rosalind Franklin, 1920~1958)은 실험 과정에서 숱하게 X선에 노출된 후유증으로 고초를 겪기도 했습니다. 경험적으로 보이는 대로가 실재라면 지구가 움직이지 않은 채 중심을 잡고 있는 상태에서 태양과 달과 별들이 지구를 중심으로 도는 것이 맞을 것입니다. 코페르니쿠스 전에는 그렇게 보이는 대로 믿었지요. 그러나 그것은 과학(지식)이 아니었습니다. 코페르니쿠스는 평생에 걸쳐 보이지 않는 진실을 발견하기 위해 노력한 결과 결국 천체의 회전에 관한 진실을 확인했습니다. 다시 한 번 강조하건대 객관성의 전제는 과학과 동질적인 것입니다.(Monod, 1970/1985, 41쪽) 사회과학이라고 다르지 않습니다.

사회 현상의 실재, 사실과 의견의 너머에 있는 진실을 찾는 것은 불가능한 일이 아닙니다. 저널리즘은 매일매일의 사실을 전달하는 것이 기본적인 역할이지만, 중요한 사실들에 대해서는 시간이 걸리더라도 심층취재로 진실을 밝혀야 하고, 의견의 진위도 확인해 주어야 합니다. 그것이 객관성입니다. 취재보도 과정에서 주관의 개입을 최대한 절제하는 것을 목표로 삼아야지 불가능하다고 예단해서는 안 됩니다. 객관성을 포기하면 주관적 의견만 난무하게 되고, 그중에서 거짓을 가려내는 것이 불가능하게 될 것입니다. 진실 규명은 강조하면서 객관성을 부정하는 것은 모순입니다.

뉴턴은 우리가 배우고 익히기에도 벅찬 미적분을 개발하여 물체의 운동법칙을 규명하였고, 맥스웰은 빛의 성질을 규명하고 빛의 속도가 초속 30만 km라는 진실을 밝혀냈습니다. 그 바탕에서 아인슈타인은 4차원 세계의 시공간이 휘는 자연의 새로운 진실을 규명한 특수상대성이론과 뉴턴의 중력이론을 보완한 일반상대성이론을 완성했습니다. 그리고 막스 플랑크에서 비롯된 양자역학은 보어의 상보성원리와 하이젠베르크의 불확정성의 원리를 낳았습니다. 보이지 않는 원자와 그 안에 있는 원자핵과 전자를 발견해 내고, 전자의 운동 법칙을 밝혀내는 것이 쉬웠겠습니까? 저널리즘의 객관성이 불가능한 이상이라고 치부하는 것은 자연과학의 엄밀함에 비추어 볼 때 너무 안이합니다. 저널리스트들은 현장의 경험에서 객관성의 개념을 주관적으로 추측하더라도 연구자들은 과학적으로 개념 정의를 해 줌으로써 혼란을 종식시켜주어야 합니다.

하이젠베르크는 그의 아이디어를 플라톤의 『티마이오스』에서 얻었다고 합니다. 물리학과 철학 사이의 관련을 두절시키지 않기 위해 부단히 노력한 하이젠베르크는 『티마이오스』에서의 정사각형과 견줄 수 있는 소립자가 물질의 원형이고 이념이라는 것을 깨달았던 것입니다.(Heisenberg, 1969/2011) 그 결과 물리학자들은 보이지 않는 원자 안의 전자를 발견해 냈을 뿐 아니라 전자의 움직임이 거시세계와는 다르다는 사실을 발견하고 양자역학을 탄생시킨 것입니다. 이렇게 그리스 존재론은 자연과학의 자양분을 제공하는 원천입니다. 사회과학이라고 해서 다른 세계에 있는 것은 아닙니다.

따라서 미디어 연구는 좁은 웅덩이(科)에서 벗어나 철학과 자연과학의 도움을 받아 폭을 넓혀야 합니다. 현실 세계에서는 미디어가 자연과학과 공학의 산물이면서 모든 사회 현상과 연결되어 있는데 미디어 연구자들은 연구 대상을 미디어에 국한하고 있습니다. 그리스 철학과 동양의 유학은 그 근원에서 지금의 제반 학문이 탄생했다는 점에서 과학적 논의의 원천과 같은 것입니다. 학문의 통섭과 융합이 거론되는 마당에 개념 정의에서부터 정확하고 엄밀해야 할 것입니다.

객관적인 보도와 공정한 보도는 저널리스트들이 지켜야 할 가장 중요한 가치입니다. 그러나 법도 있고 강령도 있지만 모든 저널리트들이 공통적으로 전범(典範)으로 삼고 지킬 수 있는 개념 정의가 마련되어 있지 않습니다. 대개 각자의 현장에서 경험한 기억을 전범으로 삼고 있는 형편입니다. 한국처럼 도제식 훈련을 통해 숙달된 환경에서는 언론사마다 개념 정의가 다릅니다. 그러면 교수 연구자들이 보편적 정의를 마련해 줘야 하는데 그들도 중구난방입니다. 연구자들은 대개 미국의 저서를 참고하며 정의를 내리려 노력하는데, 그 저서라는 게 미국의 저널리스트와 교수들의 작품이니 역시 각자 미국의 저널리즘 환경에서 겪은 경험의 산물일 뿐 보편성을 확보할 수 없습니다.

객관성과 공정성은 저널리즘에서 생기고 파생된 용어가 아닙니다. 저널리즘 이전 오래전 고대의 철학자들의 관심사 중 하나였습니다. 사실은 원시 인류에서부터 관심사였을 겁니다. 맹수들이 우글거리는 환경에서 사냥을 하고 식물을 채집해 먹고 살아야 하는 인류에게 진위(眞僞)를 판단하고 구별하는 일은 생사를 결정하는 일이었을 겁니다. '참'의 추구, 그것이 객관성입니다. 주관적 판단이 아닌 객관성의 확보이지요. 원시 인류에게 잘못된 주관에 따른 판단은 곧 죽음이었을 겁니다.

공정성은 원시공동체 사회의 절대적 가치였습니다. 노동과 소유와 분배를 공평하게 함으로써 바른 공동체를 유지해야 하는 것입니다. 공평의 정의를 지키지 않으면 공동체가 분열하게 되겠지요. 나일강 유역에 자리 잡은 고대 이집트 사람들이 홍수 이후에 땅을 공평하게 측정하기 위해 기하학을 개발한 것은 주지의 사실입니다. 수확한 것을 공평하게 나누기 위해 수학이

언론이 객관적이고 공정한 보도를 하고, 인터넷 공간에서도 공정한 여론이 형성되는 집단일수록 구성원들의 만족도가 높을 것입니다. … 19세기 이후 지금까지 저널리즘의 객관성과 공정성에 대한 논쟁은 저널리즘의 영역 내에서 머물고 있는 실정입니다.

발전했고요. 이렇게 객관성과 공정성은 인간의 유전자에 새겨진 본능이 되었습니다. 그 성질이 저널리즘 영역에서도 나타나는 것입니다. 저널리즘은 인간의 본성에 충실하고자 해야 합니다. 저널리스트는 저널리스트대로 본성에 충실하고, 또 본성에 충실한 공중의 기대에 부응해야 하는 것입니다. 따라서 객관성과 공정성을 저널리즘의 현장에서만 찾아내려고 하는 것은 앞뒤가 바뀐 좁은 소견입니다.

내쉬 균형(Nash equilibrium)이란 게 있습니다. 미국의 수학자 존 내쉬(John Forbes Nash, 1928~2015)에게 노벨 경제학상을 안겨준 이론으로, 사람들은 다른 사람의 생각을 합리적으로 예측하면서 행동하므로 전체적으로 균형을 유지하게 된다는 이론입니다. 내쉬는 "그가 생각하는 걸 나도 생각한다고 그가 생각하리라는 걸 나는 생각한다…"라는 끝없는 추론의 연쇄를 끊어내는 개념을 고안해 냄으로써 서로 이익이 되는 가능성이 있는 게임 이론을 창안했습니다. 모든 행위자가 저마다 경쟁자의 최선의 전략에 최선의 대응을 하기만 하면 된다는 것을 꿰뚫어보았던 것입니다.

내쉬의 핵심 아이디어는 이렇습니다. "거래가 성사될 경우 얼마나 큰 이익을 얻는가, 성사되지 않을 경우의 대안들은 얼마나 든든한가, 이 양자의 조합에 거래 여부가 달려 있다." 이것은 인간 개인의 이기심이 사회의 공익으로 귀결된다는 아담 스미스의 논리를 수정한 것으로, 그 공로로 뒤늦게 노벨 경제학상을 안겨준 게임 이론 내지 협상 이론의 논리였습니다.(Nasar, 1998/2002) 이기적 개인의 사익 추구가 공익으로 귀결되는 게 아니라 처음부터 서로 상대의 생각을 읽으며 공익을 고려한 합리적 선택이 공존 공익의 균형에 도달한다는 것입니다. 내쉬 균형은 인간은 절대적으로 합리적인 존재라는 가정을 전제로 합니다. 그러나 유감스럽게도 인간의 합리성은 매우 제한적입니다. 따라서 내쉬 균형은 현실적이지 않습니다.

최후통첩 게임(ultimatum game)이란 게 있습니다. A와 B 두 사람이 있습니다. A에게 10만 원을 주고 B와 나눠가지라고 합니다. A는 B에게 얼마를 줄지 결정을 하는데, B가 수용하지 않으면 돈은 모두 회수합니다. 얼마를 주어야 둘 다 만족하게 될까요? 내쉬 균형으로는 A가 얼마를 주든지 B에게는 그만큼 이익이므로 수용함으로써 균형을 이루게 됩니다. 그게 합리적이라는 판단이지요. 그러나 실제로는 1만 원을 제안했을 때 거절한 사람들이 50%가 넘습니다. 정재승 교수는 게임이 진행되는 동안 두 사람의 뇌를 관찰했습니다. 그 결과, 너무 작은 액수의 제안을 거절했을 때 뇌섬(insula)이라는 영역이 활성화되었다고 합니다. 뇌섬은 우리 뇌에서 역겨운 일을 당했을 때 활성화되는 영역입니다. 혐오스러운 일을 겪었을 때나 공정하지 않은 일을 겪었을 때 표상하는 곳입니다. 1만원을 가지라는 제안은 더럽고 치사해서 받지 않는다는 겁니다. 우리는 자신의 경제적 이익을 포기하면서까지 공정하지 못한 일에는 분노하고 저항하는 뇌를 가지고 있습니다.(정재승, 2014)

인간은 이기적입니다. 그럼에도 불구하고 이익을 포기하는 것은 물론이고 손해를 보면서도 불의에 저항하는 게 인간입니다. 공정성(公正性)이란 공평하고 바름을 추구하는 성질을 말합니다. 공평하고 바르지 못하면 거부하거나 저항합니다. 불공정한 보도에 대해서도 마찬가지입니다. 말하자면 사람들은 본능적으로 저널리즘에 대해 공정한 보도를 기대하고, 그 기대에 미치지 못했을 때는 거부하거나 저항하게 되는 겁니다. 공정한 보도의 요구는 인간의 본성이라는 것입니다. 물론 그 본성은 유전적 요인과 문화적 요인이 상호작용하면서 형성된 것입니다.

원숭이 뇌의 측좌핵에 전극을 꽂고 모니터 화면의 여러 기호들을 누르게 합니다. 이때 특정 기호를 누르면 오렌지 주스가 나오게 설계되어 있습니다. 원숭이는 이 기호 저 기호들을 눌러 보다 어떤 기호를 눌렀을 때 주스가 나오는 것을 알게 됩니다. 당연히 좋아하지요. 이렇게 예상치 못한 보상을 얻게 되면 그 순간 측좌핵에 있는 신경세포들이 발화합니다. 도파민계 신경세포의 활동이 늘어나는 겁니다. 그런데 정작 주스가 나오는 동안에는 발화가 증가하지 않습니다. 어떤 기호를 누르면 주스가 나올 것이라는 기대감이 중요하다는 얘깁니다.

프로그램을 바꿔서 그 기호를 눌러도 주스가 나오지 않거나 훨씬 적은 양이 나오게 해 놓았습니다. 그러자 측좌핵 신경세포의 활동이 줄어들었습니다. 이 실험 결과는 효용에 의해서가 아니라 효용에 대한 기대와 실제 얻은 효용 사이의 차이에서 즐거움이 결정된다는 사실을 말해 줍니다.(정재승, 2014) 사람들은 진실보도와 공정보도에 대한 기대를 하고 있다는 사실이 중요한 것입니다. 저널리즘이 그 기대에 부응하지 못할 때는 즐겁지 않겠지요. 이러한 생물학적 인간의 특성을 고려하지 않은 공정성에 대한 논의는 공허할 수밖에 없습니다. 제각기 경험에서 갖게 된 개념이 합의될 수 없는 상태에서 충돌하게 되는 것은 당연한 이치입니다. 최후통첩 게임에서 5 대 5 제안을 많이 하는 집단일수록 상호 신뢰가 높고 만족도가 높았다고 합니다.

객관성의 요구도 인간의 본성과 관련해서 개념 정의를 해야 합니다. 인간은 본능적으로 진실을 추구하게 되어 있습니다. 자연철학에서 원질(arche)의 규명 노력, 경험적이고 주관적인 영역을 넘어 이성적이고 객관적인 영역에 있는 진실을 추구하는 집념을 반영하는 존재론, 플라톤의 이데아론, 근대 이후 자연 현상의 본질을 이해하고 우주의 법칙을 규명하려는 집요한 노력 등이 증명해 줍니다. 인류의 이러한 본능적 행동이 파충류의 뇌에서 진화한 포유류의 뇌 가운데 유독 대뇌의 전두엽과 대뇌피질 등 생각을 담당하는 뇌의 성장을 가져왔음은 물론입니다.

감각기관의 판단이 정확하지 않다는 것은 직관적으로 알 수 있습니다. 보이는 대로의 현상(Appearance)이 곧 실재(Reality)라면 과학도 필요없고 관찰이나 실험도 할 필요가 없을 것입니다. 지구가 우주의 중심이라는 천동설을 신봉하는 중세시대의 신학과 다를 게 없겠지요. 우리의 뇌는 세계에 대한 모형을 만들고, 감각기관에 와 닿은 신호를 토대로 그 모형을 끊임없이 수정합니다. 우리가 실제로 지각하고 있는 것은 우리의 뇌가 갖고 있는 세계에 대한 모형으로서 현실을 반영한 환상이라고 합니다. 게다가 감각기관에 신호가 들어오지 않으면 뇌는 빈 곳을 채워 넣습니다.(Frith, 2007/2009, 220쪽) 키다(Kida, 2006)는 사람들이 보통 생각하는 것과는 달리 실제로는 세계를 제대로 인식하지 못한다고 하면서 보고 싶은 것만 보고 믿고 싶은 것만 믿게 만들며, 실재하지도 않는 것을 보았다고 하고, 예측할 수 없는 것을 예측하는가 하면 자신의 생각을 뒷받침하는 증거만 찾는 오류를 범한다고 지적합니다. 인간의 시계(視界)에는 시신경이 연결되지 않은 부위가 있어서 실제로 우리 눈에 보이는 것은 검은 점이 곳곳에 찍한 이상한 풍경인데, 이것을 뇌가 수정하여 매끄러운 풍경으로 만들어낸 환영이라고 합니다.(Kaku, 2014/2015, 64쪽) 감각기관의 경험에 의지하는 실증주의의 한계를 확인할 수 있는 지식들입니다. 과학은 경험을 신뢰하지 않는 가운데 보이지 않는 곳, 즉 경험의 너머에 있는 실재의 지식을 규명하는 것입니다. 이때 아직 과학적으로 검증되지는 않았지만 사변적으로 정립된 철학의 도움을 받아 연구의 방향을 설정할 수도 있습니다. 자연과학자들은 대개 그렇게 합니다.

언론이 객관적이고 공정한 보도를 하고, 인터넷 공간에서도 공정한 여론이 형성되는 집단일수록 구성원들의 만족도가 높을 것입니다. 언론이 진실을 왜곡하거나 불공정한 보도를 하기 때문에 불신을 받고 사회적 합의가 어려운 겁니다. 19세기 이후 지금까지 저널리즘의 객관성과 공정성에 대한 논쟁은 저널리즘의 영역 내에서 머물고 있는 실정입니다. 우물 안에서의 좁은 소견에서 벗어나야 합니다. 인간의 본성을 과학적으로 파악하고 철학으로써 신중하게 생각하고 분변할 수 있도록 해야 합니다. 그것이 바로 사변철학(思辨哲學)입니다. 저널리즘은 그다음입니다. 저널리즘 중심주의에서 벗어나야 합니다.

제10장

복잡계 시대의 미디어

복잡계 이론의 대두

21세기는 복잡계 이론의 시대입니다. 원래 물리학은 복잡한 세계를 단순하게 환원해 설명했습니다. 뉴턴은 수많은 사물들 사이의 관계를 두 사물들 사이의 관계로 환원했지요. 그로써 천상과 지상을 불문하고 모든 사물들의 운동을 완벽하게 설명할 수 있었습니다. 그러나 사실은 완벽하지 않았습니다. 뉴턴으로 설명되지 않는 복잡한 현상은 보류해 두었던 겁니다. 그러나 1980년대 이후에는 복잡한 것을 복잡한 대로 설명할 수 있는 시대가 되었습니다. 컴퓨터가 대중화되고 빠른 속도로 업그레이드 된 덕입니다. 그 덕에 방송과 통신의 융합에 이어서 정보산업과 유전자공학의 융합까지 왔습니다.

미디어도 복잡계입니다. 과학과 기술이 발전할수록 사회는 그만큼 복잡해지고 엔트로피가 올라가지요. 미디어 기술의 발전이 매우 빠른 속도로 진행되고 있는 만큼 미디어 연구 분야에도 복잡계의 파고가 밀려왔습니다. 그에 합당한 연구가 수행되어야 함은 물론입니다. 저널리즘에 영향을 미치고 있는 인공지능(AI)나 빅데이터가 대표적입니다. 어마어마하게 쏟아지는 정보를 분석해 패턴을 찾아낼 수 있는 컴퓨터의 도움 덕분입니다.

매스 미디어 효과이론은 대표적인 환원주의 이론이라고 할 수 있습니다.

매스 미디어와 대중이라는 둘 사이의 역학관계로 단순화한 것입니다. 복잡계 시대는 새로운 이론을 호출하고 있습니다. 일방향의 매스 미디어에서 쌍방향의 복잡한 미디어로 혁명적인 변화가 일어났기 때문입니다. 복잡한 것은 복잡한 대로 설명해야 하는 상황에 직면한 겁니다. 그 맥락에서 복잡계 이론에 대해 살펴보도록 하겠습니다. 경제학이 복잡계 이론 도입에 활발한 편이니 복잡계 경제학 중심으로 논의를 전개해 나가도록 하겠습니다.

커뮤니케이션 모델 중에 섀넌과 위버의 '커뮤니케이션의 수학적 모델'이란 게 있습니다. 정보 전달의 불확실성을 줄이는 데 목적을 둔 이론입니다. 벨 전화회사 소속의 과학자였던 클로드 섀넌(Claude Shannon, 1916~2001)은 위너(Wiener)의 아이디어를 발전시켜 신호 전송에 대한 수학적 이론을 제시하였습니다. 섀넌의 모델은 워렌 위버(Warren Weaver, 1894~1978)의 아이디어와 결합하여 섀넌과 위버의 수학적 커뮤니케이션 모델로 발전했습니다.(Griffin, 2009) 여기까지는 언론학자들이 다 아는 얘기입니다. 언론학자들은 커뮤니케이션 모델을 소개할 때 섀넌과 위버의 모델을 간단하게 소개하고 마는데, 이들은 그 이상으로 중요한 족적을 남긴 학자들입니다. 이 세 연구자는 최근 물리학의 대세인 복잡계 물리학의 선구자였습니다.*

MIT 대학에서 인공지능 분야를 연구하던 노버트 위너(Nobert Wiener,

* 물리학자 최무영은 기존의 환원론이나 결정론을 보완하는 의미에서 복잡성이 새로운 사고의 틀로 인식되어야 한다면서 이렇게 정리했습니다.
"21세기 물리학은 기본원리보다는 자연을 해석하는 데에 주안점을 둘 것으로 예상합니다. 전체론(또는 전일론)과 예측 불가능성이 매우 중요하고, 환원론과 결정론을 보완하게 되겠지요. 그래야 비로소 복잡한 현상, 자연에 매우 다양하게 나타나는 본질적인 현상의 해석이 가능해질 것으로 생각합니다. 물론 이제 시작이므로 앞으로 얼마나 성과가 있을지는 사실 알 수 없지요. 아무튼 궁극적인 복잡계는 생체계라 할 수 있어서 생명현상의 이해가 매우 중요한 문제가 될 겁니다."(최무영, 2011, 527쪽)

1894~1964)의 1948년 저서 『사이버네틱스(*Cybernetics*)』와 섀넌이 1947년 저널에 발표한 논문 「커뮤니케이션의 수학적 이론」은 각각 사이버네틱스와 수학적 커뮤니케이션 이론의 창설자가 되었을 뿐 아니라 복잡계 과학의 원천이 되었습니다. 특히 위버는 1948년《American Scientist》에 「과학과 복잡성」이라는 논문을 발표했는데, 복잡계 경제학을 연구하는 시오자와 요시노리(塩澤由展, 1997)는 이 논문을 복잡계 과학의 구상 및 명확한 의도와 전망을 제시한 복잡성 과학의 제1 선언으로 평가했습니다. 그리고 섀넌과 위버는 1948년에 공저로 『수학적 커뮤니케이션 이론(*The Mathematical Theory of Communication*)』을 내놓았습니다.

위버는 「과학과 복잡성」에서 갈릴레오 이후의 자연과학 연구를 세 가지로 구분해 설명했습니다. 첫째는 단순함의 문제로서 1600년부터 1900년까지 3세기 동안 물리학은 두 변수의 문제에 관계되어 왔습니다. 사물들의 복잡한 움직임을 둘 사이의 관계로 환원하여 결정론적으로 설명한 것으로 고전역학이 대표적입니다. 둘째는 1900년 이후 발전된 조직되지 않은 복잡함의 문제(problems of disorganized complexity)로서 볼츠만(Ludwig Boltzmann, 1844~1906)의 통계역학, 아인슈타인의 상대성이론, 그리고 양자역학이 해당됩니다. 새로운 중력이론(일반상대성이론)과 확률적 결정론(양자역학)의 현대물리학의 등장입니다. 고전역학보다 훨씬 복잡한 현상을 설명하는 겁니다. 셋째는 조직된 복잡함의 문제(problems of organized complexity)로서 20세기 후반에 발전해야 할 분야는 바로 이 조직된 복잡함의 문제라고 예견했습니다. 복잡계 물리학의 출현을 알리는 봉화였던 것입니다.(塩澤由展, 1997)

대체로 거대 세계를 다루는 고전역학은 결정론으로 설명할 수 있고, 거대하고 빠른 세계와 작은 세계는 상대론이나 확률로써 설명합니다. 그러나 이들로서 설명되지 않는 부분이 있습니다. 그것이 바로 복잡계 현상으로 카오스 이론이 등장하게 됩니다. 그러면 복잡계 물리학을 대표하는 카오스 이론을 살펴보기로 하겠습니다.

카오스 이론

카오스는 코스모스 이전의 상태입니다. 그러나 코스모스의 공간에도 카오스가 있습니다. 고전물리학과 현대물리학으로 설명되지 않는 자연 현상이 있는 것입니다. 기존의 물리학은 환원주의적 기계적 자연관에 입각하여 인과론적 예측을 합니다. 초기 조건이 확인되면 결과를 예측할 수 있는 것입니다. 기계적 결정론이냐 확률적 결정론이냐의 차이만 있을 뿐이지요. 복잡계는 이 예측 가능성의 범위를 벗어나 있는 시스템입니다. 날씨와 지진, 화산 폭발과 같은 것이 대표적입니다. 카오스 이론도 날씨 예측과 관련하여 대두된 것으로, 날씨의 경우 장기 예측이 불가능하다는 점에 주목하는 것입니다.

카오스 이론은 제임스 글리크(James Gleick, 1954~)의 기념비적 저작인 *Chaos-Making A New Science*에 그 발생 과정과 내용이 상세하게 설명되어 있습니다. 국내에는 『카오스-현대 과학의 대혁명』으로 번역되었습니다. 글리크는 먼저 "물리학자들이 자연의 법칙을 탐구해 온 이래 대기, 복잡한 해류, 야생동물 수의 변동, 심장과 뇌의 진동 등에서 나타나는 무질서에 대해서는 알아낸 것이 거의 없다."는 점에 주목합니다. 불규칙하고 불연속적이고 변덕스러운 면에 대해서는 수수께끼였다는 것입니다.(Gleick, 1987) 이와 같은 복잡성의 보편적인 행태가 바로 카오스입니다. 카오스 이론은 그처럼

사이버스페이스에서의 커뮤니케이션은 초기조건의 작은 변화가 나비효과를 일으킬 수 있는 복잡계와 카오스의 세계입니다. 복잡계 과학과 카오스 이론은 무질서하게 보이는 가운데서 나타나는 프랙탈과 같은 패턴을 찾습니다.

무질서하게 보이는 가운데서 패턴을 찾는 이론으로, 뉴턴역학과 상대성이론 및 양자역학에 이어 1970년대에 등장한 새로운 흐름입니다. 위버가 처음 복잡계 과학의 필요성을 제기한 이후 로렌츠를 거쳐 비로소 물리학의 새로운 연구 경향으로 등장하게 된 것입니다.

카오스 이론은 나비효과에서 출발합니다. 기상학자인 에드워드 로렌츠(Edward Lorenz, 1917~2008)는 1961년의 어느 겨울날 결정론에 입각하여 기상을 예측하는 모델을 만드는 과정에서 우연히 예기치 않은 결과를 발견했습니다. 초기조건에 약간의 수정을 가했더니 결과가 크게 다르게 나타난 것입니다. 결정론의 방정식으로 작동하는 컴퓨터 프로그램에 .506127을 반올림하여 .506으로 입력했더니 이전과는 전혀 다른 결과로 나타났습니다. 컴퓨터로 재현된 두 기후가 초기조건이 거의 같은데도 차이가 점점 커져서 유사

점이 완전히 사라져 버린 것입니다. 초기조건의 작은 변화가 대단히 큰 변화를 초래한다는 사실을 발견한 것이지요.(Gleick, 1987) 이것은 로렌츠 어트랙터(Lorenz Attractor)라고 하는 그림으로서 세 변수의 상호관계가 끊임없이 둥근 곡선을 그려나감으로써 올빼미 얼굴이나 나비 날개를 닮은 모양으로 나타난다는 것입니다. 선형기하학인 셈입니다. 기상예측은 장기예측이 불가능하다는 사실의 확인이었습니다.

이로써 로렌츠는 일식과 월식, 조수예측 등과는 달리 대기와 같은 비주기적인 행태를 보이는 물리계는 정확하게 예측할 수 없다는 사실을 깨달았다고 합니다. 그 전까지는 기상예측도 결정론적으로 예측할 수 있다고 믿었는데, 실상 어떤 기상예보도 2~3일이 지나면 불확실했고 1주일이 지나면 무용지물이었습니다. 이른바 나비효과입니다. 아마존에 있는 나비의 날갯짓이 플로리다에 폭풍우를 일으킬 만큼 예측할 수 없는 엄청난 변화를 초래한다는 겁니다. 로렌츠의 발견은 10년이 지나서야 물리학자들의 관심을 끌었습니다. 비로소 두 변수 사이의 인과적 관계가 아닌 복잡계의 연구가 시작되고 카오스 이론이 등장하게 되는 것입니다. 10년이라는 기간을 소요했던 것은 컴퓨터 뒷받침이 필요했기 때문입니다.

나비효과의 사례는 많습니다. 1970년대 비디오 녹화 재생 방식이 베타 방식과 VHS 방식으로 대립했었는데, VHS 방식이 기술적으로 더 우수한 베타 방식을 누르고 시장을 점령해 버렸습니다. 그 이유는 VHS 방식의 비디오 상점들이 우연히 시장을 약간 더 확보하고 있었기 때문입니다. 비디오 상점 경영자나 소비자들은 시장점유율이 높은 선두 주자를 따라가는 것이 안전하다는 생각을 했으며, 이런 현실적 선택이 아주 작은 점유율 차이로 이어지고 이에 따른 선점효과로 인해 VHS 방식이 시장을 지배하게 되고 베타 방식은 자취를 감추게 되었던 것입니다.

현재 컴퓨터 키보드의 QWERTY라는 표준 배열 명칭은 자판의 맨 위에 위치한 QWERTY를 의미합니다. 1873년 스콜스(Christopher Scholes)는 타이핑 속도가 너무 빠르면 타자기가 뒤엉켜 고장이 났기 때문에 타이핑 속도를 늦추기 위해 QWERTY 배열을 고안했다고 합니다. 나중에 더 편리한 드보락(Dvorak) 자판이 개발되었지만 이미 시장을 평정한 QWERTY 자판을 대체할 수는 없었습니다.(정재승, 2008, 155~156쪽) 이렇게 초기에 선택한 사람들의 숫자가 대세를 결정짓는 경우는 허다하다.

복잡계 연구는 물리학의 경계를 초월합니다. 초기에는 주로 물리학의 영역을 다루었는데 사회 현상도 마찬가지라는 인식이 생겼습니다. 사실 사회 현상은 자연 현상보다 훨씬 더 복잡하지요. 그래서 사회 현상의 설명에 복잡계 물리학이 동원되는 것입니다. 이를테면 경제학은 합리주의와 환원주의적 결정론을 바탕으로 하여 성립되었습니다. 시장은 보이지 않는 손에 의해 자동으로 조절된다는 아담 스미스의 논리가 그렇고, 현대경제학의 수요 · 공급의 원리가 그렇습니다. 마르크스의 정치경제학도 기계적 결정론과 물리학의 원리를 바탕으로 합니다. 마르크스는 『자본론』 제1판 서문에서 자본주의적 생산양식과 그 양식에 상응하는 생산관계 및 교환관계를 서술하면서 영국의 사례들을 사용하는 이유에 대해 이렇게 설명했습니다. "자연과정을 연구하는 물리학자는 그것이 가장 전형적인 형태와 가장 덜 교란된 형태를 유지하고 있는 상태에서 그것을 관찰하며 또한 그것이 순수한 형태로 진행될 수 있도록 보장된 조건에서 그것에 대한 실험을 실시한다." 영국의 자본주의가 그런 조건에 들어맞는 상태라는 것입니다.

매스 커뮤니케이션의 효과이론도 전형적인 환원론적 결정론과 확률적 결정론에 입각해 있습니다. 특히 통계역학과 양자역학이 있음으로 해서 확률을 계산하는 통계적 방법론이 과학적 방법으로 자리 잡게 되었습니다. 사회과학이 대부분 그러합니다. 그러나 이것으로는 부족합니다. 우주도 복잡하고 인간 사회도 복잡합니다. 인간 자체가 복잡계입니다. 그러니 사회과학도 복잡계 물리학의 동선을 주시하면서 복잡계 과학을 준비해야 합니다. 자연과학 분야에서 유일하게 커뮤니케이션 이론을 제시한 섀넌과 위버가 사실은 복잡계 과학의 등장을 예견했다는 점에서 볼 때도 복잡계로서의 커뮤니케이션 현상에 대해 그에 부합하는 연구를 시도할 때가 되었습니다. 실상은 복잡계인데 언제까지나 이를 외면하고 환원주의적 접근에 머무를 수는 없습니다.

사이버스페이스에서의 커뮤니케이션은 초기조건의 작은 변화가 나비효과를 일으킬 수 있는 복잡계와 카오스의 세계입니다. 복잡계 과학과 카오스 이론은 무질서하게 보이는 가운데서 나타나는 프랙탈과 같은 패턴을 찾습니다. 위버가 '조직된 복잡함의 문제'(problems of organized complexity)라고 한 것은 자기조직화의 패턴을 말합니다. 복잡하게 보이고 때로 무질서하게 보이는 가운데서도 자연스럽게 조직화의 패턴이 나타난다는 것입니다. 사이버스페이스에서도 그런 패턴이 창발됩니다.

위버가 일찍이 복잡계 물리학의 출현을 예견했다면, 버러바시 얼베르트 라슬로(Albert-László Barabási, 1967~)는 21세기 신개념 과학인 복잡계 네트워크 이론의 창시자입니다. 그의 네트워크 이론은 물리학 뿐만 아니라 경제학, 사회학, 인문학, 의학, 공학 등 분야를 가리지 않고 거의 모든 학문에서 인용하고 있습니다. 네트워크 혁명의 도움을 받아 네트워크 개념을 통한 복잡계의 새로운 이해에 도달할 수 있었다고 합니다. 그는 "사회 현상을 이해하기 위해서는 사람들 사이에 일어나는 실제의 동역학적 상호작용에 걸맞는 링크의 옷을 입혀야 한다."면서 다음과 같이 말했습니다.

> 거미가 없는 실제 네트워크의 구조는 자체적이고 자발적으로 형성되어지는 이른바 자기 조절이 존재하는 그물망이다. 수백만 구성원들이 서로 간의 이해관계를 통하여 만들어내는 거시적 척도 없는 네트워크를 도출시키는 것이 자기 조직화의 전형적인 예라 할 수 있다. 이러한 자기 조직화로 만들어지는 척도 없는 그물망은 다양한 분야에서 찾아볼 수 있는데, 생물체에서의 단백질 상호작용의 네트워크, 세포 내에서의 신진대사망, 인터넷, 할리우드 영화배우들 간의 네트워크, 월드와이드웹, 과학자들 간의 공동저자 네트워크, 논문의 인용관계를 통한 사회적 네트워크 등 그 예를 이루 다 열거할 수가 없다.(Barabási, 2002/2005, 352~353쪽)

혼돈 현상과 복잡계

근대물리학은 규칙성과 예측가능성 및 결정론을 전제로 합니다. 우주 만물은 예측 가능한 규칙성을 보이며 질서 정연하게 운행한다는 것입니다. 라플라스(Pierre-Simon Laplace, 1749~1827)는 우주의 초기조건과 모든 힘을 알고 그 많은 자료에 대해 계산할 능력만 있다면 우주의 미래는 완벽하게 예측할 수 있다면서 그러한 자신감을 극단적으로 표현했습니다. 철저한 고전역학의 결정론입니다.(최무영, 2011) 고전역학은 부분을 단순화하여 관찰한 결과를 전체에 적용하여 설명하는 것입니다. 뉴턴은 태양과 지구, 지구와 달의 운동을 중력으로 설명하여 태양계 전체에 성공적으로 적용하였으며, 그 후 뉴턴의 고전역학은 절대적인 지식이 되었습니다. 그리고 라플라스는 고전역학의 결정론을 확고하게 뿌리내렸습니다.

그러나 자연의 모든 현상이 예측 가능하게 질서 정연하게 움직이는 것은 아닙니다. 유클리드 기하학의 세계를 대상으로 한 고전역학은 19세기 중반에 등장한 비유클리드 기하학을 반영한 상대성이론과 양자역학으로 수정되었습니다. 그리고 근래에는 결정론이지만 장기적인 결과를 예측하기 어려운 복잡계 현상을 다루는 카오스 이론이 등장했습니다. 비유클리드 기하학으로도 설명할 수 없는 패턴과 프랙탈을 찾는 경향이 대두된 것입니다. 이를테면 태양계 행성들의 움직임은 질서 정연하게 운행함으로써 사시사철의 변화와 일출과 일몰, 간조와 만조 등을 정확하게 예측할 수 있지만, 날씨의 변화에 대한 예측은 1주일을 넘지 못합니다. 자연 현상에는 이처럼 복잡계의 혼돈이라는 현상이 있습니다. 혼돈 현상이 발견된 시기는 1950~60년대이며, 본격적으로 연구하기 시작한 것은 1980년경부터라고 합니다.(최무영, 2011, 296쪽)

앞서 설명한 대로 미국의 기상학자 로렌츠(Edward N. Lorenz)의 놀라운 발견으로 종래에는 복잡한 자연 현상은 복잡한 방정식으로만 표현할 수 있다고 생각했지만, 복잡한 현상도 간단하게 설명할 수 있다는 가능성을 보게 되었습니다.(곽영직 · 이문남, 2005) 기존의 역학은 두 물체 사이의 운동을 설명하는 데 그쳤지만, 그것을 초월한 것이었습니다. 로렌츠가 또 하나 더 알게 된 것은 이 방정식들의 결과가 초기 조건에 매우 민감하다는 사실이었습니다. 초기 조건에 따라 처음에는 예측 가능한 운동을 하지만 점차 그 차이가 증폭되어 전혀 다른 운동을 하게 된다는 것을 알게 되었습니다. 로렌츠의 모델에서 발견된 나비효과는 비선형 방정식으로 표현되는 역학계의 공

통된 현상으로 밝혀졌습니다.(곽영직 · 이문남, 2005)

이뿐 아니라 로렌츠는 그가 얻은 방정식의 해가 위상공간에서 복잡한 기하학적 구조로 나타난다는 사실도 밝혀냈습니다. 따라서 혼돈현상을 이해하기 위해서는 위상공간에 나타나는 이러한 기하학적 구조를 이해하는 것이 필요하다는 것을 알게 되었습니다. 프랙탈(fractal)로 불리는 이러한 기하학적 구조는 자연계에 널리 존재한다는 사실이 다른 분야에서도 속속 발견되었습니다.(곽영직 · 이문남, 2005) 나뭇가지나 실핏줄, 눈송이 등이 그러한 것으로 부분들을 살펴보면 전체의 축소판처럼 닮았다는 사실입니다. 이처럼 혼돈 현상도 규칙적이고 예측 가능하다는 것이 밝혀져 이를 결정론적 혼돈이라고 합니다. 혼돈 현상도 결정론의 영역에 있다는 것입니다.

결정론적 혼돈의 전제는 비선형성입니다. 계의 거동을 기술하는 방정식이 2차식 이상이라는 뜻입니다. 비선형 동역학입니다. 비선형성의 혼돈은 결정론적이므로 처음 값이 주어지면 나중 값이 완벽하게 결정되어 있지만, 초기 조건에 아주 민감하기 때문에 주기적으로 거동하지 않으므로 혼돈이라고 하는 것입니다. 초기 조건이 조금만 달라도 결과는 완전히 달라집니다. 이를테면 일기예보도 측정기술이 발전함으로써 이제 1주일 정도는 제법 맞춥니다. 그러나 기후변화는 초기 조건에 매우 민감하기 때문에 그 이상은 예측할 수 없는 것입니다.(최무영, 2011) 따라서 결정론과 예측 불가능성은 상호보완적으로 고려해야 합니다.

혼돈 현상은 결정론이지만 예측 불가능성이라고 할 때, 복잡성은 질서와 무질서의 중간 단계라고 할 수 있습니다. 혼돈은 무질서의 상태입니다. 심전도나 뇌전도 등 생체 신호나 자연 경관, 음악, 날씨, 교통 흐름과 주식 시세 등이 이에 해당합니다. 물리학이 복잡계를 다루기는 최근의 일입니다.

복잡성을 보이는 현상이 매우 다양하게 알려지고 물리학의 방법을 이용해 이를 분석하고 설명하려는 시도가 이뤄지면서 복잡계 물리학이 21세기 물리학의 중요한 분야로 자리 잡게 된 것입니다. 복잡성이란 구성원들의 상호작용 때문에 생기는 협동 현상으로 떠오른 집단 성질입니다.(최무영, 2014)

사회과학의 대상에서는 경제계가 대표적인 복잡계입니다. 물리학, 수학, 화학, 생물학, 사회과학, 예술 등 여러 분야의 전문가들이 모여서 복잡계 연구를 수행하는 산타페 연구소가 유명합니다. 혼돈이론을 공부하고 복잡계 경제를 연구하는 대표적인 경제학자인 폴 크루그먼(Paul R. Krugman, 1953~)의 저서로 복잡계 관점에서 쓴 『스스로 짜이는 경제』란 책이 있습니다. 한국에는 『자기조직의 경제』로 출간되었습니다.(최무영, 2011)* 크루그먼의 논리는 세 가지로 요약됩니다. 첫째, 복잡계는 복잡한 피이드백 시스템이 놀라울 정도로 '반응'하는 것이다. 둘째, 복잡계는 창발(創發)의 과학이다. 아담 스미스의 '보이지 않는 손'과 같은 개념이다. 셋째, 복잡계는 '자기조직화 시스템'이다. 자기조직화 시스템이란 도시의 형성이나 경기 순환 등 균질(均質) 상태 혹은 무작위(random) 상태에서 대규모 패턴을 형성하는 시스템을 의미합니다.(Krugman & Diamond, Inc. 1997) 산타페 연구소가 낸 보고서는 다음과 같이 연구소를 대표하는 아서(Susan Peterson Arther)의 이야기로 시작합니다. 연구소가 지향하는 복잡계 연구의 경향을 알 수 있습니다.

> "그는 이런 현상이 물리학에서조차 일어나고 있음을 알 수 있었다. 물리학자들은 혼돈(chaos)이나 쪽거리(fractal)의 복잡미(複雜美), 고체나 액체의

* 원래 제목은 『*The Self-Organizing Economy*』.

기묘한 성질들을 수학적 이론으로 이해하려 애써 왔다. 여기에도 심오한 신비가 있었다. 즉, 간단한 법칙에 의해 지배되는 단순한 입자들이 어찌하여 가끔씩 너무나도 놀랍고 예측 불가능한 성질들에 관여하게 되는 것일까? 또 어찌하여 단순한 입자들이 자발적으로 자기들을 조직화하여-마치 그들이 조직화와 질서를 은밀히 바라는 듯이-별, 은하, 눈송이 또는 태풍같이 복잡한 구조를 이루게 되는 것일까?

이런 현상은 지천으로 널려 있다. 아서는 이런 느낌을 말로 표현할 수 없었다. 그가 아는 한은 아무도 할 수 없으리라. 그러나 그는 이러한 문제들이 본질적으로는 같은 것이라는 점을 느낄 수 있었다. 여하튼 지난날의 과학 체계가 해체되어 가기 시작했으며 새롭고 통일된 과학이 이제 막 태동하려 하고 있었다. 아서는 이 새로운 과학이 물리학처럼 확실하며 철저히 자연법칙에 근원을 둔 엄격한 과학이라고 확신하였다. 그러나 새로운 과학은 궁극적인 소립자를 찾는 대신 유체 따위의 흐름, 변화 또는 패턴의 형성과 해체에 관한 것일 것이다. 일정하지 않고 예측 불가능한 것들을 모두 무시하는 것이 아니라 개체의 특성과 역사의 우연성을 공부하는 과학이며 단순함에 대한 과학이 아니라 복잡성(complexity)에 대한 과학이다.

바로 이런 맥락으로 아서의 새로운 경제학이 태동하게 되었다. 그가 학교에서 배운 보통의 경제학은 복잡성의 과학관과는 아주 거리가 먼 이야기였다. 이론 경제학자들은 시장의 안정성과 수요 공급의 균형을 끊임없이 이야기해 왔다. 그들은 이 개념을 수학 방정식으로 바꾸어 쓰고 수학 정리들을 증명했다. 그들은 애덤 스미스의 이론을 마치 복음서처럼 국교(國敎)의 초석으로 받아들였다. 그러나 경제의 불안정성이나 변화에 대해서는 아직까지 말하기 거북한 것으로 치부해 온 것 같았다."(Warldrop, 1992/1995)

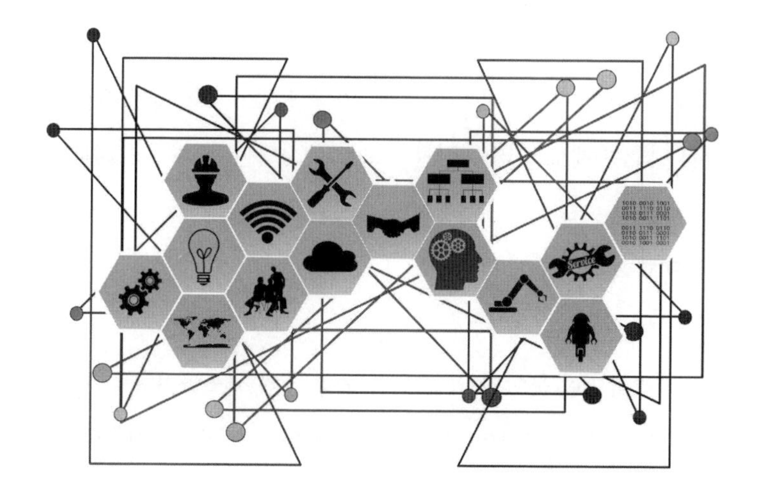

네트워크 과학이란 분야가 있습니다. 우리 몸의 세포를 비롯해서 인간 사회, 그리고 인터넷 등 세상의 모든 것이 네트워크로 연결되어 있는 현상을 연구하는 새로운 시각입니다.

지난날의 과학 체계, 즉 고전역학과 양자역학이 해체되고 새롭고 통일된 과학이 태동한다고 하는 것은 과장된 인식입니다. 이런 인식은 카프라(Fritjof Capra, 1939~)와 같이 동양사상을 신비주의로 접근하는 빗나간 경향과도 연계되어 국내에서는 신과학의 소개로 나타나기도 했습니다.(Capra, 1975/1996) 복잡계 과학이 선행 이론들을 부정하거나 통합하는 식으로는 진전되지는 않을 것입니다. 선행 이론이 설명하지 않았던 부분을 대상으로 하여 물리학과 나아가서 사회과학, 예술에 이르기까지 지식의 폭을 넓혀 주는 것은 분명합니다.

어쨌거나 물리학은 보편적 지식 체계를 추구하므로 부분의 간단한 현상을 분석하여 전체를 해석하는 데 그치고 사소한 것으로 보이는 복잡한 현상은 제외했는데, 20세기 말에 물리학의 방법이 정립되면서 부분적으로 간단한 복잡계 현상을 해석할 수 있게 되면서 복잡계에 대해서도 보편적 지식을 구축하려는 시도가 이어지고 있습니다. 이렇게 해서 복잡계는 21세기 물리학의 핵심 연구 주제로 자리 매김할 것으로 예상합니다.(최무영, 2011)

네트워크 과학

네트워크 과학이란 분야가 있습니다. 우리 몸의 세포를 비롯해서 인간 사회, 그리고 인터넷 등 세상의 모든 것이 네트워크로 연결되어 있는 현상을 연구하는 새로운 시각입니다. 이 분야 연구는 물리학 박사로서 사회학과 교수였던 던컨 와츠(Duncan Watts, 1971~)가 대표적입니다. 그는 "우리가 살고 있는 지금 이 시기를 한마디로 묘사한다면 그 어느 때보다 더 복잡하고 포괄적이면서도 예측할 수 없는 방식으로 연결된 시기라고 할 수 있을 것"이라며 "이 시대, 이 연결의 시대를 이해하려면 먼저 그것을 과학적으로 설명하는 법을 이해해야 하고, 그렇기 때문에 우리에겐 네트워크 과학이 필요하다."라고 강조합니다.(Watts, 2003/2004, 16쪽) 메르스나 코로나와 같은 전염병도 네트워크를 기반으로 하여 전 세계로 전파되는 겁니다.

와츠는 또한 네트워크 과학은 아직 걸음마 수준이지만 "세상을 보는 새로운 시각을 제공하고, 그럼으로써 해묵은 문제를 다른 각도에서 접근할 수 있게 해준다."고 했습니다. 와츠는 물리학자로서 물리학 이론과 수학을 동원하여 '네트워크 과학'이라는 이름으로 사회의 복잡계 현상을 설명하고 있는 것입니다.(Watts, 2003)

뷰캐넌의 책 『넥서스』는 네트워크에 대한 과학적인 설명입니다. 사람들이 어떤 연관관계를 맺고 있는지 그 네트워크를 과학적으로 분석합니다. 무질서하게 보이는 연관 관계에서 패턴을 찾아내는 것입니다. 뷰캐넌은 우선 "사람들의 삶과 활동에 관련된 모든 분야를 통틀어 봐도-역사는 물론이고 경제학과 정치학, 심리학에 이르기까지-물리학이나 화학에서처럼 몇 개의 간단한 법칙으로 정리해 낼 수 있는 주제는 단 한 가지도 찾을 수 없다"면서 과학의 목적이 "무질서의 복잡성의 와중에서 의미 있는 단순성을 찾아내는 것"이라고 상기시킵니다.(Buchanan, 2002, 20~21쪽) 뷰캐넌은 이를테면 부익부 빈익빈 현상도 네트워크 구조에 숨겨진 프랙탈(fractal)이라고 설명합니다.*

프랙탈은 한마디로 자연 현상에서 나타나는 기하학적 형상입니다. 무질서하거나 복잡하게 보이지만 자세히 관찰하면 기하학적 패턴이 보인다는 것입니다. 인류가 프랙탈과 카오스라는 패턴을 인식하게 된 것은 1960년대의 일입니다. 프랙탈은 점점 더 미세한 구조로 스스로를 복제해 나가는 기하학적 도형이며, 카오스는 그 본질이 전적으로 결정론적임에도 임의적인 것처럼 보이는 현상을 가리킵니다. 이것은 자연이 기하학적이고 수학적이라는 본성에 기인한다고 합니다. 구름의 모습이 프랙탈이고 날씨의 변화가 카오스 그 자체이듯 자연은 수십억 년 전부터 이 두 가지 패턴을 보여주었지만 사람들이 그것을 알아차린 것은 최근의 일이라고 합니다.(Stewart, 1995/1996, 18쪽) 카오스가 프랙탈을 만들어내는 것입니다.

제임스 스튜어트(James Stewart, 1941~)는 자연에 존재하는 다양한 수학적 본성에 대해 설명하는 가운데 텔레비전의 발명은 "순수수학과 응용수학이

* 프랙탈의 사전적 의미는 이렇다. 차원분열(次元分裂) 도형: 산의 기복 · 해안선 등 아무리 세분해도 똑같은 구조가 나타나는 도형; chaos theory의 응용으로 인간 세상이나 생물계 · 자연계의 불규칙적인 형상 해명에 이용.

라는 두 가지 측면이 한데 결합해서 두 분야가 독자적으로 얻을 수 있는 것보다 훨씬 강력하고 중요한 결과를 낳은 본보기"라고 합니다.(Stewart, 1995, 89쪽) 16세기에 현의 진동을 구하는 미분방정식에서 시작한 연구가 전자기파의 존재를 암시한 맥스웰의 방정식을 거쳐 헤르츠의 전자기파 발견으로 이어지면서 무선전신과 레이더, 텔레비전의 발명으로까지 왔다는 것입니다. 스튜어트는 법칙이 변화를 생성시키기도 하고 변화가 법칙을 생성하기도 한다면서 다음과 같이 정리합니다.

> 가장 중요한 기본적인 사실은 자연법칙의 결과가 패턴이 없는 것처럼 보일 때라도 그 법칙들은 여전히 거기 존재하며, 따라서 패턴이라는 점이다. 카오스는 임의적인 것이 아니다. '겉보기로는' 임의적인 움직임인 것 같지만 엄밀한 법칙에 의해 나타난 움직임이다. 카오스는 숨겨진 질서의 한 형태이다. (Stewart, 1995/1996, 161쪽)

하천의 구조도 프랙탈입니다. 여러 갈래의 지천들이 넓게 형성되어 있을 때 어느 한 부분은 전체의 구조와 닮았다는 것입니다. 이렇게 모든 하천 네트워크의 구조에 숨겨진 단순성을 드러내는 특징은 자기유사성(self-similarity)이라고 부르며, 이런 종류의 구조를 프랙탈이라는 용어로 표현하는 겁니다.(Buchanan, 2002/2003, 166쪽) 이 자연의 패턴이 중요한 것은 사회현상에도 나타난다는 사실입니다. 비유클리드 기하학의 개념을 현실 세계의 골격을 이루고 있는 사회, 경제, 생물학적으로 무질서한 네트워크에 적용하는 것입니다.(Buchanan, 2002/2003, 117쪽)

물이 섭씨 1도에서는 액체지만 영하 1도에서는 고체로 변합니다. 이 변화는 분자 자체가 달라진 것이 아니라 분자들 사이의 상호작용이 이루어지는 미묘한 네트워크 조직에 변화가 일어났기 때문입니다. 이것을 물리학에서는 상전이(相轉移, Phase transition)라고 합니다. 얼음이 녹아 물이 되거나 물이 증발하여 공기 중으로 퍼져가는 등 물질의 내부 작용이 달라져서 원자나 분자가 다르게 조직화하면서 일어나는 현상입니다. 이러한 현상은 자연 생태계뿐만 아니라 경제영역에서도 나타납니다. 생물들이나 인간 개개인에 대한 정보가 아무리 많아도 전체의 기능을 설명해 줄 조직의 패턴을 밝혀낼 수는 없습니다.(Buchanan, 2002, 26쪽) 전체는 단순히 부분의 합이 아니기 때문입니다. 뷰캐넌은 지구상의 어느 누구라도 평균 6단계만 거치면 연결이 된다는 사실을 밝혀낸 코넬대학 수학자 와츠와 스트로가츠의 연구를 소개하면서 다음과 같이 정리했습니다.

> 와츠와 스트로가츠가 이런 연구 내용을 발표한 후 수학자며 물리학자, 컴퓨터 공학자들의 추가 연구가 뒤따르면서 몇 년 사이에 수많은 네트워크 구조들의 심원한 유사성이 속속 드러났다. 우리 사회 네트워크가 하이퍼 텍스트 링크로 연결된 수많은 웹 페이지들 간의 네트워크를 일컫는 월드와이드 웹과 거의 동일한 건축구조를 갖는다는 사실도 밝혀냈다. …인간의 뇌에서 서로 연결되어 있는 신경세포들의 네트워크나 살아 있는 세포 내의 분자들 사이에서 일어나는 상호작용 네트워크도 똑같은 조직을 보유하고 있다. 이런 일련의 발견에서 이 책의 핵심인 '네트워크 과학'이 탄생할 수 있었다. 놀랍게도 물리세계와 우리 인간이 사는 세상에는 똑같은 설계 원리가 적용되는 것 같다. (Buchanan, 2002/2003, 25쪽)

네트워크 조직의 패턴

복잡계 경제학은 부분의 성질을 파악하여 전체에 적용하는 환원주의와는 다른 차원에서 부분들 사이의 상호작용이 전체 조직의 패턴으로 나타난다는 복잡계 네트워크의 사회적 버전입니다. 사회학자 토마스 셸링(Thomas Crombie Schelling, 1921~2016)은 대부분의 사람들이 극단적인 소수 인종들과 섞여서 사는 것을 회피한다는 사실을 밝혀냈습니다. 이것은 인종주의 때문이 아니라 비슷한 취향과 배경과 가치관을 가진 사람들과 어울려 살기를 원하는 인간의 본성이라는 것입니다. 극단적인 소수집단에 속하고 싶지 않은 인간의 본성이 조화롭게 통합된 커뮤니티를 해체하여 이러한 패턴을 만들어낸다는 것입니다. 이러한 현상은 사회과학, 특히 경제학에 희망을 제공해준다고 진단합니다.(Buchanan, 2002/2003)

1980년대 이후 세계 경제를 주도하고 있는 신자유주의는 시장에 대한 국가의 개입을 배제하고 아담 스미스의 자유주의 논리로 돌아가는 것입니다. 인간의 이기심이 시장에서 제한 없이 자유롭게 발동할 수 있도록 보장해 주면 전체 사회의 이익으로 귀결된다는 논리입니다. 이 논리는 인간의 이성에 대한 신뢰를 배경으로 하고 있습니다. 뷰캐넌에 따르면, 이 논리를 기반으로 하는 현대의 경제이론은 '이성의 광신'이며, 다른 한편으로 인간의 비합리성을 인정하는 행동경제학이 지평을 넓혀 가고 있습니다.

아담 스미스는 인간을 이성적인 존재로 보고 합리적인 인간들이 개인의 이익을 위해 열심히 노력하면 그것이 자연스럽게, 보이지 않는 손의 조정에 의해 사회적 공익으로 귀결된다고 했습니다. 분업의 결과로서 생긴 여러 가지의 기술에 의해서 생산이 매우 증가하였기 때문에 잘 다스려진 사회는 전반적으로 부유하고 보편적인 부유(universal opulence)가 민중의 최하층 계급에까지 미친다는 것입니다. 모든 개인은 사회의 이익이 아니라 자기 자신의 이익을 위해 모든 자본에 대해서 가장 유리한 용도를 추구합니다. 그러한 노력이 자연적으로, 또는 오히려 필연적으로 개인들을 이끌어 사회에 가장 유리한 용도를 선호하게 한다고 합니다. 사회공공의 이익을 촉진하려고 하지 않고 오로지 그 자신의 이득만을 추구하는데도 보이지 않는 손(an invisible hand)에 이끌려 그가 전연 의도하지 않았던 목적을 촉진하게 된다는 것입니다. 이 사람은 자신의 이익을 추구함으로써 사회의 이익을 추구했을 때보다 더 유효하게 사회의 이익을 증진하게 됩니다. 스미스는 "사회의 복지를 위해 사업을 하는 체 하는 사람들"에 의해서는 복지가 이루어지지 않는다면서 그들의 거만한 태도를 비난하기도 했습니다.(Smith, 1776/2006, 553쪽) 이것이 바로 자유방임주의의 핵심 논리로서 공리주의로 귀결됩니다.

그러나 인간은 그렇게 합리적이지 않으며, 어느 정도 이성적이라 해도 합리적 개인들의 의지와 노력으로 사회가 작동하지도 않습니다. 스미스가 예측한 것처럼 민중의 최하층에까지 전반적으로 부유하기는커녕 부익부 빈익빈을 지나 양극화가 심각한 수준에까지 도달했습니다. 자연과학의 지식은 스미스의 논리를 부정합니다. 사람을 포함해서 상호작용하는 것들로 구성된 네트워크 안에서는 세부 사항이 때론 크게 중요하지 않습니다. 사람들이 합리적이든 합리적이지 않든, 또는 전혀 다른 성향을 지녔든 간에, 행동의 세부사항들은 경제 현실 중에서도 가장 기본적인 것에는 거의 영향을 미치지 않을 수 있다는 것입니다. 예를 들어 어느 나라를 막론하고 부자는 그 수가 대단히 적고 가난한 사람은 많습니다.(Buchanan, 2002/2003) 스미스의 예측과는 정반대의 현상이 보편적이라는 것입니다. 공학도 출신의 경제학자인

인간 사회는 사실 복잡계 세상입니다. 엄밀하게 얘기하면 복잡계 물리세계의 한 부분입니다. 그래서 위버가 복잡계 과학이 필요한 분야로 생명 현상을 다루는 생물학과 의학, 심리학, 그리고 경제학과 정치학을 제시했던 것입니다.

이탈리아의 빌프레도 파레토(Vilfredo Pareto, 1848~1923)는 열역학과 화학의 법칙만큼이나 보편적인 것처럼 보이는 부의 분배 패턴을 발견했습니다.

파레토는 재산의 보유 정도에 따라 그래프를 그려보았는데 재산이 적은 사람들이 그래프의 왼쪽에 몰려 있고 재산이 늘어날수록 보유자의 수가 감소하는데, 재산이 두 배로 늘어날 때마다 그만큼 재산가의 수가 일정한 상수의 비율로 감소했습니다. 어느 나라에서나 같은 패턴이 나타났습니다. 대략 20% 정도의 부자들이 그 나라 부의 80% 정도를 소유하고 있다는 80-20 법칙, 파레토의 법칙인 것입니다. 요점은 그래프의 분포가 놀랍도록 단순한 수학적 곡선을 그린다는 사실인데, 지금은 99-1까지 심화되었다는 사실입니다. 뷰캐넌은 이러한 패턴이 나타나는 현실을 하천 네트워크의 전체 조직 패턴에 비유합니다. 하천의 지류가 어떤 모양으로 형성되는가는 우연이 결정적인 역할을 하지만, 전체 하천의 집합적인 네트워크에서는 질서가 창발한다는 사실을 과학자들이 발견했다는 것입니다.(Buchanan, 2002/2003) 마찬가지로 전체 사회에서 나타나는 패턴도 개인적인 특징과는 무관할 것입니다. 부자와 가난한 사람들 한 사람 한 사람들로부터 그에 합당한 원인을 찾을 수 있을지 몰라도 결국은 합리적이냐 아니냐 하는 개인의 성향과는 무관하게 파레토가 발견한 것과 같은 전체 사회의 패턴이 나타난다는 사실입니다. 스미스나 현대경제학보다 훨씬 과학적인 설명으로 보입니다.

그러면, 부의 재분배는 가능한가? 스미스는 보이지 않는 손이 개입하여 모든 사람들이 보편적 부를 누린다고 했는데 어지간한 국가의 개입이나 복지 사업으로는 부의 재분배가 이루어지지 않습니다. 파리대학의 물리학자 부쇼(Jean Philippe Bouchaud, 1962~)와 메자르(Marc Mézard, 1957~)는 컴퓨터를 동원한 방정식 계산을 통해 사소한 조정이 소득 분배의 기본 형태에 아무런 영향도 미치지 않는다는 사실을 발견했습니다. 언제나 소수가 대부분의 부를 소유하게 되는 결과로 이어졌으며, 수학적 분포가 특히 파레토 법칙 그대로 실제 세계의 데이터와 완벽하게 부응하는 모습으로 나타났다는 것입니다.(Buchanan, 2002/2003)

부쇼와 메자르는 사람들 사이의 거래를 장려하면 부를 다소 평등하게 분배하는 경향이 있다는 점도 발견했습니다. 이 경우 가장 효과적인 수단은 부자증세입니다. 그러나 부자증세가 없는 낙수 효과는 나타나지 않았고, 오히려 부의 불평등은 심화되었습니다. 아담 스미스의 논리는 신자유주의 시대에 낙수효과(trickle-down effect)로 부활하여 부자감세를 하면 대기업의 투자가 활성화되어 일자리가 생기는 등 서민에게까지 부의 혜택이 내려간다는 정책으로 나타나기도 했습니다. 그러나 이 논리는 현실의 실재와 부합하지 않는다는 것이 이명박 정부에서 드러났으며, IMF의 보고서에서도 "부는 아래로 내려가지 않는다."는 연구 결과를 내놓았습니다. 낙수효과란 부자감세로 그만큼 대기업의 투자가 증가하면 중소기업을 거쳐 서민들에게까지 부위 분배 효과가 나타난다는 것인데, 아니라는 얘기입니다.

낙수효과가 틀렸다는 국제통화기금(IMF)의 보고서 내용을 살펴보면 다음과 같습니다. IMF 소속 5명의 경제학자들이 작성한 보고서는 150여 국가의 사례를 분석한 결과 상위 20%의 소득이 1% 포인트 증가하면 이후 5년의 성장이 연평균 0.08% 포인트 감소하는 반면, 하위 20%의 소득이 1% 포인트 늘어나면 연평균 성장이 0.38% 포인트 확대되는 것으로 분석했습니다. IMF 보고서는 결론적으로 소득불평등이 가난한 사람들의 구매력 상실로 나타나 경제성장을 저해하기 때문에 하위계층의 소득을 늘리고 중산층을 유지하는 것이 바람직하다고 강조했습니다.* 부쇼와 메자르는 자본의 극심한 집중 가능성도 제기했습니다. 극단적 소수의 부유한 '악덕 자본가' 몇 명의 주머니로 부가 '응축'되는 현상이 일어날 것이라는 얘기입니다. 이것이 실제 상황으로 나타나 전개되고 있다는 것은 주지의 사실입니다. 뷰캐넌은 미국의 대부호 대여섯 명이 모든 부를 소유하는 사태를 걱정했습니다. 뷰캐넌이 이 책을 쓸 때인 2002년에는 이미 그러한 일이 진행중이었고, 2007년 금융위기로 현실화되었습니다. 복잡계 경제학은 이렇게 자유주의 현대경제학의 한계를 지적하며 과학적 방법으로 객관적 실재에 접근하려는 장점을 보여주고 있습니다.

* KBS NEWS, IMF "부의 '낙수 효과 틀린 논리…내려가지 않는다", 2015. 6. 16.

복잡계 경제학

위버가 제기한 복잡계 과학은 1960년대 이후 패러다임의 전환까지는 아니더라도 기계적 결정론과 확률적 결정론을 뛰어넘는 새로운 흐름을 형성했습니다. 그중 경제학은 복잡계 과학이 적용되는 대표적인 분야로 부상했습니다. 콩트가 창안한 사회학은 물리학을 이상형으로 하여 구축했습니다. 정치경제학도 그렇고, 한계효용론과 수요-공급의 법칙이 기반을 이루는 현대경제학도 마찬가지입니다. 현대경제학은 1960년대에는 사회과학으로서는 처음으로 물리학에 필적하는 엄밀성과 조작성을 획득하였다는 평가를 받았습니다. 물리학도 출신의 폴 새뮤얼슨(Paul Samuelson, 1915~2009)으로 상징되는 경제학은 정밀과학에 근접하였다는 생각을 했습니다. 그러나 그것은 위버의 분류에 따르면 단순한 문제를 취급하는 학문이었습니다.(塩澤由展, 1997) 그에 비해 경제학은 복잡계로서 다루어야 할 분야인 것입니다. 복잡계 미디어의 설명을 위해 참고해 볼 만합니다.

복잡계 경제학이란 복잡계 물리학과 맥락을 같이 합니다. 인간 사회는 사실 복잡계 세상입니다. 엄밀하게 얘기하면 복잡계 물리세계의 한 부분입니다. 그래서 위버가 복잡계 과학이 필요한 분야로 생명 현상을 다루는 생물학과 의학, 심리학, 그리고 경제학과 정치학을 제시했던 것입니다. 이들 분야는 물리 현상과는 달리 환원주의적 결정론이나 통계역학으로 설명되지 않는 부분이 훨씬 많습니다. 그래서 과학적 방법에 의해 보편적 지식 체계를 수립하기가 어렵습니다. 그런데 현대경제학은 고전역학의 틀을 답습하여 경제 현상을 설명하려 했습니다. 아담 스미스의 정치경제학, 즉 고전경제학도 결정론적 세계관을 반영하지만 자유방임주의에 입각하여 이기적 개인의 행복 추구 욕구를 시장에서 구현하도록 보장해 주면 보이지 않는 손의 자동조절 작용에 의해 모두가 부를 획득할 수 있다는 형이상학적 철학을 배경으로 하고 있었습니다. 그러나 산업혁명은 경제와 사회를 그렇게 단순하게 설명할 수 없는 갈등하는 계급사회로 이행하게 만들었습니다. 이름하여 산업자본주의, 본격적인 자본주의 사회로 바뀐 것입니다.

노동자들은 노동가치설을 신봉하면서 노동조합으로 단결하여 자본가들에게 저항했습니다. 특히 마르크스의 정치경제학과 혁명적 이론은 노동자들을 고무시켰습니다. 이 상황에서 등장한 것이 한계혁명을 수반한 신고전경제학입니다. 신고전학파의 경제학은 효용이라는 단일의 값을 최대화하는 존재로서 인간을 파악하는 인간상을 제기하면서 합리적으로 계산하는 경제인의 이미지를 만들었습니다. 호모 이코노미쿠스라는 존재입니다. 이것은 미분학을 중심으로 하는 수학과 물리학의 방법을 차용하기 위한 발상이었으며, 20세기 초의 한계생산성이론과 더불어 현대경제학의 골격을 형성했습니다. 시오자와 요시노리(塩澤由展)는 이 상황을 다음과 같이 정리했습니다.

> 이와 같은 경제학의 물리학화에 의하여 경제학은 분석적인 학문이 되었다. …신고전파의 경제학은 신과 같은 경제인을 상정함으로써 경제학을(적어도 이론적인 면에서는) 단순한 것으로 만들었다. 그러나 그것은 복잡한 경제와 복잡한 상황에서의 경제 행동을 모두 놓쳐버리는 결과를 초래하였다. 20세기의 경제학이 한계에 도달한 것은 복잡함이라고 하는 골치 아픈 문제가 존재하지 않는다고 생각하고, 그 중대한 귀결에 대하여 눈을 감아 버렸기 때문이다. 복잡계 경제학은 이러한 반성에 근거하여 제창되고 있는 것이다. (塩澤由展, 1997/1999)

수확 체감에서 수확 체증으로

복잡계 경제학의 핵심은 현대경제학이 금과옥조로 붙들고 있는 수확체감의 법칙을 부정하고 수확체증의 법칙을 제기한다는 점입니다. 먼저 수확체감의 법칙을 보겠습니다. 기업은 가장 우수한 생산기술을 사용하려고 하는 데, 경제학에서는 이를 생산함수라고 합니다. 생산함수란 일정 기간 동안에 생산 과정에 투입하는 여러 가지 생산요소의 수량과 그 결합으로부터 얻을 수 있는 최대산출량과의 기술적 관계를 나타내는 것입니다.(김대식 등, 2003) 생산요소는 노동, 토지, 자본으로 구분됩니다. 매 기간당 생산물의 수량을 Q라 하고, 노동 · 토지 · 자본의 투입량을 각각 N, L, K로 표기하여 생산함수를 나타내면 다음과 같습니다.

$$Q=F(N, L, K)$$

생산함수의 특성은 첫째, 기간을 명기하여 투입요소와 생산물과의 관계를 나타내는 유량(flow)이라는 개념이고, 둘째, 주어진 생산요소를 가지고 가장 효율적인 기술을 이용하여 생산할 수 있는 최대산출량 수준을 보여준다는 점입니다. 바꿔 말하면 생산물을 생산하는 데 요소투입량을 최소로 사용한다는 것을 의미합니다. 중요한 것은 기간을 단기와 장기로 구분한다는 것입니다. 단기(short-run)는 여러 가지 생산요소들 중 적어도 한 가지 이상의 요소 투입량이 고정되어 있는 기간으로서 기업이 생산시설의 규모를 변경시킬 수 없을 만큼 짧은 기간을 말합니다. 단기에 생산시설(자본)과 같이 투입량이 고정되어 있는 생산요소를 고정요소라고 합니다. 반면에 노동자와 원재료 등 투입량을 변경시킬 수 있는 생산요소를 가변요소라고 합니다.* 단기에 생산물에 대한 수요가 증가할 때 고정요소는 증가시킬 수 없지만 가변요소를 증가시켜 생산을 증가시킬 수 있습니다. 장기(long-run)는 모든 생산요소가 가변적으로 될 수 있는 충분히 긴 기간으로서 어떤 생산요소도 고정요소가 될 수 없는 기간입니다. 단기는 필요에 따라 인원을 늘리는 것, 장기는 공장을 새로 짓거나 기계장비를 설치하는 것에 해당합니다.

단기생산함수의 경우, 적어도 한 생산요소의 투입량이 고정된 상태에서 나머지 가변요소의 투입량과 산출량과의 기술적 관계를 나타냅니다. 분석을 단순화하기 위해 노동과 자본의 두 생산요소만을 다룬다고 할 때, 단기에 자본은 고정요소이고 노동은 가변요소입니다. 이 경우 단기생산함수를 수식으로 나타내면 다음과 같습니다.(김대식 등, 2003)

$$Q=TP=F(N, K)$$

N은 매기당 투입되는 노동량, K는 매기당 투입되는 고정되어 있는 자본량, TP는 매기당 생산되는 총생산물(Total Production)을 나타냅니다. 이때 기업은 노동량의 투입을 결정해 생산량을 결정해야 하는데, 어느 단계에서 노동량을 추가로 투입하면 한계생산물(marginal production of labor)이 줄어드는 것으로 나타납니다. 이 현상을 한계생산물체감의 법칙 혹은 수확체감

* 정치경제학에서는 고정요소에 해당하는 부분을 고정자본, 가변요소에 해당하는 부분을 유동자본이라고 합니다. 이와는 별개로 생산시설과 원재료는 불변자본, 노동자 요소(노동력)를 가변자본이라고 합니다. 전자는 단순히 자본이 고정되어 있느냐 상품으로 이동하느냐의 관점이고, 보다 중요한 것으로 후자는 가치의 생산 여부에 관한 것입니다.

의 법칙이라고 부릅니다. 수확체감의 법칙이란 다른 생산요소들은 고정시켜 놓고 한 가변요소를 증가시킬 때 어떤 단계를 지나고 나면 그 가변요소의 한계생산물이 지속적으로 감소하는 현상을 말하는 것입니다. 예를 들어 1 정보(3,000평)의 농지를 노동자 한 명이 1년 동안 경작하는 것보다 둘이 하면 더 많은 농작물을 얻을 수 있을 것입니다. 그러나 한정된 농지에 노동자를 계속 투입하면 어느 단계에서는 한계생산물이 바로 전 단계보다 적게 되겠지요. 이 법칙에 따라 기업은 노동의 한계생산물이 0이 되면 더 이상 노동자를 고용하지 않을 것입니다.(김대식 등, 2003)

장기생산함수는 모든 생산요소가 변할 수 있는 장기를 분석 대상으로 삼지만 역시 노동과 자본의 관계로 설정함으로써 결국 수확체감의 법칙으로 귀결됩니다. 자본을 고정시킨 채 노동을 더 많이(적게) 사용하면 노동의 한계생산물이 감소(증가)하고, 노동을 고정시킨 채 자본을 더 많이(적게) 사용하면 자본의 한계생산물이 감소(증가)한다는 것입니다.(김대식 등, 2003)

복잡계 경제학은 이 수확체감의 법칙을 부정합니다. 수확의 법칙이란 생산량을 늘려 나갈 때 재화와 노동의 투입량이 생산량과 어떤 양적 관계에 있는지를 나타내는 것입니다. 그런데 이 법칙은 분석을 단순화한다면서 노동과 자본의 두 가지 생산요소만을 다루면서 자본의 투입량을 고정한다는 점입니다. 그러나 투입 요소가 복수가 되면 이야기는 복잡해집니다. 기계를 사용하는 생산에서 생산량이 늘어나는 경우 기계의 투입량은 변화가 없을 수 있지만 원재료에서는 생산량에 비례하여 투입량이 늘어납니다. 단기는 간단하지만 장기인 경우에는 예정된 생산용량에 맞춰 자본 설비의 용량을 조절하게 되는데, 일반적으로 설비의 용량과 그에 필요한 자재 사이에는 불비례적인 관계가 성립하지만, 그 불비례성 관계가 나타나는 방법 자체에

차이가 있으며 투입 자재 상호간에는 비례성이 없다는 것입니다.(塩澤由展, 1997/1999)

실제로 현실은 수확체증의 사례가 많습니다. 수확체감의 법칙으로 시장을 예측하여 낭패를 보는 사례가 많다는 것입니다. 지금까지의 경제학은 가격과 수요의 관계에 주의를 빼앗겨 그 밖의 관계에는 눈을 감아 왔습니다. 텔레비전, 냉장고, 에어컨, 승용차, 비디오 등 가정용 내구 소비재의 변화율에는 현저한 특징이 있다고 합니다. 내구 소비재의 구입은 단지 가격이나 수입에 의전해서만 결정되는 게 아니라 이웃의 소비에 영향을 받습니다. 생물종의 개체수 증가 등에 적용하는 미분방정식을 적용해 보면 내구 소비재의 구입은 이웃 사람이 보유하는 비율에 정비례하는 효과가 작용하고 있다는 것을 보여준다고 합니다. 그 이유는 전시 · 광고효과, 과시효과, 동류의식 등을 들 수 있습니다.(塩澤由展, 1997/1999)

미국의 경제학자 베블렌(Thorstein Veblen, 1857~1929)은 유한계급의 과시적인 소비와 체면치레용 낭비 등 금력과시문화를 들어 경제학에 도전했습니다. 베블렌은 잉여생산물이 발생하고 계급분화가 이루어진 고대의 상류계급의 문화를 기원으로 하는 유한계급의 체면치레용 과시 소비의 문화를 질타했습니다. 문제는 이러한 소비 행태가 유한계급에 한정되지 않고 일반인들에게까지 전염된다는 데 있습니다. 유한계급제도는 하인들처럼 유한계급 내부의 혈통을 이식받는 모든 외부 계급에게까지도 고대의 낡은 특성들을 직접 전파하고, 또 그럼으로써 낡은 체제의 전통을 보존하고 강화하여 유한계급의 혈통을 이식받지 않은 다른 계급들 사이에서도 야만적인 특성들이 생존할 기회를 더욱 많이 조장함으로써, 지배적이거나 유력한 인간성을 보수적인 방향으로 유인합니다.(Veblen, 1899/2014) 베블렌의 이론은 이

사이버공간은 가상현실과 인터넷 시스템으로 구분하여 전자카페, 사이버 동호회, 3차원 환경들을 구현함으로써 인간에게 새로운 공간을 부여해 주고 있다고도 합니다. 가상현실(virtual reality)은 3차원 시뮬레이션을 통해 실제와 같은 효과를 부여하는 시스템이 만들어낸 것입니다.

렇게 노동계급의 보수화를 설명하기도 합니다.

그런 점에서는 미국 미주리주 캔자스시티 출신의 언론인 토마스 프랭크(Thomas Frank, 1965~)가 쓴 『왜 가난한 사람들은 부자를 위해 투표하는가』라는 책도 복잡계 경제학이 다룰 수 있는 분야일 것 같습니다. 책 제목 그대로, 왜 노동자 농민들이 부자들을 위한 정책을 집행하는 정당의 후보를 위해 투표하는가? 답은 명분과 진실이 아니라 문화였습니다. 이 주제는 가난한 사람들의 미디어 이용 패턴과 관련해서 접근하면 좋겠습니다.

사회적 특권이나 부를 누리지 못하는 서민(庶民)들이 자신의 처지와 배치되는 투표를 하는 까닭은 가치의 문제, 즉 문화였습니다. 그렇기 때문에 사회적 지위나 경제적 조건을 고려하지 않고 말만 그럴듯하게 꾸미는 부자들의 문화전쟁에 넘어가는 것입니다.

그래서 황폐화된 공장지대의 노동자들이 애국심으로 똘똘 뭉쳐 국기에 대한 충성을 암송하며 스스로 자기 목을 조르고, 가난한 소농들은 자신들을 땅에서 내쫓는 사람들에게 자랑스럽게 표를 던지며, 가정에 헌신적인 가장은 자기 아이들이 대학교육이나 적절한 의료 혜택을 결코 받을 수 없는 일에 동조하며, 번성하던 도시를 몰락한 공업지대로 만들며 자신들의 삶에 치명타를 날릴 정책들을 남발하는 후보에게 압승을 안겨 주며 갈채를 보낸다는 것입니다. 캔자스의 얘기입니다. 캔자스 시민들을 이렇게 만든 주범은 기독교와 극우언론과 공화당이었다고 합니다. 이것은 현상의 진단이니 본질을 생각해야 합니다. 이미 패턴이 형성되었기 때문에 어지간해서는 되돌리기 어렵습니다. 근본적인 원인을 진단하여 처방해야 합니다. 돈도 없고 배경도 없는 개인들은 의식적으로나마 가난한 사람들의 집단에서 벗어나고 싶어 할 것입니다. 극단적 소수에 속하지 않으려는 심리가 생활이 고달플수록 가치의 측면에서라도 힘을 가진 부자들의 가치를 공유하려고 하는 것입니다. 그 힘이란 다름 아닌 기독교와 보수언론과 부자정당이라는 얘기입니다.

인간은 안정을 희구하는 유전자를 지니고 있습니다. 다윈의 자연선택론에서 '최적자 생존'(survival of the fittest)은 실제로는 '안정자 생존'(survival of the stable)이라는 좀 더 일반적인 법칙의 특수한 예라고 합니다. 원시의 살벌한 환경에서 살아남으려면 안정된 상태를 확보하는 것이 최상이었고, 오랜 진화의 과정에서 이기적으로 안정된 상태를 확보하기 위한 노력이 그런 지향성의 유전자를 만들어냈다는 것입니다.

현대경제학의 문제는 합리성에 집착하면서 복잡한 현상을 단순화하여 수학의 세계로 끌고 간다는 사실입니다. 경제학은 가정의 설정을 전제로 합니다. 가정(If)이 없으면 경제학도 없습니다. 왜냐하면 경제 현상은 매우 복잡하고 다양해서 모든 요인들을 다 포함하면 보편적이고 본질적인 법칙성을 가려내기가 거의 불가능하기 때문이라는 것입니다. 경제학의 가정은 자원과 생산기술에 대한 가정, 제도와 기구에 대한 가정, 경제 주체들에 대한 가정 등 세 가지입니다. 세 번째의 가정이 경제 주체인 경제인(homoeconomicus)이 경제적 합리주의를 냉정하고 일관성 있게 추구한다고 가정하는 것입니다. 그래서 경제이론은 '합리적인 소비자라면', '생산기술이 일정하다면', '재화가 둘 뿐이라면' 등의 가정 하에 구성된 것입니다.(김대식 등, 2003) 가정이 성립하지 않으면 이론도 무너집니다. 수확체감의 법칙도 마찬가지입니다. 그에 비해 복잡계 물리학은 제한적 합리성을 전제로 하여 복잡한 경제 현상을 회피하지 않고 복잡한 대로 다루는 것입니다.

사이버커뮤니케이션의 공간

복잡계 과학의 산실인 미국의 산타페 연구소에서 1992년에 출간한 *COMPLEXITY: The Emerging Science at the Edge of Order and Chaos*는 복잡성의 특징을 자기조직화로 규정합니다. 이런 얘깁니다.

> 레이저도 자체 조직화하는 시스템으로, 빛의 입자인 광자들이 자발적으로 떼를 지어 발맞추어 움직여 강력한 광선을 만들어낸다. 태풍도 자체 조직화하는 시스템으로, 태양으로부터 에너지를 공급받아 대양에서 바람을 일으키고 빗물을 끌어올리는 것이다. 살아 있는 세포도-수학적으로 분석하기에는 너무 복잡하지만-자체 조직화하는 시스템으로, 음식물로부터 에너

지를 흡수하여 열과 폐기물의 형태로 에너지를 방출함으로써 생존한다.

열을 가하면 국이 끓는 현상이 무질서인 것 같지만 패턴이 있는 것과 같은 현상입니다. 기존의 물리학이 대개 두 변인 사이의 관계를 규명하는 환원주의 방식을 채택하고 복잡한 현상은 연구 대상에서 열외로 해 놓았는데, 로렌츠 이후 세 변인 이상의 복잡한 현상에 대해서도 설명을 하기 시작한 것입니다. 이는 컴퓨터의 발전에 힘입은 바 큽니다. 컴퓨터 시뮬레이션에 의해 복잡하고 무질서하게 보이는 현상 가운데서 자기조직화의 패턴을 찾아낼 수 있게 된 것입니다. 이때 관건은 원자 하나하나의 성질을 파악해서 그 현상을 설명하는 게 아니라(그건 불가능합니다) 전체의 움직임에서 패턴을 찾는다는 것입니다. 중요한 것은 자연 현상뿐만 아니라 경제도 자기조직화의 시스템이고 사회 현상의 많은 부분이 자기조직화의 시스템이라는 점입니다. 인간의 생체가 그렇고 인간 사회가 그렇습니다. 한 무리의 인간들이 움직이는 패턴은 인간 개개인의 속성과는 다른 속성입니다. 전체는 단순히 부분의 합이 아닌 것과도 같은 이치입니다. 그런 움직임은 중앙의 통제나 누군가의 지시와 통제에 의해서가 아니라 자연스럽게 된 것입니다. 그것이 바로 위버가 세 번째 경향으로 예견한 조직된 복잡함의 문제로서의 자기조직화의 복잡계입니다. 이처럼 복잡계의 특징은 자기조직화와 창발성입니다. 사이버스페이스도 자기조직화의 시스템으로 등장했으며, 그 복잡계 공간에서 사이버커뮤니케이션이 이루어지고 있는 것입니다. 빅데이터 연구도 그런 것입니다.

사이버라는 용어는 위너의 사이버네틱스에서 유래했습니다. 그리고 사이버공간은 가상현실과 인터넷 시스템으로 구분하여 전자카페, 사이버 동호회, 3차원 환경들을 구현함으로써 인간에게 새로운 공간을 부여해 주고 있다고도 합니다. 가상현실(virtual reality)은 3차원 시뮬레이션을 통해 실제와 같은 효과를 부여하는 시스템이 만들어낸 것입니다. 이를테면 운전 시뮬레이터나 오락게임 등 다양한 형태로 대중화되어 있으며, 감각적 효과를 통해 새로운 환경에 와 있다는 느낌을 부여합니다. 사이버공간은 이러한 가상의 현실과 인터넷이 만든 공간을 통칭한다는 얘기입니다.

사이버스페이스는 가상현실과 디지털 공간으로 구별할 수 있습니다. 가상현실(virtual reality)은 3차원 시뮬레이션을 통해 실제와 같은 효과를 부여하는 시스템이 만들어낸 것입니다. 이를테면 운전 시뮬레이터나 오락게임 등 다양한 형태로 대중화되어 있으며, 감각적 효과를 통해 새로운 환경에 와 있다는 느낌을 부여합니다. 반면에 디지털 공간은 SNS처럼 실제 다양한 사람들이 소통하는 실재의 공간입니다. 인터넷으로 구축된 디지털 공간은 존재하지 않는 상상 속의 공간이 아닙니다. 어떻게 존재하지 않는 공간에서 쇼핑을 하고 진료를 하고 소통을 하며 공동체가 형성될 수 있겠습니까? 사이버스페이스는 디지털 환경이 만든 현실의 공간입니다.

우리는 4차원의 시공간을 감지하지 못할 뿐만 아니라 3차원의 공간마저도 피부로 느끼지 못합니다. 보이지도 않고 만져지지도 않습니다. 이 상상도 할 수 없는 광활한 우주가 유일한 게 아니라는 다중우주론도 있고, 10차원, 11차원의 시공간을 상정하는 초끈 이론과 M이론도 있습니다. 초끈 이론에서는 구겨진 상태의 숨겨진 공간을 상상합니다. 이 중에서 아인슈타인이 규명한 4차원의 시공간만 생각해도 사이버스페이스의 정체에 대해서는 어렵지 않게 추상할 수 있습니다. 상대성이론이 어렵게 느껴지는 것은 우리가 경험적으로 1차원의 시간과 분리된 3차원의 절대적 공간 개념에 익숙하기 때문입니다. 때문에 절대공간으로서의 현실공간이라는 고정관념을 갖게 됨으로써 사이버스페이스는 실재하지 않는 가상공간이라는 생각에 이르는 것입니다. 그러나 자연의 속성은 시간과 공간이 결합된 4차원의 시공간입니다. 특수상대성이론에 따르면, 빠른 속도에서 시간은 느리게 흐르고 공간은 축소됩니다. 그리고 일반상대성이론에 따르면, 무거운 질량의 항성이나 블랙홀이 가속운동을 할 때 중력파를 발생시켜 시공간을 휘게 만듭니다.

상대성이론에서 중요한 것은 빛의 성질과 속도입니다. 빛이 곧 전자기파라는 사실은 쿨롱의 장(場, field) 개념에서 출발하여 맥스웰이 집대성한 전자기학에서 밝혀졌습니다. 전기마당이 자기마당을 만들고, 그 자기마당이 전기마당을 만들고, 또 그 전기마당이 다시 자기마당을 만드는 과정이 상호 반복되면서 전자기파를 발생시키는데 빛도 그 일종입니다. 전자기파 곧 전파의 존재는 헤르츠의 실험으로 확인되고 마르코니에 의해 실현되었으며, 그 결과 전파에 메시지를 실어 나르는 전자 미디어의 시대가 시작된 것은 물론 방송학이 성립되게 된 것입니다. 지구의 공간에는 전자기파가 상존합니다. 사이버스페이스는 바로 전자기파의 공간이며, 사이버커뮤니케이션이 이루어지는 현실의 공간입니다. 진실은 경험의 너머에 있는 법입니다. 사이버스페이스는 가상의 공간이 아니라 인터넷에 의해 형성된 인공적인 공간(artificial space)입니다. 10차원, 11차원의 어떤 숨겨진 공간인지도 모릅니다. 보이지 않는다고 존재하지 않는 상상의 공간이 아닌 것입니다. 현실공간도 사실은 보이지 않습니다. 공간에 속해 있는 사물은 보이지만 공간은 보이지 않습니다. 그 점에서 매클루언의 통찰은 본받을 만합니다.

매클루언(McLuhan, 2003)은 "전기 기술 시대에 접어든 지 1세기가 지난 지금, 다른 행성은 차치하고 최소한 우리가 사는 지구라는 행성에서는 공간과 시간의 제약을 소멸시키며 우리의 중추신경체계 자체를 전 지구적인 것으로 확장하고 있다."라고 했습니다. 그 이전 기계 시대에는 모든 것이 느리게 진행되었지만 전기 시대에는 행위와 반응이 거의 동시에 일어나는데, 아직 새로운 시대에 적응하지 못한 사람들의 사고방식은 전기 이전 시대의 낡고 파편화된 공간과 시간에 머물러 있다고 지적했습니다. 상대성이론에 의해 시공간이 휜다는 것은 아주 미세한 영역에서 일어나는 자연의 속성입니다. 지리학자 하비(David Harvey, 1935~)는 매클루언의 지구촌 개념이 1960년대 커뮤니케이션의 실재를 적절히 묘사했다고 평가하면서 1848년 이후 자본주의가 만들어낸 새로운 시 · 공간의 경험, 즉 시 · 공간 압축이라는 새로운 경험에 대해 자세하게 설명했습니다. 하비는 철도망의 확장과 함께 전신의 출현, 증기선의 성장, 수에즈 운하의 건설, 라디오의 출현 등이 시간과 공간 감각을 급격하게 변화시켰다고 하면서 앙리 르페브르(Henri Lefebvre, 1901~1991)를 인용했습니다.

> 1910년을 전후하여 어떤 공간은 파괴되었다. 그 공간은 바로 상식, 지식, 사회적 실천, 정치권력의 공간이었고, 마치 추상적인 사고에서처럼 의사소통의 환경이자 통로로서 이제까지 일상적 담론 속에 간직되어 있던 공간이었다. …소도시, 역사, 부성(父性), 음악의 음조체계, 전통적인 도덕성들과 같은 이전의 '공통의 장소들'과 더불어 유클리드적인 원근법주의의 공간은 더 이상 준거체계 역할을 못하게 되었다. 이것은 실로 결정적인 순간이었다. (Harvey, 1990/1994, 311쪽)

하비는 아인슈타인의 1905년 특수상대성이론과 1915년 일반상대성이론

사이에 놓여 있는 이러한 결정적 순간의 양상들을 정리했다. 이를테면 헨리 포드(Henry Ford, 1863~1947)는 1913년에 그의 조립 라인을 확립함으로써 자본의 회전을 촉진시키는 공간 조직의 형태를 사용하고 시간을 더욱 빠르게 촉진할 수 있었고, 같은 해에 라디오 신호가 에펠탑을 통해 사상 최초로 전 세계에 전파됨으로써 공간은 보편적인 공공 시간의 순간적 동시성으로 붕괴될 수 있다는 가능성이 강조되었다는 것입니다. 뿐만 아니라 화가 드 키리코(De Chirico)의 1914년 작품 〈철학자의 정복〉은 미술사에서 전에 없던 표현으로 시계를 독특하게 배치하여 시대적 배경과 함께 하기도 했습니다.

한편 매클루언(McLuhan & Powers, 1998/2005)은 시각적 공간에서 청각적 공간으로의 문화적 이동을 평가하는 수단으로 테트라드(tetrad)라는 용어를 사용했습니다.* 매클루언은 바로 이 용어를 동원하여 '네 개'를 의미하는 단어를 은유적으로 사용하여 모든 미디어 형태의 구조적 특성을 '증강, 퇴화, 부활, 수정'의 네 가지 변화로 설명한 것입니다. 매클루언은 주로 청각적인 동양적 가치를 지지했습니다. 문자와 인쇄의 시대인 기계 시대에는 당연히 시각적 공간이 강조될 수밖에 없는 환경이요 유클리드적 사고의 시대이기도 했습니다. 그러나 19세기에 등장한 비유클리드 기하학은 전기 시대의 전자 미디어와 어울려 청각적 공간으로 바뀌게 했다는 것입니다. 이것은 또

* 매클루언의 오랜 친구이자 공동연구자였던 파워스는 테트라드를 맥루언이 만든 신조어라고 했는데 사실은 고대 그리스 철학자들이 사용하던 용어였습니다. 테트라드는 전체로서의 하나를 의미하는 모나드(monad)의 점과 둘을 의미하는 디아드(dyad), 세 부분의 조화를 의미하는 트리아드(triad), 그다음으로 어머니의 물질이라는 네 번째 원형에 해당하는 것입니다. 정삼각형 네 개가 만나 만드는 정사면체 입체도형으로 창조와 탄생의 상징입니다. 정사면체는 최소한의 입체로서 가장 강하고 안정적이며 테트라드와 함께 비로소 공간이 생깁니다.(Schneider, 1994/2002)

한 상대성이론과 양자역학의 영향을 받아 시공간의 상대성 및 동시성 개념과 어울려 모든 곳이 '중심'이 되는 청각적 공간으로 변화된 것입니다. 매클루언의 논리는 단순히 은유인 것 같지만 물리학의 보편적 지식과 연계되어 있습니다. 우주에서는 어느 곳이나 중심이기 때문에 중심과 주변의 구별이 없습니다. 이를테면 우주는 팽창하고 있는데, 어느 지점에서 측정하더라도 모든 방향으로 똑같은 속도로 팽창하고 있습니다. 사이버스페이스도 마찬가지입니다. 중앙집중적 권력이었던 기계 미디어에서 전기 미디어로의 이행으로 인해 사이버스페이스에서는 누구든지 중심이 되어 동시적으로 어디에나 존재하고 주변이란 아무 데도 없는 게 됩니다. 매클루언과 파워스는 이 책 『지구촌(*The Global Village*)』 서문에서 이렇게 설명했습니다.

> 청각적 공간은 전체론(holism)의 토대 위에 만들어진 것이다. 이 전체론에서는 단지 하나의 중요한 중심(center)만 존재하는 것이 아니다. 아주 많은 중심들이 오로지 다양성만을 존중하는 우주의 시스템 내부에서 떠다니는 것이다. 청각적 양식(mode)은 위계질서를 거부한다. 그러나 위계질서가 존재해야 한다면, 청각적 양식은 직관적으로 그것이 매우 일시적이라는 것을 알고 있다. (McLuhan & Powers, 1998/2005, xi)

복잡계 과학이란 상호작용하는 개체들의 집합에서 창발하는 현상을 연구하는 학문입니다. 그리고 창발 현상(emergent phenomenon)의 완벽한 예시는 군중(crowd)입니다. 그래서 복잡계 과학의 궁극적인 목표는 이러한 창발 현상을 이해하고, 예측하고, 제어하는 것입니다. 복잡계 과학을 사이버스페이스인 SNS에 적용해 보겠습니다. 사이버스페이스에 참여하는 개인들은 어떻게 움직이는가? 어떤 창발 현상이 일어나는가? 사람들은 누가 시키지 않아도 자연스럽게 아고라에 모이고 카페를 개설하여 커뮤니케이션을 하며, 페이스북에서는 알아서 친구 집단을 형성하고 그룹을 만들고 페이지를 개설하여 커뮤니케이션을 합니다. 그리고 페이스북의 친구들은 비슷한 성향의 사람들이 친구가 되어 커뮤니케이션의 공간이 형성됩니다. 이것은 중앙의 통제도 아니고 어느 누구의 기획도 아니며 위계질서도 없는 자연스러운 자기조직화의 창발 현상입니다. 중심과 주변의 구별이 없는 가운데 많은 중심들이 창발합니다. 군중들이 상호작용하는 과정에서 나타난 전형적인 복잡계의 자기조직화입니다. 매클루언의 통찰대로 삼각형 내각의 합이 180도가 아닐 수 있으며, 직선이 나란히 가지 않고 다양하게 만날 수 있는 비유클리드 기하학의 사고가 적용되는 청각적 공간의 특징이기도 합니다. 팟캐스트로 사람들이 모이는 현상도 청각적 공간의 특징일 수 있을 것입니다. 익명의, 무명의, 소수의 개인들의 제안이 수십만 수백만의 촛불 함성이 되어 역사를 창발하기도 하는 것입니다.

그러면 인간은 어떻게 패턴으로서의 공통적인 창발 현상을 일으키는가? 인간은 3만 개 정도 되는 유전자의 프로그램과 뇌의 명령에 따라 행동합니다. 뇌는 원자와 분자로 이루어진 1천억 개의 뉴런이 하나로 연결된 전기화학적 집합체로서 밖으로부터 들어온 정보를 판단하고 명령을 내립니다. 유전자 프로그램은 본능적으로 행동하게 하는 원천입니다. 인간은 원자들의 집합체이지만 원자들의 특성과는 무관하게 행동합니다. 인간 자체가 복잡계인 것입니다. 따라서 원자들의 특성을 모르더라도 인간 행동의 패턴을 알아낼 수 있습니다. 마찬가지로 개인들의 특성을 모르더라도 군중의 행동을 예측할 수 있을 것입니다. 바로 네트워크입니다. 네트워크는 개인의 행동과 시스템 전체의 행동에 영향을 미치며, 시간이 흐르면서 구성요소들의 활동과 결정에 따라 네트워크 자체도 진화합니다. 자기조직화의 시스템이지요.(Duncan, 2003) 인간이나 사회가 다 복잡계로서 네트워크를 형성하며, 그 네트워크의 영향을 받으며 행동하는 것입니다. 그래서 물리학자들은 인간을 사회적 원자라고 부릅니다.

사회적 원자로서의 인간은 군중에 합류하려는 선천적인 충동이 있습니다. 반대로 인간은 지나치게 소수인 집단에 소속되지 않으려는 습성을 가지고 있습니다. 밴드 왜건 효과나 침묵의 나선효과 이론은 이러한 인간의 속성을 반영하는 것이라고 할 수 있습니다. 인간은 다른 사람의 행동을 의식하면서 자기에게 이익이 되는 방향으로 행동을 결정합니다. 그 결과로 나타나는 것이 이러한 창발 현상입니다. 복잡계 현상은 지진이나 화산 폭발, 일기 변화 등과 같은 자연 현상과 누우나 얼룩말 또는 개미의 생활, 교통체증이나 주식시장 변화나 인터넷 등 모든 분야에서 나타납니다. 사이버스페이스에서 행동하는 개인들도 마찬가지인 것입니다.

제11장

패러다임 전환기의 모색

전통적 미디어의 몰락과 제4차 산업혁명

물리학자 미치오 카쿠(Kaku, 2011/2014)는 신문사의 입지가 날로 좁아지고는 있지만 인터넷에 떠도는 정신분열에 가까운 해괴한 논리에 시달린 대중들이 결국은 지혜를 찾게 될 것이라고 진단했습니다. "사실(fact)은 지혜와 아무런 상관이 없으므로, 정신 나간 블로거들의 헛소리에 염증을 느낀 미래의 네티즌들은 지혜가 담긴 글을 갈구하게 될 것"이라는 예측입니다. 카쿠의 지적은 진실을 추구하지 않고 확인되지 않은 사실이 난무하는 현실을 지적한 것입니다. 새로운 저널리즘의 탄생을 앞둔 진통이라고 볼 수도 있습니다. 10년 전 얘기인데 많은 변화가 있었지요. 그 사이에 한국사회는 스마트폰이 등장하고 팟캐스트를 경유해 유튜브가 대세입니다. 또 변화가 있겠지요.

카쿠는 대부분의 기술이 4단계의 변화를 겪고 있다면서, 종이는 마지막 4단계에 접어든 상태로 가장 쉽게 버려지는 물건이 되어 도시 쓰레기의 대부분을 차지하고 있다고 했습니다. 전기도 4단계에 도달하여 귀중품이 아닌 생필품이 되었습니다. 반면에 컴퓨터는 IBM의 1단계와 퍼스널 컴퓨터의 2단계를 거쳐 인터넷의 3단계에 접어들었으며, 머지않아 눈에 보이지 않는 곳에서 주변 환경을 장식하는 4단계로 접어들 것이라고 했습니다. 카쿠의 예견이 이른바 제4차 산업혁명으로 가시화되고 있는 현실이라고 볼 수 있습니다. 미디어와 저널리즘은 과학기술의 발전에 연동되어 변화합니다. 따라서 새로운 기술에 직면한 종이신문 및 지상파방송의 몰락과 성장하고 있는 인터넷의 지속적인 발전은 필연이라고 할 수 있습니다.

생명의 역사에서는 숱하게 많은 종들이 등장했다가 멸종하곤 했습니다. 지금도 한 해에 3만 종이 넘게 멸종하고 있습니다. 그 사이 다섯 번의 대멸종을 겪었습니다. 한 종의 사멸이 아니라 한 시대를 주름잡던 한 무리의 종들이 사라졌던 것입니다. 6,500만 년 전 다섯 번째 대멸종 시기에 1억 5천만 년 동안 지구를 지배했던 공룡이 멸종했는데, 이로 인해 포유류의 세상이 되었고 먼 훗날 인류의 조상이 등장하는 배경이 되었습니다. 어떤 종의 멸종은 다른 종에게는 기회인 것입니다.

전통 미디어의 멸종을 단정할 수는 없지만 그것이 자연의 순리라고 할 수는 있겠습니다. 언어나 문자와는 달리 기계적 수단인 매스 미디어는 과학기술의 발전에 따라 명멸을 반복할 수밖에 없는 운명입니다. 인쇄 기술의 발달이 신문을 낳았고, 전자기학에서 예견한 전파의 발견이 방송을 낳고 컴퓨터를 낳았습니다. 책상 위의 컴퓨터는 모바일로 진화해 네트워크로 연결되었습니다. 그리고 머지않아 지금의 컴퓨터보다 훨씬 빠른 양자컴퓨터의 등장을 보게 될 것입니다.

이런 맥락에서 지금은 19세기 산업 자본주의 이래 처음 겪는 전통적 지배 미디어의 대멸종기일 수도 있습니다. 전통의 미디어는 공룡과 같은 존재입니다. 자연 생태계에서 공룡이 멸종하고서야 작고 왜소한 포유류들이 비로소 마음껏 자연을 활보하며 성장하고 다양한 종으로 진화할 수 있었듯이 미디어 생태계도 전통의 미디어가 멸종하면 미디어 다양성이 확보되면서 새로운 저널리즘의 전통이 수립될 수 있을 것입니다. 생태계도 다양성이 유지되어야 건강하듯이 미디어 생태계도 다양성이 필수적입니다. 그러나 매스미디어의 시대에는 소수의 미디어가 시장을 독점함으로써 다양성의 보장은 최소한에 머물렀지요.

생명의 대멸종기에 그랬듯이 미디어도 지배적인 미디어의 몰락은 새로운 기회가 될 수 있습니다. 전통적 미디어는 생물의 세계처럼 자연선택에 의해 다른 종으로 진화할 수도 있습니다. 그렇게 되면 민주주의에도 긍정적으로 작용할 것입니다. 전통적 미디어의 독점 구조에서 위축되어 있던 작은 미디어와 인터넷을 기반으로 진화하고 있는 미디어가 활성화되면서 여론의 독점이 해소됨으로써 진정한 민주주의가 뿌리를 내릴 수 있을 것이기 때문입니다. 미디어 생태계가 공룡시대의 독점에서 벗어나 다양성으로 진화하는 중입니다.

커뮤니케이션학을 포함하여 사회과학의 분과 학문들은 이처럼 패러다임의 측면에서 거대한 혁명기에 접어들었습니다. 기존의 패러다임이 무너지고 있는 것입니다. 19세기 서양에서 형성된 사회과학의 패러다임은 실증주의로 무장한 개별 학문들의 폐쇄적 전문성 확보와 각개약진이었습니다. 한 학문 분야에서 전문성을 확보하여 평생직장으로 연결되는 구조였지요. 학자와 경영인, 회사원 모두 마찬가지였습니다. 평생직장과 대물림 사업, 평생 동지, 전문가는 유능함의 대명사였고 미덕이었습니다. 두 세기를 지탱해 온 그런 시대가 저물고 있습니다. 이제 한 분야만 아는 전문가는 무능함의 대명사가 되고 있습니다.

쿤(Kuhn, 1970)의 『과학혁명의 구조』를 번역한 김명자는, 패러다임의 부재는 과학 이전의 단계를 가리킨다면서 현대 사회과학의 제분야가 과연 과학의 자격을 얻었는가에 관해 논란이 제기된다고 했습니다. 사회과학이 정상과학의 지위를 확보했느냐의 문제 제기입니다. 비슷한 시기에 사회학자 김동춘(1977)은 한국에서 사회과학이 존재한 적이 없으며, 아직 우리는 사회과학을 세워야 하는 단계에 있다고 했습니다. 지성의 부재로 인해 정보와 이미지가 지식을 대신하게 되었으며, 조야한 경험주의는 감각적 현실의 변화를 과대 해석하여 무원칙하게 자신의 입장을 변화시킨다는 한계를 갖고 있으나, 구조주의는 아예 현실을 출발점으로 삼지 않기 때문에 이론 밖의 현실이 변화할 경우 침묵하거나 텍스트 해석만을 반복하는 것 외에 대안을 갖기 어렵다는 것입니다. 그로부터 30~40년 정도 지난 오늘날은 사회과학이 정상과학의 지위를 확보하고 사회과학이 세워졌을까요? 사회과학을 세우는 일이건 새로운 패러다임으로 전환하는 일이건 작금의 상황은 대단히 중요합니다. 미디어 생태계와 지형의 혁명적인 변화는 세계적인 현상이기 때문에 패러다임의 전환이라는 점에서 커뮤니케이션학의 정체성과 진로에 대해 생각해보지 않을 수 없습니다.

제4차 산업혁명이 진행되고 있다고 합니다. 인공지능, 빅데이터, 사물인터넷(IoT), 5G, 양자컴퓨터 등의 등장을 일컫는 말입니다. 미디어 융합, 나아가서 미디어와 생명공학의 융합입니다. 돌이켜보면 지난 3차에 걸친 산업혁명은 미디어 분야에도 혁명적인 변화를 가져왔습니다. 앞서 살펴보았듯이 제1차 산업혁명은 대량생산의 산업사회와 더불어 신문 영역에서 엘리트 중심의 정론지(政論紙) 시대를 마감하고 윤전기에 힘입은 대중적 상업지의 시대를 열었고, 제2차 산업혁명은 전자기학의 성립에 힘입은 전파의 발견과 더불어 방송 · 통신의 시대를 열었습니다. 제3차 산업혁명은 양자역학

커뮤니케이션학은 원래 융합적 학문이었습니다. 정치학과 사회학, 심리학이 융합됨으로써 시작하여 그 후 경제학, 경영학, 법학, 역사학, 인류학 등 거의 모든 인문사회 분야 학문들이 융합되었습니다.

을 바탕으로 한 트랜지스터의 발명에 힘입은 방송과 컴퓨터의 대중화 및 인터넷과 더불어 정보화 시대를 열었습니다. 이 시기에 유전자공학이 함께 발전했음은 주지의 사실입니다. 그리고 제4차 산업혁명입니다. 제3차 산업혁명의 연장선에 있는 제4차 산업혁명은 보다 업그레이드 된 미디어의 영역이 무한대로 확장되는 특성을 보이고 있습니다. 커뮤니케이션학이 그야말로 패러다임의 대전환을 하지 않으면 안 되는 상황에 직면하고 있는 것입니다. 이것은 과거의 개념으로 미디어라는 전문분야에 한정하는 변화가 아니기 때문에 전반적으로 융합적 지식 체계로의 혁명적 전환을 강제하고 있는 것으로 보입니다.

사실 학문의 융합이 제기된 것은 서양에서 철학이 본격적으로 분화되기 시작한 19세기였습니다. 다시 한 번 강조하면, 윌리엄 휴얼(William Whewell, 1794~1866)이 1840년에 『귀납적 과학의 철학(*The Philosophy of the Inductive Sciences*)』이라는 저서에서 학문의 지류를 형성한 물줄기들을 다시 하나로 모으자는 의미로 'consilience'라는 용어를 사용하여 지식의 통합을 제기했던 것입니다. 당시의 분위기를 생물학자 윌슨은 이렇게 정리했습니다.

> 19세기를 거치면서 물리학과 생물학 지식은 급격히 성장했다. 동시에 사회학, 인류학, 경제학, 정치 이론 등의 사회과학은 기초과학과 인문학 사이에서 만들어진 영지를 장악하며 새로 등장한 고위 귀족 행세를 하기 시작했다. 지식의 거대한 가지들은 17세기와 18세기에 생성된 통일된 계몽사상의 비전에서부터 나와 자연과학, 사회과학, 인문학으로 갈라져 현재의 모습을 하게 되었다. (Wilson, 1998/2009, 86쪽)

윌슨은 그래서 인문학과 자연과학, 나아가서 사회과학까지 포괄하는 통섭(consilience)을 제기했습니다. 오늘날 인간성(humanity)을 구분하는 가장 큰 차이는 과학 문화와 과학 이전 문화 사이의 간극이라면서 자연과학의 축적된 지식과 도구가 없다면 인간은 인지의 감옥에 갇히고 만다고 경고했습니다.(Wilson, 99쪽)

지금은 통섭보다는 융합을 강조합니다. 개별 학문의 벽을 허물고 교류하는 차원을 넘어 하나로 화학적 결합을 하자는 것입니다. 그것이 바로 휴얼이 의도한 진정한 consilience일 것입니다. 용어와 개념의 차이를 불문하고 어쨌건 지금의 대세는 새로운 패러다임의 구축이고, 그 방향은 전문가주의의 타파와 융합적 지식 체계(Science)의 건설입니다. 그 필요성이 가장 절실하게 제기되는 분야가 커뮤니케이션학입니다. 미디어 생태계의 변화가 급격하게 빠르게 진행되어서 기존의 이론으로 새로운 현상을 설명할 수 없게 되었을 뿐만 아니라 기존의 패러다임이 적용되지 않기 때문입니다. 커뮤니케이션학으로서는 위기입니다. 그러나 하기에 따라서는 기회일 수도 있습니다.

커뮤니케이션학은 원래 융합적 학문이었습니다. 정치학과 사회학, 심리학이 융합됨으로써 시작하여 그 후 경제학, 경영학, 법학, 역사학, 인류학 등 거의 모든 인문사회 분야 학문들이 융합되었습니다. 자연과학을 제외한 거의 모든 학문들이 융합된 것입니다. 지금 해야 할 일은 그 융합이 시너지 효과를 낼 만한 수준으로 발전했는지 점검하고 자연과학의 지식까지 수용하는 일입니다. 융합을 종전의 학제간 연구를 다소 확대한 연대의 의미로 해석하는 경향이 있는데, 그것을 융합이라고 하기는 어렵습니다. 진정한 융합은 인문학, 자연과학, 사회과학의 전 분야에 걸쳐서 폭 넓은 지식을 섭렵하는 것이어야 합니다. 고대 서양의 철학이 그런 것이었고, 동양의 학문은 넓게 배우고(博學) 깊이 있게 질문(審問)하는 것이었습니다. 각자의 뇌에 축적된 다양한 지식들은 부분의 합을 초월하는 시너지 효과를 내게 됩니다. 그것이 바로 융합으로서 창의성의 원천입니다. 커뮤니케이션학 내에서도 분화되어 소통이 안 되는 상황에서 다른 학문과의 융합은 엄두를 내지도 못하는 것 같습니다. 이 구조를 깨야 합니다. 기존의 패러다임인 정상과학에 익숙한 학자들이 새로운 패러다임을 이해하고 받아들이는 것이 어렵다고 했지만 해야 합니다.

새로운 버전의 커뮤니케이션학을 위한 몇 가지 제안을 하려고 합니다. 그 중심은 물리학입니다. 물론 생물학과 화학을 포함하지만 물리학이 자연과학 중에서도 보편적인 지식과 이론을 추구하기 때문에 물리학을 중심에 세우고자 하는 것입니다. 경제학은 호모 이코노미쿠스(homo economicus)라는 완벽하게 합리적인 인간을 설정해 놓고 있기 때문에 현실과 유리되어 있습니다. 인간에 대한 과학적인 이해는 사회과학 연구에서 필수적인 전제입니다. 그런데 경제학은 인간의 본성에 대해 탐구하는 자연과학의 지식과 단절되어 있기 때문에 인지의 감옥에 갇혀 있는 상태라고 할 수 있습니다. 커뮤니케이션학의 수용자론도 비슷합니다. 초기의 행동주의 심리학에서 별로 발전한 것이 없습니다. 그에 비해 행동경제학은 인간의 합리성이 제한적이며 오히려 감정적이라고 전제합니다. 진화경제학도 비슷한 관점에서 진화생물학을 적용하고 있습니다. 빅히스토리를 포함해 미디어 연구에 신선한 바람을 불어넣어 줄 것입니다.

호모 이코노미쿠스와 경제학

호모 이코노미쿠스는 경제학에서 전제하는 경제 주체를 말합니다. 재화와 서비스의 생산 · 교환 · 분배 · 소비와 관련되는 사회질서와 인간 행위를 경제(economy)라 하고, 경제 행위를 수행하는 개인이나 집단을 경제 주체 혹은 경제 단위라 합니다. 경제학은 아담 스미스의 정치경제학(political economy)을 바탕으로 하여 합리적인 경제 주체들이 자유롭게 사사로운 이익을 추구할 때 결과적으로 공익으로 귀결된다는 믿음을 가지고 있습니다. 보이지 않는 손에 의해 자동으로 조절된다는 것이지요. 현대경제학(economics)은 개인이나 사회가 희소한 자원을 선택적으로 사용하여 다양한 재화와 서비스를 생산 · 교환 · 분배 · 소비하는 과정에서 일어나는 경제 현상을 연구 대상으로 합니다.

앞서도 강조했듯이 경제학은 가정(if)을 전제로 성립한 학문입니다. 이를테면 '합리적인 소비자라면', '생산기술이 일정하다면', '완전 경쟁 하에 있다면', '물가 변동이 없다면', '재화가 둘뿐이라면' 등의 가정 하에 이론을 구성합니다. 이 점에 대해 경제학자 김대식 등(2004, 32쪽)은 복잡한 경제 현상을 추상화 · 단순화하는 것이 비현실적이긴 하지만 경제이론이 얼마나 현실 경제에 대한 설명력과 예측력을 가지고 있느냐가 중요하기 때문에 가정의 현실성 여부에 지나치게 얽매일 필요가 없다고 주장합니다. 여기서 합리적인 경제인으로 가정한 존재가 바로 호모 이코노미쿠스입니다. 문제는 가정을 전제로 한 이론이 현실 경제에 대한 설명력과 예측력을 가지고 있느냐에 있겠지요. 초기 조건이 현실성이 없는데 어떻게 그럴 수 있겠습니까. 사실 경제학자들도 이 점에 대해 회의적입니다. 어느 경제이론이 작금의 경제위기를 설명하고 위기 극복을 위한 예측을 해 주고 있습니까? 경제이론의 기본은 수요공급의 법칙입니다. "다른 모든 조건들이 일정불변일 때 어떤 상품의 가격이 상승(하락)하면 그 상품에 대한 수요량은 감소(증가)한다."는 것입니다. 이것도 가정을 전제로 하고 있는데, 수리 공식으로 표기하면 다음과 같습니다.

$$QD = f(P),\ \Delta QD/\Delta P < 0$$

한 상품의 수요량(QD)은 그 상품의 가격(P)의 함수로서 P가 결정되면 QD가 결정된다는 것입니다. 오른쪽 공식은 수요량 증가분과 가격 증가분의 방향이 정반대라는 것을 표시합니다. P가 오르면, 즉 $\Delta P > 0$이면 QD는 감소하고($QD < 0$), P가 하락하면($\Delta P < 0$) QD는 증가합니다($\Delta QD > 0$).(김대식 · 노영기 · 안국신, 2004, 37쪽) 이 법칙은 직관적으로 모순임을 알 수 있습니다. '다른 모든 조건이 불변일 때'란 현실에서 있을 수가 없습니다. 과학이란 현실을 토대로 하여 보편성을 추구하는 것이지 이렇게 가정을 동원하여 예외적인 경우를 전제하면 안 됩니다. 이는 두 물체 사이의 운동 법칙을 확인하여 전체에 적용하는 물리학의 결정론적 방법을 원용한 것인데, 물리학은 그 법칙을 완성하여 우주 전체에 성공적으로 적용할 수 있었지만 경제 현상은 차원이 다릅니다. 물리학은 자연 현상의 본질을 있는 그대로 밝혀냈지만 경제학은 복잡한 현상을 지나치게 기계적으로 단순화함으로써 전체를 설명할 수 없게 된 것입니다. 경제 현상은 물리학에서 나중에 대두된 복잡계 이론이나 행동경제학을 적용하는 것이 현실적입니다. 다른 모든 조건이 불변인 가운데 오직 하나의 상품만이 이렇게 수요공급의 곡선을 그릴 수는 없습니다. 하나의 상품은 수많은 상품과 경쟁하기 때문에 어떤 상품의 가격이 상승하면 다른 상품을 구매할 가능성이 높습니다. 삼겹살 가격이 오르면 수입 소고기를 먹는 것이죠. 무엇보다도 경제학은 경제 주체를 완벽하게 합리적인 존재로 가정하지만, 인간은 그렇게 합리적이지 않습니다.

정운찬은 노벨상 수상자 등 뛰어난 경제학자가 즐비한데도 경제가 잘 움직이지 않는 이유에 대해 "우선 경제이론이 현실을 완벽하게 설명해 주지 못하기 때문이다. 그러나 보다 중요한 것은 경제정책이 경제학이 가리키는 논리에 따라 수행된다기보다는 정책결정자인 정치가의 선호에 따라 결정되는 경우가 많기 때문이다."라고 해명합니다.(정운찬, 1992, 23쪽) 정치가들이 유권자들의 선호에 따라 정책을 결정하기 때문이라는 것입니다. 경제 주체의 한 축을 담당하는 합리적 유권자의 선호에 따라 정책이 결정된다면 경제가 잘못될 수 없겠지요. 경제이론은 현실을 '완벽하게' 설명해 주지 못하는 게 아니라 일반적으로 설명해 주지 못합니다. 정치가의 선호가 문제가 아니라 경제이론 자체에 근원적인 결함이 있는 것입니다. 예를 들어서 수요가 없어도 아파트값은 떨어지지 않습니다. 수요자들은 가격 하락을 기대하지만 공급자들은 그럴 의사가 없습니다. 오히려 공급은 넘치지만 아파트값은 올라가는 경우가 허다합니다. 수요의 욕구와 공급의 욕구가 만나는 지점, 즉 균형가격과 균형거래량은 현실에서는 존재하지 않습니다.(정승현, 2009, 152쪽)

이정전(2011)은 이에 대해 전형적인 주류 경제 교과서를 펴 보면, 수요-공급 이론이 그 태반을 차지하는데, 그 1/3은 개별 소비자의 행태를 다루고, 1/3은 개별 기업의 행태를 다루며, 나머지 1/3은 시장에서 나타난 개인 행동의 결과를 다룬다면서 사회과학이 필히 다루어야 할 중요한 연구 대상인 인간 그 자체와 이들 사이의 직접적인 관계를 다루지 않는다고 지적합니다. 뿐만 아니라 경제학은 수학의 연립방정식으로 나타낼 수 있는 기계적인 세상으로서 무늬만 사회과학이라면서 진정한 사회과학으로서의 마르크스 경제학으로 보완되어야 한다는 점을 지적합니다. 나아가서 이정전은 "심리학은 고도로 발전된 실험 방법과 통계 분석에 의거해서 실제 인간의 행태를 연구하는 대단히 현실적인 학문으로 발전한 반면, 경제학은 고등수학을 이용하여 이론을 정교화하는 추상학문으로 발전했다."면서 첨단 두뇌 과학이나 신경과학(뇌과학)의 발견을 바탕으로 경제학의 지평을 넓혀야 한다고 강조합니다.(이정전, 2011, 163쪽) 이준구는 그 점에서 행동경제학이 경제학의 가장 젊은 연구 분야로서 경제학의 중요하고 유망한 연구 분야 중 하나로 완전히 정착된 단계에 도달한 경제학의 뉴 프런티어라고 상찬했습니다.(이준구 · 이창용, 2015, 435쪽)

KAIST의 바이오시스템학과 교수인 정재승은 "애덤 스미스와 레옹 발라 이래 시장의 안정성과 수요 공급의 균형을 복음처럼 받들어 온 주류 경제학자들은, 경제는 항상 완전한 평형상태에 놓여 있으며, 공급과 수요는 늘 정확히 일치하며, 주식 시장은 폭등이나 폭락으로 흔들리지 않으며, 어떤 회사도 시장을 독점할 만큼 성장하지 못하며, 자유시장의 '보이지 않는 손'이 모든 것을 최상으로 만들어 내리라고 믿고 있다."라고 실태를 설명한 후 "보이지 않는 손과 시장의 균형, 완전한 합리성 등 신고전 경제학은 숨 막힐 정도로 정교하고 아름답지만 불행히도 현실 경제는 레옹 발라나 애덤 스미스가 꿈꿨던, '한 치의 오차도 없이 맞물려 돌아가는 톱니바퀴'가 아니다. 신고전학파 경제학자들은 현실 경제의 불안정성과 불균형, 끊임없이 변화하는 현실 경제 파탄에 대해 아무런 설명도 해답도 제시하지 못하고 있다."라고 지적합니다.(정재승, 2006, 212~213쪽) 그래서 물리학자들이 경제 현상을 물리학의 방법으로 접근하기 시작한 것입니다. 이른바 경제물리학입니다. 1990년대 통계물리학 연구자들이 "자연과학적 관점에서 볼 때 기존의 전통경제학 이론 및 설명에 무언가 부족함을 느낀 물리학자들이 주식시장으로 대표되는 복잡한 경제 현상의 문제들을 풀어 보고자 통계물리학의 도구와 방법론을 사용함으로써 경제물리학이 시작"된 것입니다.(정하웅, 2006, 171쪽)

여기서 우리가 주목해야 할 점은 커뮤니케이션 주체, 즉 콘텐츠 생산자와 수용자의 정체성에 대한 인식입니다. 나아가서 이제는 네티즌의 정체성까지도 파악해야 합니다. 그들은 합리적인 존재일까요? 호모 이코노미쿠스처럼 완벽하게 합리적인 주체로서 콘텐츠를 생산하고 소비할까요? 유감스럽게도 그런 논의는 별로 없습니다. 그저 미디어 생산을 상수로 놓고 수용자의 반응(행동)에 대해 피동적이니 능동적이니 또는 저항적 해독이니 하는 수준을 벗어나지 못하고 있는 것 같습니다. 수용자 이전에 생물학적 인간으로 파악하고 뇌의 정보 처리 과정을 살피면서 미디어와 관련한 행동을 연구하는 노력이 전제되어야 할 것입니다.

행동경제학

행동경제학은 경제 주체로서의 인간이 합리적이고 이기적이라는 주류경제학의 가정을 부정하면서 시작합니다. 이 가정은 아담 스미스로부터 전제되었지요. 인간의 이기심이 부(富)의 원동력이며, 이기심의 충돌은 합리적 인간의 공감에 의해 조정된다는 믿음입니다. 소위 보이지 않는 손의 자동조절 작용입니다. 스미스의 정치경제학은 19세기 후반 신고전파 현대경제학으로 바뀌었지만 이 가정은 계승됩니다. 자신의 이익을 합리적으로 추구하는 경제인이라는 호모 이코노미쿠스를 전형적인 인간형으로 설정해 놓고 있는 것입니다.

합리적이라는 것은 이성적이라는 의미인데, 이성적이라는 것은 계산적으로 생각하는 능력을 가지고 있다는 것을 의미합니다. 데카르트 이후 이성주의의 산물입니다. 과연 인간은 그렇게 합리적인가? 그리고 오로지 자신의 이익만을 추구하면 그 결과는 공익으로 귀결되는가? 행동경제학은 이 두 가지 가정을 부정합니다. 인간은 제한적으로만 합리적이고 이기적이라는 것입니다. 가정이 잘못되었으면 이론도 온전할 리가 없습니다. 그래서 경제예측이 틀릴 수밖에 없는 것입니다. 경제학자들도 이 사실을 알고 있지만 경제학은 여전히 건재합니다. 2008년 미국의 금융위기에서 혹독한 비판을 받았으면서도 경제학자들은 여전히 기존의 이론으로 현실을 설명하고 예측합니다.

심리학자 아모스 트버스키(Amos Tversky, 1937~1996)와 대니얼 카너먼(Daniel Kahneman, 1934~)의 연구에 따르면, 인간은 "마치 구멍구구와 같은 방식으로 현실을 판단하고 의사결정을 한다는 사실"과 "인간이 이기심으로 똘똘 뭉쳐진 존재가 아니라"고 합니다.(이준구 · 이창용, 2015, 435쪽) 프린스턴 대학의 카너먼은 노벨상 수상 연설에서 "우리가 한 일을 인간의 비합리성을 증명한 것이라고 말하는 것은 받아들이지 않겠다. 휴리스틱(heuristic)과 편향(bias)에 대한 연구는 합리성이라는 비현실적인 개념을 부정하고 있을 뿐이다."라고 회고한 바 있습니다.(友野典男, 2006, 36쪽) 이와 같은 심리학의 연구에 근거하여 인간의 합리성과 이기심에 명백한 한계가 있다는 행동경제학이 등장했습니다.

트버스키와 카너먼이 발견한 휴리스틱과 편향에 대해 좀 더 자세히 살펴보겠습니다. 이준구는 휴리스틱을 주먹구구식 판단과 의사결정 방식으로 해석합니다. 사전적 의미로는 경험과 시행착오를 겪으면서 스스로 터득하게 되는 문제 해결 방식을 의미합니다. 미리 합리적으로 정확하게 계산해서 판단하지 않고 경험을 바탕으로 얼추 짐작으로 판단한다는 것입니다. 편향은 상황의 변화에 맞게 행동하지 않고 하던 대로 행동한다는 현상유지편향(status quo bias)과 미리 정해진 룰에 따르려고 하는 기정편향(default bias)이 있습니다.(이준구 · 이창용, 2015, 439쪽) 이것은 태도와 행동의 관계입니다. 어떤 대상에 대한 정보를 알게 되면 그에 대한 호 · 불호의 감정이 생기고 그에 따라 일관성 있게 반응하는 학습된 경향을 태도라고 하는데, 인간은 이 태도에 따라 행동합니다. 여기서 대상에 대한 정보가 없거나 불완전한 상태에서 갖게 되는 감정이 편견과 휴리스틱입니다. 그러한 감정으로 행동하는 것을 맹목적이라고 합니다. 태도와 행동이 일치하지 않을 때를 인지부조화라 하는데, 그때 인간은 행동을 합리화하면서 태도를 수정하기도 합니다.

이에 따라 행동경제학자들은 호모 이코노미쿠스 답지 않은 특이행동으로 어떤 물건의 소유 여부가 그 물건의 가치평가에 영향을 미친다는 부존효과(endowment effect), 처음 어림짐작으로 선택한 수치를 고수하려고 하는 닻내림효과(anchoring effect), 어떤 틀에 의해 상황을 인식하느냐에 따라 행동이 달라진다는 틀짜기효과(framing effect),* 마음속에 회계장부를 가지고 있어서 쉽게 번 돈과 어렵게 번 돈을 구분해 다른 계정에 분류해 놓고 쓴다는 심적 회계(mental accounting) 등의 특이현상들을 찾아냈습니다.(이준구 · 이창용, 2015, 441쪽) 행동경제학은 또한 최후통첩 게임, 독재자 게임, 공공재 게임 등 행태 게임 이론을 개발해내기도 했습니다. 이로써 인간은 이타심의 소유자이면서 공정성(fairness)도 함께 중시한다는 사실을 밝혀냈습니다.

행동경제학의 창시자 카너먼(Daniel Kahneman)은 사람들이 미래를 예측하는 자신의 능력을 과대평가함으로써 낙관적인 과신을 갖는다면서 이러한 낙관적 편향을 주의해야 한다고 경계합니다. 우리는 목표에 집중하고 계획의 기준을 정하지만 적절한 기준율을 무시함으로써 자신을 계획 오류에 노출시키고, 하고 싶고 할 수 있는 것에만 집중하고 타인의 계획과 기술은 무시하며, 과거를 설명하고 미래를 예측할 때 기술의 인과관계 역할에만 집중하고 운의 역할은 무시합니다. 그리고 아는 것에만 집중하고 모르는 건 무시함으로써 자신의 믿음을 지나치게 과신합니다.(Kahneman, 2011/2012, 336쪽) 그래서 성공의 가능성을 낙관적으로 판단하면서 사업에 뛰어들고 기업을 운영합니다. 사람들과 기업은 진실을 말하는 사람보다는 위험할 정도로 허위 정보를 제공하는 사람의 말에 귀를 기울입니다. 인간의 합리성이 제한적이란 얘기입니다. 미디어 수용자들도 진실을 전달하는 미디어에 귀를 기울이기보다는 허위정보를 제공하는 미디어의 메시지에 쉽게 현혹되지요.

* 미디어의 프레임 효과이론은 여기에서 온 것이다.

우리가 의식하지 못하는 뇌의 명령 즉 본능의 발동이 사회적 통념에 어긋나면 이성이 제어할 수 있는데 그 힘이 강하지는 않습니다. 따라서 합리성을 절대화한 경제학은 인간에 대한 이해부터 과학적으로 재정립하는 것이 순서일 것입니다.

카너먼과 트버스키는 인간의 판단이나 의사결정이 완벽하게 합리적이라는 기대효용 이론(expected utility theory)이 현실과 부합하지 않는 사례를 제시하면서 비합리적 선택을 강조하는 전망이론을 제시했습니다. 허버트 사이먼(Herbert Alexander Simon], 1916~2001)도 현실의 인간은 인지능력에 한계가 있고, 시간이나 환경의 제약도 있기 때문에 제한적 합리성 밖에 갖출 수 없다고 했습니다.(箱田裕司 외, 2010/2014, 333쪽)

한편, 심리학은 진화생물학의 도움을 받아 인간의 행동을 설명하기도 합니다. 심리학자 김현택은 DNA 유전자의 발현에 의해 개체가 생겨나므로 우리의 행동이 유전정보의 영향을 받는다는 점에서 인간은 유전자의 보존을 위한 존재일지 모른다고 합니다. 그러나 유전자 정보는 있는 그대로 발현하는 게 아니라 환경적 요인의 영향을 받기 때문에 뇌와 여타 신경계의 발달에서 기본적인 틀은 유전자에 의해 결정되지만 경험과 같은 환경적 요인도 뇌와 여타 신경계의 발달에 영향을 미칩니다.(한국심리학회 편, 2003, 59쪽) 우리 모두는 기본적으로 이기적 유전자인 DNA를 위한 생존 기계지만 문화전달자인 밈(meme)이 동시에 작동한다는 도킨스의 논리와 닿아 있습니다.(Dawkins, 2006/2010) 동물행동학자나 진화심리학자들이 인간의 본성은 유전자와 문화의 상호작용으로 형성된다고 한 점과 같은 인식입니다.

인간은 합리적으로 행동하기도 하지만 감정적으로 행동하기도 하고, 근본적으로 본능(유전자 프로그램)의 지배를 받습니다. 이것은 프로이드가 이미 밝혀냈습니다. 인간은 이드(본능)에 따라 행동하려고 하지만 슈퍼에고의 발동으로 자아가 형성됩니다. 자아는 의식의 영역으로 합리성의 바탕일 수 있는데, 인간의 행동을 주도하는 것은 무의식의 영역이라는 겁니다. 의식의 영역은 빙산의 일각처럼 왜소합니다. 여기서 이드란 생물학적으로 보면 유전자 프로그램입니다. 우리 몸의 유전자 프로그램에 따라 명령을 내리는 주체는 뇌입니다. 인간의 행동은 뇌의 명령에 따르는 것입니다. 뇌의 명령은 본능에 가깝고 합리성과 자유의지는 제한적입니다. 물론 인간의 본성은 유전자 본능과 더불어 후천적 문화의 조합입니다.

심리학으로 보거나 생물학으로 보거나 합리성은 비현실적 개념이라는 사실을 알 수 있습니다. 경제생활에서도 소비 행위를 주도하는 것은 이성이 아닌 무의식의 감정이라는 것이 주지의 사실입니다. 우리가 의식하지 못하는 뇌의 명령 즉 본능의 발동이 사회적 통념에 어긋나면 이성이 제어할 수 있는데 그 힘이 강하지는 않습니다. 따라서 합리성을 절대화한 경제학은 인간에 대한 이해부터 과학적으로 재정립하는 것이 순서일 것입니다.

다음으로 인간은 이기적이라는 경제학의 전제를 보겠습니다. 분명히 인간은 이기적입니다. 연약한 인간이 원시시대의 엄혹한 환경에서 살아남기 위해서는 이기적이 되지 않을 수 없었을 것입니다. 그러나 한편으로 살아남기 위해서는 협력하지 않으면 안 되었고 또 공정하지 않으면 안 되었을 겁니다. 원시공동체사회는 소유를 공동으로 하면서 협력해서 노동하고 생산물은 공정하게 나누었습니다. 자신의 이익을 위해 이타적으로 행동해야 할 때도 있었고 때로는 공동체를 위해 희생하기도 했을 겁니다. 진화생물학의 이기적 유전자 이론이 가리키는 내용입니다. 이기적이 되지 않을 수 없는 환경이 이기적 유전자를 형성했고, 이기적 유전자는 경우에 따라 이타적 행동으로 나타나기도 하고 공정하게 나누는 것이 자신에게 유리하다는 사실을 경험으로 체득했을 것입니다. 주류경제학의 호모 이코노미쿠스에서 이러한 인간의 본성이 고려되지 않았음은 물론입니다. 이타적 행위와 공정성의 발동은 이기적 유전자 프로그램의 작용인 것입니다. 앞서 논의한 저널리즘의 공정성 문제도 여기서 벗어나지 않습니다. 행동경제학은 이렇게 주류경제학의 대안으로 등장했습니다. 불과 30여 년 전이었습니다.

행동경제학은 현재 두 번째 단계에 진입해 있습니다. 1단계는 주류경제학의 패러다임에 반하는 anomaly(예외, 변칙) 차원에서 사람이 경제적 인간과 어떻게 다른지의 사례를 수집하는 단계였고, 2단계는 수많은 자료의 수집과 축적을 바탕으로 행동의 체계화 · 이론화를 도모하여 경제에 미치는 영향을 분석하고 정책을 제언하는 단계입니다. "사실의 집적이 과학이 아니라는 사실은 돌의 집적이 집이 아닌 것과 같다."라는 수학자 앙리 푸엥카레(Jules-Henri Ponicaré, 1854~1912)의 말을 교훈으로 삼아 새로운 이론의 창출에 매진하고 있다고 합니다.(友野典男, 2006, 46쪽) 행동경제학은 미디어 수용자론 연구를 비롯하여 미디어 빅히스토리 연구에 방향을 제시해 줄 수 있을 것입니다.

진화경제학

진화경제학은 제한적 합리성의 측면에서 행동경제학과 보조를 같이하면서 더불어 진화심리학을 적용합니다. 인간의 합리성은 아직도 구석기 시대적인 환경에 의해 제한받고 있으며, 그 환경에서 우리의 뇌는 그저 옛 세계의 문제들을 해결하는 정도밖에 진화하지 못했다고 봅니다.(Shermer, 2008/2009, 179쪽) 의사 결정을 할 때 사람들은 자신에게 친숙한 현 상태를 유지하는 방향을 선택하는 경향이 있습니다. 사람들은 인지부조화의 상태에서 비합리적 판단을 합리화하면서 큰 희생과 손해를 초래한 실수를 정당화합니다. 손해 본 주식, 이익을 못 낸 투자액, 파산한 사업, 실패한 인과관계에 연연하고 집착합니다. '현상 유지'에 지나치게 매달리고 과대평가하게끔 되어 있습니다.(Shermer, 2008/2009, 181쪽) 이러한 잘못된 확신은 우리의 뇌가 부정적인 감정 상태는 제거하고 긍정적인 것을 활성화시키기 때문입니다. 사람들은 또 얻고자 하는 욕망보다 잃는 것을 두려워하는 마음이 2배 정도 크다고 합니다. 이른바 '손실 회피' 효과입니다. 도박에서 돈을 잃으면 더 큰 돈을 걸다가 결국 다 잃습니다.

미치오 카쿠(Kaku, 2014)는 인간의 의식을 물리학의 관점에서 설명합니다. 인간의 행동을 이해하기 위해서는 마음이 작동하는 매커니즘을 알아야 합니다. 사람들이 매스 미디어에 대해 반응하고 SNS를 이용하는 행동은 마음이 결정하는데 그 마음이란 뇌의 작용입니다. 인간은 다른 동물들과 달리 전전두피질의 작용으로 본능과 감정을 억누르면서 나름대로 최선의 선택을 할 줄 압니다. 특히 두뇌의 기능을 총괄하는 전전두피질의 CEO가 정보의 홍수 속에서 미래를 예측하고 최선의 행동 지침을 결정합니다. 그런 마음의 결정은 3단계로 이루어집니다. 감각기관을 통해 외부에서 들어온 정보는 척수와 뇌간을 거쳐 시상에 도달하고, 여기서 분류된 정보는 두뇌의 다양한 피질로 전송되어 분석된 후 전전두피질에 이르러 상황에 관한 인식이 종합적으로 떠오르게 됩니다. 여기까지가 1단계로서 감각정보를 이용하여 공간 속에서 자신의 물리적 위치를 말해 주는 모형을 만드는 것입니다. 2단계는 집단과 사회 속에서 자신의 위치를 말해 주는 모형을 만들어냅니다. 사람들을 만날 때 해마(기억처리)와 편도체(감정처리)를 거쳐 전전두피질(모든 정보의 종합)에 이르는 동안 다른 사람의 생각을 읽기 위해 노력합니다. 다른 사람들과 동맹을 맺고, 적을 고립시키고, 친분을 돈독히 하려고 노력하는 것입니다. 그리고 3단계는 정보를 종합하여 미래를 설계하고 최종적으로 행동을 결정합니다. 인간이 미디어의 메시지에 반응하는 것도 뇌의 이러한 정보 처리 과정과 결정에 따르는 것입니다.

인간은 문명 사회가 되기 전 500만 년의 원시공동체사회 기간 동안, 적어도 현생 인류 20만 년의 대부분을 차지하는 구석기시대 기간 동안 그 환경에 적응하면서 진화해 왔습니다. 구석기시대의 엄혹한 자연 환경과 낮은 생산력 수준에서 인간은 이기적이 될 수밖에 없었을 겁니다. 생존을 위한 협동도 이기심의 발로입니다. 우리 몸은 아직도 구석기시대에 적합하게 진화한 상태 그대로입니다. 진화의 속도는 매우 느립니다. 그에 비해 본격적인 자본주의의 역사는 불과 200년 남짓입니다. 20만 년 대 200년, 새로운 환경에 적응하기에는 너무 짧은 시간입니다. 먹는 것이 변변치 못했을 때 지방을 축적해놓는 유전자가 형성되어 지금까지 보유하고 있는데, 갑자기 너무 많이 먹고 잘 먹어서 성인병이 만연하게 되었습니다. 인간은 그다지 합리적이지도 않습니다. 계몽주의 시대에 인간의 이성과 합리성은 과장되었으며, 고전경제학은 경제 주체를 완벽하게 합리적인 인간으로 설정했습니다. 현대경제학도 마찬가지입니다. 행동경제학은 그 전제를 부정하면서 대두되었다는 것은 앞서 설명한 바와 같습니다.

따라서 패러다임의 전환기를 맞아 미디어 역사 연구와 서술도 방향 전환을 모색할 때가 되었습니다. 자연과학과 융합한 미디어 빅히스토리가 그것입니다. 수용자 연구에서는 미디어를 이용하는 인간의 행동을 관찰할 때 우선 인간의 본성을 고려해야 하는 것입니다. 문화 연구의 리더인 홀의 관점을 적용할 때, 왜 절대 다수의 사람들이 지배적 해독을 하는 반면에 저항적 해독을 하는 사람들이 극소수에 머무르는지 물리학과 생물학, 행동경제학 등으로 설명할 수 있을 겁니다. 인간이 완벽하게 합리적이라면 지배 이데올로기에 부화뇌동 하지 않고 올바른 해독을 할 것입니다. 그러나 그렇게 하지 않습니다. 지배 이데올로기의 내용이 옳고 동의하기 때문이 아니라 다수의 선택이기 때문에 따라가는 것입니다. 인간은 다른 사람들의 행동을 보고 행동하며, 다른 사람들의 평가를 의식하면서 행동합니다. 이때 소수집단에 소속되지 않으려 하고 보수적이 됩니다. 수용자의 텍스트 해독 행위가 그다지 합리적일 수는 없습니다. 그럼에도 불구하고 텍스트의 내용보다 수용자의 해독 행위에 집착하고 게다가 저항적 해독을 과장하는 것은 과학적이지도 않고 합리적이지도 않습니다. 미디어의 상대로서 수용자이기 이전에 인간으로서의 본성을 파악하는 것이 우선적으로 수행되어야 할 것입니다. 미디어 연구의 모든 분야에 해당하는 얘기입니다.

자연과학은 인문학이다
— 미디어 빅히스토리를 위하여

사회과학 분야 연구자가 왜 자연과학의 설명에 비중을 두는지 여전히 의문을 품는 사람들이 있을 것입니다. 시종일관 강조했듯이 모든 학문은 인문학입니다. 재삼 강조하면서 마무리를 하도록 하겠습니다.

고대 희랍의 철학이 인문학(Humanity)이라는 사실은 분명합니다. 그 인문학이 중세의 암흑시대를 지나 르네상스로 부활한 이후 자연과학과 사회과학을 잉태했음은 주지의 사실입니다.

희랍의 철학에 해당하는 동양의 학문을 생각하면 더욱 자명해집니다. 동양의 학문이 인문학이라는 데는 모두 동의할 겁니다. 유학과 도가 및 주역 등은 모두 인간에 초점을 맞춘 지적 활동의 소산입니다. 윤리학인 유학에 자연철학이 있고, 자연철학인 노장사상에 윤리학이 있고, 주역은 자연과 인간의 관계를 다룹니다. 시중의 인문학 강좌에서 흔히 다루는 대상들이지요. 모두 인문학인 것입니다. 원래 도(道)라는 것은 천지(우주)의 운행에서 깨달은 이치를 의미하고, 그 도를 실천하는 것이 덕(德)입니다. 자연과 인간의 조화(harmony)인 것입니다. 지금은 자연의 이치를 과학에서 배우지요. 그 원조가 역(易)이고, 역의 대표가 주역(周易)입니다. 『주역』은 대자연 앞에

인문학이란 인류의 문화와 문명을 연구하고 기록한 학문입니다. 사람(人)이 글자(文)를 만들어 지적 활동을 기록한 학문이 인문학입니다. 인문(人文)은 사람의 무늬(人紋)이기도 합니다.

나약한 존재였던 인간이 신의 뜻을 알아 화를 피해 살아가기 위한 목적으로 시작되었습니다. 기본적으로는 점서였습니다. 시초(蓍草)로써 신의 뜻을 판단하는 점(占)과 갑골을 불에 구워 갈라진 형상을 보고 신의 뜻을 판단하는 복(卜)으로서 점복이었습니다. 점술사가 점복의 효험을 확인하여 기록하고 체계화한 것이 『역경(易經)』으로서의 『주역』이고, 주역에 주석을 붙여 전수한 것이 『역전(易傳)』, 그 둘을 종합하여 학문으로 발전시킨 것이 역학(易學)입니다. 여기서 점을 보는 신비주의를 거둬 내면 자연철학이 됩니다. 특히 『주역』에 대한 다양한 해석인 『역전』은 『주역』을 점서에서 철학서로 발전시켰습니다. 결국 『주역』은 옛 사람들이 체험을 통해 체득해 낸 이치요 그들의 생활 과정에서 얻은 자연에 대한 이해의 시각이 포함되어 있는 것입니다.(朱伯崑, 1997)

공자는 『주역』을, 지금의 말로 표현하면 책이 닳고 닳아 헤지도록 읽었다고 합니다. 『중용』 후반부는 자연의 지극한 성실함에 대한 장들이 배치되어 있는 한편으로 『주역』과 연계되는 내용이 있습니다. 제24장(지성여신장)으로 "성실함의 도에 이르면 앞날을 미리 알 수 있다. 국가가 장차 흥하려고 하면 반드시 상서로운 조짐이 나타나고, 망하려고 하면 반드시 요사스러운 일이 있다. 시초(蓍草)와 거북점에서 드러나고, 행동에서 나타난다. 화와 복이 장차 나타나려 할 때, 선이건 불선(不善)이건 미리 알게 된다. 고로 지성은 신과 같은 것이다."라는 내용입니다. 공자는 『주역』을 공부하는 목적이 큰 잘못을 범하지 않도록 하는 데 있지, 길흉화복을 알아보려는 데 있는 것이 아니라면서 『주역』의 의리를 깨닫게 되면 점을 칠 필요가 없다고 했습니다.(朱伯崑, 1997/1999) 지극히 성실한 자연의 이치, 즉 도를 깨닫고 덕행을 하면 점을 칠 필요가 없겠지요. 공자가 일흔 나이가 되어서는 생각하는 대로 행동해도 도에 어긋남이 없었다고 했던 경지입니다. 유학이 좁은 의미의 윤리학이 아니며, 자연철학과 유기적으로 연결되어 있는 것을 알 수 있습니다.

인문학의 사전적 정의를 다시 한 번 상기해 보면, "자연과학의 상대적인 개념으로 주로 인간과 관련된 근원적인 문제나 사상, 문화 등을 중심적으로 연구하는 학문"으로 정의되어 있습니다. 인간과 관련된 근원적인 문제를 소위 인문학만으로 해결할 수 있겠습니까? 앞서 고갱의 그림 '우리는 어디에서 왔는가, 우리는 누구인가, 우리는 어디로 가는가' 라는 근원적 문제의 답은 자연과학에 있습니다. 깊은 사유에서 곱게 다듬어진 사상이라도 그것은 의견일 뿐 과학이 아닙니다. 검증이 필요하지요. 문화도 진화생물학과 융합해야 과학이 됩니다. 인문학을 자연과학과 대립되는 학문으로 간주하는 한 더 이상의 진전은 기대할 수 없을 것입니다. 인문학 위기의 근원적인 원인은 여기에 있습니다.

19세기 산업사회에서 자연과학이 만개하고 사회과학이 등장하면서 학문이 분과로 나누어지고, 20세기에는 인문학과 사회과학이 자연과학과 단절된 이후 새롭게 정의된 인문학의 정의가 진리라도 되는 양 회자되고 있는 실정입니다. 인문학과 자연과학을 인위적으로 갈라 놓은 것입니다. 사실은 자연과학은 인문학을 멀리하지 않는 반면에 인문학과 사회과학은 자연과학을 배척하고 있습니다. 인문학에 대한 사전의 정의는 그런 맥락에서 인문학자들이 편의적으로 내린 것입니다. 이러한 정의는 수정되어야 합니다. 실제로 유럽의 인문학자들은 자연과학을 소홀히 하지 않습니다. 우주에는 지구가 속해 있는 미리내와 같은 은하가 바다의 섬처럼 많이 있을 것이라고 예견했던 칸트의 전통을 잇고 있는 것입니다. 우리의 학문 풍토가 미국을 추종하는 데서 비롯된 탓이 크다는 생각입니다.

인문학이란 인류의 문화와 문명을 연구하고 기록한 학문입니다. 사람(人)이 글자(文)를 만들어 지적 활동을 기록한 학문이 인문학입니다. 인문(人文)은 사람의 무늬(人紋)이기도 합니다. 사람의 무늬가 새겨지지 않은 학문은 없습니다. 사람들이 사회를 이루어 생활하며 새겨 놓은 무늬를 대상으로 하는 사회과학은 물론이고, 자연철학이 발전한 자연과학도 사람의 무늬가 새겨진 학문입니다. 자연과학이 인간 사회와 무관하게 우주 자연을 다루는 학문이 아닙니다. 그러니, 모든 학문이 인문학인 것입니다. 문화는 마음의 표현이라고 했지요. 문명도 마찬가집니다. 뇌의 기획에 의해 형성된 정신적 물질적 표현 모두가 인문학의 대상인 것입니다. 그것을 편의상 갈라서 연구를 하더라도 궁극적으로는 하나가 되어야 합니다.

이런 맥락을 상실한 시대에 자연과학을 인문학과 연계해서 생각하는 사람들은 드뭅니다. 인문학이란 으레 문학 · 역사 · 철학(문사철)만을 연상합니다. 자연과학자들은 인문학을 소중하게 생각하며 자연과학과 연계하지만, 인문학이나 사회과학 연구자들은 자연과학을 멀리합니다. 역사학자 카(E. H. Carr)의 생각입니다.

> 그러면 여기서 역사를 과학 속에 포함시켜야 한다는 주장에 대해서 내가 말하고자 했던 바를 요약하기로 하겠습니다. 과학이란 용어는 이미 지극히도 여러 갈래의 방법과 기수를 사용하고 있는 다기 다양한 지식 분야를 총칭하는 말이기 때문에 책임은 역사를 과학에 포함시키려는 사람들보다도 오히려 역사를 과학에서 제외하려는 사람들 쪽에서 짊어지게 될 것 같습니다. 역사를 과학에서 제외하자는 논의가 자기들의 선택된 집단으로부터 역사가를 쫓아내려고 싶어 하는 과학자들 편에서 나온 것이 아니라 인문학의 일 부문으로서의 역사의 지위를 옹호하기에 급급한 역사가나 철학자들 편에서 나왔다는 것은 의미심장한 사실입니다. 이 논의에는 인문학과 과학 사이의 옛날 식 구분에 따른 편견이 반영되어 있습니다만, 이에 의하면 인문학은 지배계급의 넓은 교양을 말하는 것이고 과학이란 이들에게 봉사하는 기술자들의 기능을 말한다는 것입니다. 따라서 이런 의미에 있어서의 '인문학(人文學)'이나 '인문(人文)'이라는 말은 그 자체가 낡은 편견의 유물에 불과한 것입니다.(Carr, 1961/1966)

인문학을 자연과학이나 사회과학과 분리하는 사고방식을 비판하는 것입니다. 문사철, 그리고 고흐나 쇼팽에 대한 지식은 교양인의 필수 덕목이라고 생각하면서도 자연과학은 몰라도 된다는 사고방식이 지배적입니다. 반세기도 더 지난 시기에 이미 역사학자 카가 통렬하게 지적한 사안이 아직도 케케묵은 편견의 유물로 남아 있습니다. 카는 "과학이란 용어는 이미 지극히도 여러 갈래의 방법과 기수를 사용하고 있는 다기 다양한 지식분야를 총칭하는 말"이라고 정의했습니다. 과학이란 지식 분야를 총칭하는 말이란 얘기입니다. 당연히 인문학으로 분류되는 역사학도 과학이 되는 것입니다. 과학(science)이 원래 지식(知識)을 의미하는 라틴어로 스키엔티아(sciéntĭa)에서 유래했다는 사실은 이미 설명한 대로입니다. 지식 체계로서의 학문(science)은 철학의 대상이었습니다.

따라서 당시 철학자들은 모든 분야의 지식을 추구했습니다. 나중에 서양학문을 접한 일본의 지식인들이 서양학문의 개념들을 한자로 번역할 때, 서양의 학문(science)이 동양과 달리 분과(分科)로 나누어져 있는 것을 보고 '여러 가지 학문 분과의 학'을 의미하는 '과학'으로 번역해 사용한 것입니다. 그 분과들을 자연과학과 사회과학으로 나누고 인문학은 과학의 영역에서 제외시킨 것입니다. 이렇게 분과로 나누어 역할 분담을 하는 것은 필연적이었지만, 그렇다고 해서 이렇게 단절되어 있는 것은 바람직하지 않습니다. 이 상태에서는 분과학문 분야 연구자들이 각자 플라톤의 동굴과 같은 곳에서 그림자를 보고 학문을 하는 것과 같습니다. 그림자의 움직임은 정보는 될 수 있어도 지식은 아닙니다. 지식은 곧 정보지만, 정보는 검증되기 전에는 지식이 아닙니다. 검증되기 전의 정보는 의견이나 사실처럼 주관적일 수 있습니다. 지식 체계로서의 과학이란 정보에 머무르지 않고 지식을 추구합니다. 사회 현상은 자연 현상과는 무관한 영역이라고 간주하는 경향이 있습니다. 정말 그럴까요? 다음은 아인슈타인이 1953년 12월 컬럼비아 대학에서 열린 코페르니쿠스 서거 410주년 기념 행사에서 한 연설입니다.

> 태양이 중심이라는 견해가 옳다는 점을 확실하게 설명하기 위해선 천문학적 사실들을 통달해야 할 뿐만 아니라 드물게 사고와 직관의 독립까지 성취할 필요가 있었습니다. 코페르니쿠스의 이 위대한 성취는 근대 천문학의 길을 여는 데서 그치지 않았습니다. 그의 성취는 또한 인간이 우주를 대하는 태도에도 결정적인 변화를 불러왔습니다. 지구가 세상의 중심이 아니며 태양보다 비교도 안 될 정도로 작은 행성 중 하나에 지나지 않는다는 사실을 인정하기만 하면 인간이 우주의 중심에 자리 잡고 있다는 식의 착각도 더 이상 버티지 못하게 됩니다. 따라서 코페르니쿠스는 자신의 위대한 개성과 업적을 통해 인간에게 겸손을 가르쳤습니다. (Einstein, 2013)

시와 소설을 쓰고, 역사와 철학을 공부하고, 사회 현상을 연구하고, 나아가서 예술을 하는 행위가 태양이 중심인지 지구가 중심인지 하는 자연과학의 지식과 무관할까요? 그렇지 않습니다. 그것을 의식하며 문학과 예술을 하고 공부하는 것과 아닌 것과는 질적으로 차이를 보일 것입니다. 자연의 법칙과 어긋나게 소설을 쓰고 그림을 그린다면 웃음거리밖에 되지 않을 것입니다. 지구는 우주의 중심이 아니라 태양계의 한 행성으로서 은하수에 존재하는 1천억 개의 별들 중 하나에 불과하며, 우주에는 미리내와 같은 은하가 수천억 개나 된다는 사실을 아는 것과 모르는 것은 다릅니다. 그 점에서 코페르니쿠스는 인간에게 겸손을 가르쳤다는 사실을 아인슈타인은 중요하게 생각한 것이다.

인문학이란 겸손함을 배우는 학문이기도 합니다. 여기서 언급한 천문학이란 학문도 그렇습니다. 천문학은 고대로부터 인간의 생활에 필요한 자연의 질서를 연구했습니다. 태양과 달과 별들의 움직임을 관찰하고 계절의 변화와 순환을 파악하여 농사에 필요한 달력을 만들고 일식과 월식을 관찰한 것입니다. 그렇게 천문학(天文學, astronomy)은 하늘에 새겨진 인간의 무늬와 같은 학문입니다. 우주는 인간의 존재와는 무관하게 질서정연하게 작동합니다. 우주의 역사가 138억 년인 데 비해 현생 인류의 역사는 불과 20만 년, 유인원까지 거슬러 올라가 봐야 기껏 500만 년입니다. 인류가 멸종하더라도 우주는 변함없이 운행합니다. 인류가 우주 천지의 운행에 관심을 갖고 연구하며 문자로 기록한 것은 인류의 생활 내지는 지적 호기심과 관련된 것입니다. 그것이 바로 사람의 무늬로서 인문학의 한 분야입니다. 점성술(astrology)이란 것도 자연과 인간의 관계를 말하는 것입니다. 우주의 크기로 볼 때 지구는 바닷가 백사장의 모래 하나에 불과합니다. 그런 자연 앞에서 인간은 겸손해야 합니다. 사실은 그래서 그것을 아는 자연과학자들은 겸손한 반면에 자연의 이치를 모르고 자연을 이용할 생각만 하는 인간들은 오만합니다.

물리학자 최무영은 인문사회계열 학생들에게 "여러분이 21세기에 살고 있고, 현대 사상과 삶을 진지하게 성찰하려고 한다면 상대성이론을 비롯한 현대 과학을 이해하는 것이 필요하다."라고 권합니다.(최무영, 2008) 스티븐 호킹의 생각입니다.

> 인간은 우주 안에서 살면서 다른 물체들과 상호작용하므로, 과학적 결정론은 인간에게도 적용되어야 한다. 그러나 많은 이들은 과학적 결정론이 물리 과정을 지배함을 인정하면서도 인간의 행동만큼은 예외로 삼으려고 한다. 왜냐하면 그들은 우리에게 자유의지가 있다고 믿기 때문이다. (Hawking and Mlodinow, 2010)

근대 이후 이런 믿음은 정신과 물질을 분리한 데카르트의 이원론에서부터 비롯되었습니다. 해부학과 생리학을 공부했던 데카르트는 영혼이 머무르는 뇌의 송과선(松果線)에서 생각이 형성되면서 자유의지가 솟아난다고 믿었습니다. 데카르트는 기독교의 세계관에서 한 발을 빼면서 근대의 문을 열었지만 신앙심만은 여전했지요. 송과선 아이디어야 그렇다 치더라도 인간에게 과연 자유의지가 있을까? 다시 호킹의 얘기입니다.

> 물론 우리는 우리의 행동을 스스로 선택할 수 있다고 느끼지만, 생물학의 분자적 토대에 관한 우리의 지식은 생물학적 과정들이 물리학과 화학의 법칙들에 의해서 지배되며 따라서 행성의 궤도와 마찬가지로 결정되어 있음을 보여준다. 신경과학의 최근 실험들은, 알려진 과학법칙들을 따르는 우리의 물리적인 뇌(Physical brain)가 우리의 행위를 결정하는 것이지, 그 법칙들과 별개로 존재하는 어떤 행위자가 우리의 행위를 결정하는 것이 아니라는 생각에 힘을 실어준다. (Hawking and Mlodinow, 2010)

최근 신경과학(뇌 과학)의 연구는, 전신마비 환자에게 로봇 팔을 장착시키면 환자의 생각에 따라 팔에서 전기신호가 작동하여 로봇 팔이 움직이는 단계로까지 발전했습니다. 물을 마시고 싶다는 생각을 하면 팔이 움직여 컵을 잡는다는 것입니다. 자유의지는 몸을 움직이지 못하지만 뇌파의 명령이 전기신호에 의해 전달되는 것입니다. 물리법칙에 의해 결정되는 것입니다. 그래서 호킹은 "우리는 생물학적 기계일 따름이고 자유의지는 착각에 불과한 것 같다."라고 했습니다. 그러나 인간의 행동은 워낙 많은 변수들에 의해서 아주 복잡한 방식으로 결정되므로 실질적으로 예측하는 것은 불가능합니

인류가 우주 천지의 운행에 관심을 갖고 연구하며 문자로 기록한 것은 인류의 생활 내지는 지적 호기심과 관련된 것입니다. 그것이 바로 사람의 무늬로서 인문학의 한 분야입니다.

다. 그 예측을 위해서는 인간의 몸을 이루는 무수한 분자들 각각의 초기 상태를 확인해서 그만큼 많은 방정식을 풀어야 하기 때문입니다.

그 대신 유효이론(effective theory)을 채택해 이용합니다. 복잡한 방정식을 푸는 대신에 단순하게 환원하여 원자와 분자들이 화학반응에서 어떻게 행동하는지 설명하는 것입니다. 이 유효이론에서는 인간의 자유의지를 인정하면서 인간의 행동을 예측합니다. 그러나 이 유효이론은 그다지 성공적이지 못합니다. 인간은 이성적이기도 하지만 그보다는 훨씬 감정적이며 비합리적이기 때문입니다. 인간이 이성적 냉철함으로 소비하는 게 아니라 감정적으로 소비한다는 것은 이미 밝혀진 사실입니다. 호킹은 "바로 이것이 세상이 엉망진창이 되는 까닭"이라고 했습니다.(Hawking and Mlodinow, 2010) 대비하여 문화정치 연구자의 말을 들어보도록 하겠습니다.

> 20세기 중후반부터 연속적인 과학혁명에 의해 환원주의적 물리주의 패러다임에 커다란 균열이 일어나기 시작했다. 복잡성의 과학의 예를 들지 않더라도 이미 20세기 초반 양자역학은 관찰자의 참여 및 해석을 포함한 제반활동이 미시세계에서 물리법칙을 구성하는 적극적 요인이라는 점을 밝혀냄으로써 행위자의 자유의지를 포함하는 새로운 물리 세계의 지평을 열었다. 새로운 물리학에 따르면, 인간의 정신과 선택은 기계주의적 물리주의로 환원할 수 없는 독립 요인으로 인정된다. 그것들은 인간 행동의 실질적 원인이고 물질적인 힘으로 분해할 수 없는 것으로 파악된다고 한다. (심광현, 2005, 48쪽)

문화 연구자가 물리법칙을 거론하는 것은 매우 드문 사례로서 반가운 일입니다. 그러나 정확해야 합니다. 양자역학에서 관찰자의 참여 및 해석이 물리법칙을 구성하는 적극적인 요인이라는 인식은 틀렸습니다. 아마 문화 연구에서 문화 관찰자의 역할을 강조하고 싶은 것으로 보이는데, 전제가 틀리면 결과도 틀리게 마련이라 아쉽습니다. 양자의 운동이 관찰의 영향을 받기는 하지만 그렇다고 해서 관찰 행위가 물리법칙을 구성하는 요인은 아닙니다. 관찰에 의해 양자 세계의 운동(물리법칙)이 그렇게 생겨먹었다는 사실을 알게 되었다는 것, 그에 관한 코펜하겐 해석에 모두 동의했다는 사실을 자기 연구를 위해 자의적으로 해석하면 안 되는 것입니다. 자유의지란 것이 물리학과 화학 법칙의 지배를 받는 물리적 뇌의 결정이라는 호킹과 독립 요인이라는 심광현 중에서 누구의 말이 객관적 진실이겠습니까?

사회과학 분야 연구자들의 현실 진단과 예측은 대부분 이렇게 매우 주관적입니다. 정치적 이슈에 대한 예측은 평론가들마다 다 다릅니다. 믿거나 말거나 수준입니다. 객관적 진실을 추구해야 하는 과학이 주관적 의견에 의존할 수는 없습니다. 중요한 것은 결정론적 예측을 포기하지 않아야 한다는 점입니다. 이상일지라도 목표를 설정하는 것과 포기하고 없는 것과는 다릅니다. 과학자들은 결정론적으로 검증되지 않은 불확실한 주장은 하지 않습니다. 사회과학이 의지하는 양자역학의 확률도 결정론적 확률입니다. 결정론적 확률이라는 원칙은 지켜야 할 것입니다.

자연과학과 철학

움베르코 에코의 『장미의 이름』에는 중세시대 한 시인의 시가 인용되어 있습니다. "이 세상 만물은 책이며 그림이며 또 거울이거니." 또 윌리엄 수도사는 "자연이라는 위대한 책을 읽어내는 방법에 정통했다."라고 합니다. 기호학자로서 자신의 생각을 토로한 것입니다.

갈릴레오의 얘기입니다. "철학은 우주라는 위대한 책에 쓰여 있다. 우주는 항상 우리 눈앞에 펼쳐져 있다. 그러나 이것을 이해하려면 우주의 언어를 먼저 배워야 한다. 자연은 수학이라는 언어로 쓰여 있다. 그 글자들은 삼각형, 원, 기타 기하학적 도형들이다. 이것을 모르면, 그 책의 낱말 하나도 이해할 수 없고, 캄캄한 미로 속에서 방황할 수밖에 없다."

자연은 수학이라는 언어로 쓰여 있기 때문에 자연의 메시지를 읽어내려면 수학을 배워야 한다는 것입니다. 이러한 발상은 만물의 근원을 수(數)라고 했던 피타고라스가 이미 착안해 낸 바 있지요. 케플러는 자연의 수학적 패턴에 매료되어 행성의 운동에서 일정한 패턴을 찾아내는 데 평생을 바쳤습니다. 그 결과가 다름 아닌 케플러의 법칙입니다. 뉴턴은 미적분 계산법

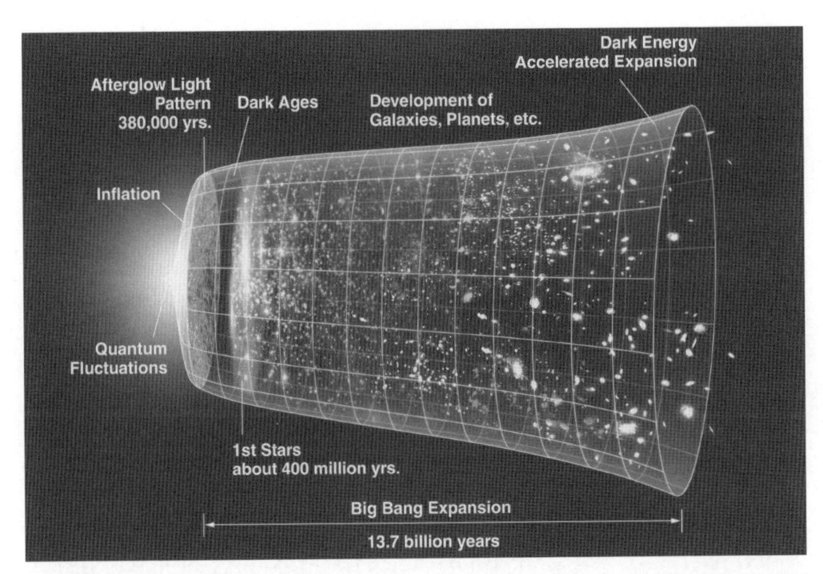

아인슈타인은 우주의 책들이 여러 가지 언어로 쓰여 있다고 했습니다. 그중 가장 중요한 책이 빛입니다. 상대성이론은 빛의 속도가 초속 30만km로 일정하다는 사실로부터 출발 … 빅뱅이론을 성립시킬 수 있었습니다.

을 개발하여 중력의 법칙으로 행성의 운동을 보다 완벽하게 설명했습니다.

수학자 스튜어트(Stewart, 1995)는 호랑이와 얼룩말의 줄무늬, 표범과 하이에나의 점박이 무늬 등 수많은 자연의 패턴을 수학적으로 설명했습니다. 하나만 예를 들자면, 꽃잎은 거의 모두 3, 5, 8, 13, 21, 34, 55, 89……식의 순열을 가진 매우 신기한 패턴으로 나타난다고 합니다. 이 외의 숫자를 갖는 꽃은 없습니다. 백합의 꽃잎은 3개, 미나리아재비는 5개, 참제비고깔은 대개 8개, 금잔화는 13개, 애스터는 21개, 그리고 데이지는 대개 34, 55, 89개입니다. 이 수열에서 각 수는 앞의 두 수를 더한 것과 같습니다. 3+5=8, 5+8=13, 8+13=21 등입니다. 신기하지요. 아인슈타인은 이렇게 표현했습니다.

> 우리는 거대한 도서관에 들어선 아이와 같다. 이 도서관의 벽은 천장까지 책으로 가득하고, 이 책들은 여러 가지 언어로 쓰여 있다. 아이는 누군가가 이 책들을 썼다는 것을 알고 있다. 하지만 누가 어떻게 썼는지는 모른다. 아이는 그 책에 쓰여 있는 언어도 이해하지 못한다. 이 아이는 책의 배열에 확고한 계획이 있다는 것을 알아챈다. 이 신비로운 질서를 아이는 이해하지 못하지만 어렴풋이 짐작한다.

아인슈타인은 20대 중반이 되었을 때 신이 우주를 만들 때 의도한 것을 알아내고자 했습니다. 우주의 비밀을 알고 싶었다는 얘기입니다. 우주라는 도서관에 가득 찬 책들을 읽어내겠다는 것입니다. 그러한 지적 호기심이 26세에 특수상대성이론을 발표하게 만든 것은 물론입니다. 그리고 10년 후 일반상대성이론을 발표하기에 이르렀습니다. 이로써 물리학은 고전 시대를 마감하고 현대 시대를 열었습니다.

일반상대성이론은 뉴턴의 이론을 수정 보완한 중력이론입니다. 뉴턴은 만유인력의 법칙으로 불리는 중력이론과 운동의 3법칙으로써 행성의 운동 법칙을 완성했습니다. 그러나 먼 거리에 있는 행성들 사이에 중력이 어떻게 작용하는지에 대한 설명은 하지 못했습니다. 그것을 아인슈타인이 해 낸 것입니다. 바로 중력장과 중력파입니다. 질량을 가진 물체는 자신의 질량만큼의 중력이 미치는 범위에 장(場, field)을 형성하는데, 그 힘은 중력파에 의해 전달된다는 것입니다.

일반상대성이론이 제기한 것들은 모두 관찰에 의해 증명되었지만 중력파의 존재만은 오랫동안 확인하지 못했었습니다. 기억을 더듬어 보도록 하지요. 물리학자들이 그 중력파의 존재를 확인하기 위해 노력해 온 결과 정확하게 100년 만에 드디어 찾아내는 데 성공했습니다. 미국의 레이저간섭계중력파관측소(LIGO)가 2015년 9월 14일 중력파를 검출해 냈다고 2016년 2월 11일 발표한 것입니다. 이날 발견한 중력파는 13억 년 전 태양 질량의 30배 안팎에 해당하는 질량을 가진 두 개의 블랙홀이 합쳐지면서 발생한 것입니다. 시공간을 휘게 만들며 퍼져나간 그 파동이 LIGO의 검출기에 약 0.2초 동안 포착된 것입니다.

아인슈타인은 우주의 책들이 여러 가지 언어로 쓰여 있다고 했습니다. 그중 가장 중요한 책이 빛입니다. 상대성이론은 빛의 속도가 초속 30만km로 일정하다는 사실로부터 출발합니다. 자연의 절대적인 기준이지요. 그 전제로부터 중력장 방정식을 만들어낸 것입니다. 그 후 일반상대성이론을 기반으로 프리드먼 방정식과 허블 상수의 역산에 의해 우주의 나이가 138억 년이라는 사실을 밝혀내고, 빅뱅 이론을 성립시킬 수 있었습니다.

그러나 빛의 언어를 읽어낼 수 있는 한계가 있습니다. 빛은 빅뱅 이후 약 30만 년이 지나서야 우주로 뻗어 나올 수 있었기 때문에 그 이전에 대한 정보가 없습니다. 그러나 중력파는 빅뱅 직후부터 존재했기 때문에 그 한계를 뛰어넘어 빅뱅 직후의 정보를 추적해 볼 수 있는 정보입니다. 중력파 망원경으로는 빛을 가두어 버린 빅뱅 직후 30만 년 기간의 역사도 들여다볼 수 있을 것이라고 합니다. 우주라는 위대한 책을 읽기 위한 인간의 노력은 끝이 없습니다.

서양의 학문은 철학이라고 했고, 그 철학은 자연철학에서부터 시작되었습니다. 자연에 대한 관심을 신화가 아닌 학문으로 풀어내고자 했던 것입니다. 철학의 관심은 자연에서 공동체 사회로 확대되었고, 그것을 인문학이라고 합니다. 소크라테스의 생각은 달랐지만, 자연철학은 인문학의 한 분야였습니다. 철학은 자연철학을 포함하여 모든 분야를 대상으로 삼았습니다. 자연철학은 근대에 이르러 수학으로 증명하고 실험과 관측으로써 확인하는 자연과학으로 발전했습니다. 그 선두주자가 코페르니쿠스였고, 브라헤와 케플러, 갈릴레오, 데카르트, 뉴턴이 뒤를 이었습니다. 이때까지도 철학과 자연과학은 분리되지 않았습니다.

뉴턴은 자신의 연구를 자연철학이라고 하고, 그 원리를 수학으로 증명하였습니다. 그만큼은 아니겠지만 지금도 자연과학은 철학에서 아이디어와 영감을 얻습니다. 고대인들이 기록해놓은 자연에 대한 생각을 수학과 광학기계 등의 도움을 받아 실험과 관찰로써 증명하는 것입니다. 철학과 자연과학의 관계를 수학과 물리학에 능통한 철학자 화이트헤드가 잘 설명해주고 있습니다. 과학과 철학을 주제로 한 화이트헤드의 생각입니다.

> 데카르트가 그 후의 철학을 어느 정도 과학적 운동에 접맥시키는 사상의 전통을 끌어들였던 것과 마찬가지로, 라이프니쯔는 또 하나의 전통, 즉 궁극적인 현실적인 사물로서의 존재란 어떤 의미에서 유기적 조직화의 작용이라고 생각하는 전통을 끌어들였다. 이러한 전통은 독일 철학이 탁월한 업적을 달성하는 데 기초가 되었다. 칸트는 이 두 전통을 다 같이 반영시켰다. 칸트는 과학자였지만 칸트로부터 파생된 학자들은 지금까지 과학자들의 정신에 사소한 영향밖에 주지 못하였다. 20세기 철학의 과제는 위에서 말한 두 조류를 과학에서 비롯된 세계상(世界像)의 표현과 결합시켜, 과학을 우리의 심미적 · 윤리적 경험이 확언해주는 바와 유리되지 않도록 하는 데 있다고 본다. (Whitehead, 1926/2008)

라이프니츠에서 칸트까지 독일 철학은 자연과학을 바탕으로 했는데 그 후의 철학자들은 그렇지 못했다는 것입니다. 칸트는 우주론 차원에서 고전 역학을 깊이 있게 공부했다고 합니다. 헤겔도 자연과학에 관한 저술을 남기기는 했지만, 관념철학을 집대성하여 독일 철학에 절대적인 영향을 미쳤습니다. 데카르트 이후 철학의 자연과학에 대한 적대시는 과학과 철학 모두에게 똑같이 불행한 영향을 주었습니다. 편파적인 사상의 형성을 끊임없이 비판한다는 그 본래의 역할을 상실하게 되는 것입니다.(Whitehead, 1926/2008) 일반적으로 자연과학은 철학을 가까이 하여 개념을 명료하게 하며 바른 길을 걸을 수 있도록 성찰해 왔습니다. 그러나 그 반대는 다른 상황인 것입니다. 사회과학도 마찬가지입니다.

윌슨(Edward Wilson)은 지식의 대통합을 역설한 책에서 "사회과학자들은 대체로 자연과학을 통일시키고 이끌어가는 지식의 위계성 개념을 일축한다. 그들은 독립된 칸막이에 자신만의 방을 만들어 놓고 각자의 방에서만 통하는 정확한 언어를 사용하려고만 하지 그런 작업을 좀처럼 다른 방들로 확장하려고 하지 않는다."라고 적절히 지적했습니다.(Edward Wilson, 1998/2009)

최재천은 위 윌슨의 책을 번역한 옮긴이 서문에서 "학문이란 어차피 인문학으로 시작하여 인문학으로 마무리하는 것"이라고 하면서 "이제는 진정 학문의 경계를 허물고 일관된 이론의 실로 모두를 꿰는 범학문적(transdisciplinary) 접근을 해야 할 때가 되었다."라고 주장했습니다. 학제간(interdisciplinary) 접근을 넘어 범학문적 접근이 필요한 시대가 되었다는 것입니다. 최무영은 과학 교육의 부재 내지는 도구화가 비판적 사고를 억제하고 체제 순응적인 전문인을 기르게 된다면서 다음과 같이 진단합니다.

> 인문학이나 사회과학을 전공하는 학생들은 교양으로서 자연과학을 배우는데 그 비중이 너무 작을 뿐 아니라 역시 과학의 진정한 의미보다는 단편적 지식에 치중하는 경우가 많은 듯합니다. 처음에 교양에 대해 언급했지만 이러한 과학을 포함한 교양 교육, 곧 자연과학과 인문학, 사회과학이 적절히 조화된 교양 교육은 사실 사회를 지배하는 권력층의 처지에서 보면 별로 바람직하지 않을지도 모르겠습니다. 아무래도 체제 순응보다는 비판적이고 진보적인 관점, 이른바 '불온한' 사상을 말해주게 되니까요. (최무영, 2011)

사회과학자가 해야 할 걱정을 물리학자가 하고 있는 것을 알 수 있습니다. 2016년 이세돌과 알파고의 바둑 대국 이후 인공지능에 대한 관심이 제고되자 정부는 2020년까지 알파고보다 4배 가량 연산 처리 능력이 빠른 슈퍼컴퓨터 개발에 나선다고 했습니다. 나아가서 2025년에는 이보다 약 30배 빠른 슈퍼컴퓨터를 개발한다는 목표를 세웠다고 했습니다. 미래창조과학부는 2016년 4월 4일 이를 위해 최고 전문가들로 구성된 사업단을 만들고 2025년까지 총 1000억 원 이상을 지원한다는 계획을 발표했습니다. 토종 기술력을 바탕으로 이 같은 슈퍼컴퓨터가 개발되면 알파고 같은 인공지능(AI) 서비스 개발이 탄력을 받는 것은 물론 기상청의 날씨예보, 휴일 고속도로 흐름 분석 등도 더 정확해질 것이라고 언론은 전망했습니다. 이것은 자연과학의 영역인가, 사회과학의 영역인가?

정부의 발표에 대해 자연과학자들은 시류에 편승한 졸속 결정이라고 비판했지만, 사회과학자들 사이에서는 아무런 반응도 없었습니다. 자연과학에 대한 지식이 없기 때문입니다. 인문학이나 사회과학을 전공하는 학생들뿐 아니라 교수들도 자연과학의 지식이 없으니 정부의 정책에 대해 비판적이지 못하고 체제 순응적이 되는 것입니다. 사실은 이들이 정책을 졸속으로 결정하기 때문에 자연과학자들로부터 비판을 받는 것이 아니겠습니까? 인문사회 계열 출신 기자들도 마찬가집니다. 자연과학을 배우지 않았으니 잘못된 결정을 지적할 줄 모르고 보도자료를 베껴 쓰고 마는 것입니다.

빅뱅 이후 지금까지 우주의 나이는 138억 년으로 계산됩니다. 138억 년을 1년으로 환산한 우주 달력에서는 지구가 속해 있는 은하계가 5월 1일, 태양은 8월 31일, 지구는 9월 14일 태어났습니다. 12월 31일 아침 6시 5분에 유인원이 출현했고 밤 11시에 구석기시대가 시작되었습니다. 현생 인류인 호모 사피엔스가 출현한 것은 11시 52분, 구석기인이 동굴에 벽화를 남긴 것이 11시 59분, 문명 시대인 고대국가가 출현한 것이 11시 59분 48초입니다. 11시 59분 53초에 트로이전쟁, 55초에 석가모니 탄생, 56초에 예수 탄생, 57초에 마호메트 탄생이 있었습니다. 로마제국은 58초에 멸망했고, 59초에 르네상스가 시작되었습니다.(이종필, 2014)

이런 사실은 자연과학의 소관이고 인문학이나 사회과학에서는 관심사가 아닐까요? 물리학자는 우주의 역사에 멈추지 않고 인류 역사까지 계산하네요. 전공 영역을 떠나 모든 사람들의 보편적인 관심사라고 봅니다. 우주의 역사와 인류의 역사는 안드로메다만큼이나 떨어진 서로 다른 은하의 역사가 아닙니다. 인문학이나 사회과학을 공부할 때 자연의 이치를 알고 하는 것과 모르고 하는 것은 다를 것입니다. 데카르트 이후 인간이 자연의 법칙을 규명하고 자연을 지배하고 정복할 수 있다는 사고방식이 굳어지면서 자연과학을 도구로만 여기는 태도가 형성되었는데 이는 잘못된 것으로 불식되어야 합니다. 자연은 신앙의 대상도 정복의 대상도 아닙니다. 우주의 나이와 규모를 생각할 때 인간은 찰나를 사는 미물에 지나지 않는다는 사실을 깨닫고 겸손해야 합니다. 공자는 성(誠)을 강조할 때 자연의 성실함을 본받으라 했고, 노자는 무위자연(無爲自然)이라 하여 작위하지 말고 자연스럽게 살아가라고 했습니다. 그래서 서양의 자연과학자들이 동양철학을 공부하는 것입니다.

책을 한 권 소개하겠습니다. 1973년에 BBC에서 방영한 다큐멘터리 프로그램 〈The Ascent of Man〉을 브로노프스키(Jcob Bronowski, 1908~1974) 박사가 기록한 같은 제목의 책입니다. 3년여 년 동안 프로그램의 기획과 제작을 총지휘한 브로노프스키 박사는 머리말에서 이렇게 썼습니다.

> 그 주제는 과거에 자연철학이라 부르던 대상의 현대판이다.… 인간성 없이는 철학이 있을 수 없고, 나아가서는 올바른 과학도 존재할 수 없다. 나는 이것을 확인하는 뜻이 이 책에 나타나 있기를 바란다. 나에게 있어 자연의 이해는 인간 본성의 이해를, 그리고 자연 안에서의 인간 조건의 이해를 목적으로 한다.

브로노프스키 박사는 자연과학자이자 시인으로서 철학 서적도 남겼고, 바로 이 역사의 기록을 남긴 것입니다. 박사는 『과학의 상식』과 『과학과 인간의 가치』의 두 저서에서 인간의 가치를 과학과 연계시켜 근본적인 문제를 제기한 바 있습니다. 스노우(C. P. Snow, 1905~1980)의 유명한 『두 개의 문화(The Two Cultures)』도 이 책들에서 촉발된 것입니다. 인문사회분야의 문화와 자연과학 분야의 문화가 분리된 것이 현대 문명의 비극이라는 내용이지요. 21세기의 화두인 융합이라는 것도 바로 이 두 문화가 다시 하나가 되어야 한다는 것이 아니겠습니까? 오래된 문헌을 들추는 까닭은 우리가 아직

인류사의 과제를 해결하지 못하고 있다는 생각 때문입니다.

브로노프스키 박사는 인간 등정의 발자취를 기록했지만, 인간은 이제 등정을 마치고 하강하는 중입니다. 매일매일 무수한 동식물을 멸종시키면서 인류 자신도 멸종을 향해 브레이크가 고장난 자동차처럼 질주하고 있는 모습입니다. 자연과학은 발전에 발전을 거듭하고 있는 반면에 인문사회 분야는 정체 상태입니다. 인문사회 분야 연구자들과 정책을 담당하는 인문사회 분야 출신 권력자들이 과학자들의 관찰과 경고를 외면하고 있는 게 가장 큰 원인입니다. 두 문화의 결합, 즉 지식의 융합이 절실한 때입니다.

화쟁(和爭)

> 지구가 태양 주위를 돈다는 발견의 의미를 이해하기 위해서 코페르니쿠스의 복잡한 계산을 이해할 필요는 없습니다. 지구의 모든 생물들이 같은 조상을 가지고 있다는 발견의 의미를 이해하기 위해서 다윈이 쓴 복잡한 논증들을 따라갈 필요는 없습니다. 과학이란 점점 더 넓은 관점으로 세계를 읽는 일이니까요. (Rovelli, 2014/2018)

카를로 로벨리(Carlo Rovelli, 1956~)는 물리학자들의 로망인 일반상대성이론과 양자역학을 하나로 통합한 이론으로서 양자중력이론을 제기한 이탈리아의 물리학자입니다. 로벨리 책의 제목이 『보이는 세상은 실재가 아니다(Reality is not what it seems)』입니다. 중력, 중력장, 중력파, 양자 등 보이지 않는 세상이 실재라는 얘깁니다. 궁극적으로 양자중력의 우주가 실재의 세계라는 결론입니다. 로벨리의 책을 번역한 김정훈은 서양철학을 전공한 철학자

동양의 철학은 서양의 철학과 달리 일원론입니다. 유교나 불교나 공통적으로 실재와 현상을 구분하지 않습니다. … 동양은 현상 속에서 실재를 찾습니다. 그래서 "색이 곧 공이요 공이 곧 색이다.(色卽是空 空卽是色)"가 되는 것입니다.

입니다. 로벨리의 이론도 흥미롭고 그의 책을 번역한 이가 철학자라는 사실도 고무적입니다. 무엇보다도 보이는 세상의 경험적 자료의 해석에 머물지 않고 보이지 않는 실재의 세상을 추구하는 시각에 동의합니다. 그것이 과학입니다. 역사 연구도 보이지 않는 실재의 세상을 기록하는 작업을 시작해야 합니다. 미디어 빅히스토리도 그런 맥락에서의 시도입니다. 복잡한 계산이나 복잡한 논증을 이해하지 못하더라도 가능한 일입니다. 호킹의 말입니다.

> 18세기에 철학자들은 과학을 포함해서 인간의 모든 지식을 자신들의 연구 분야로 삼았고, '우주에는 시초라는 것이 있었는가'와 같은 문제를 논의했다. 그러나 19세기와 20세기에 과학은 극소수의 전문가들을 제외하고는 철학자나 그 밖의 모든 사람들에게 지나치게 전문적이고 수학적인 것이 되

> 어 버렸다. 철학자들은 자신들의 연구 범위를 너무나 축소시켜서 금세기의 가장 유명한 철학자 비트겐슈타인은 '철학에 남겨진 유일한 임무는 언어 분석뿐이다'라고 말하기까지 했다. 아리스토텔레스에서 칸트에 이르는 철학의 위대한 전통에 비한다면 이 얼마나 큰 몰락인가! (Hawking, 1988)

호킹의 탄식에 대해서는 구구절절 설명을 부연할 필요도 없습니다. 이 책의 제1부에서, 그리고 바로 위에서 다시 강조한 내용과 다르지 않습니다. 역사 서술도 마찬가집니다. 미디어 역사 연구자들은 자신들의 연구 범위를 너무나 축소시켜서 역사법칙도 철학도 외면하고 오로지 사실 중심의 연대기 수준에서 미디어 발달사로 만족하고 있습니다. 그나마 대학의 교과 과정에서 미디어 히스토리는 배제되어 가르치지도 않고 연구자도 씨가 마르고 있습니다. 미디어 연구와 교육에서 철학과 역사의식이 부재한 현실이 저널리즘의 질적 저하를 가져오는 것은 피할 수 없는 숙명입니다. 많은 이야기를 했습니다. 미디어 빅히스토리의 이해와 동의를 위한 기존 역사 서술과 인문학 및 사회과학에 대한 거듭되는 지적과 비판, 미디어 빅히스토리에 해당하는 시론적 서술, 마지막까지 인문학과 자연과학에 관한 종합적인 정리, 그리고 미디어 빅히스토리의 안착을 위한 희망사항입니다. 그야말로 희망사항으로 그치지 않기를 바랍니다. 마지막으로 융합의 정신을 원효 대사의 화쟁 사상에서 찾아보고자 합니다.

21세기 사회의 요구는 분명 융합인데 대학이 제대로 부응하지 못하고 있는 현실입니다. 무엇보다도 융합에 대한 이해가 결여되어 있는 가운데 부정적 기류가 강합니다. 교육부의 요구에 따라 이름만 무슨무슨 융합학과 운운하며 정체불명의 학과가 난무한 가운데 내용은 전혀 채워지지 않습니다. 교수들은 전문주의에 익숙해 있기 때문에 융합에 대해 호의적이지 않습니다. 다른 여러 분야의 전문지식을 학습해야 하기 때문입니다. 하여 적대적이기까지 합니다. 사회는 융합적인데 대학은 요지부동인 셈입니다.

전문가의 시대는 저물었습니다. 물론 그렇다고 해서 전문가가 필 없게 되었다는 말은 아닙니다. 융합적인 전문가가 되어 한다는 얘깁니다. 교육부가 요구하는 대로 융합적 교육을 실시하려면 가르치는 사람들이 융합적이어야 하는데 준비가 안 된 것이죠. 그래서 기득권 차원에서 수구적으로 융합을 거부하는 겁니다. 교수 연구자들 개인 차원에서는 해결되기 어렵습니다. 개인적인 경험으로 학생들은 다양한 분야 학습을 선호합니다. 반응이 매우 좋았습니다. 처음에는 어려워했지만 마치고 나면 모두 만족했다고 합니다. 특단의 대책이 필요한 시점입니다. 대학 교육의 위기를 돌파해야 하는 목표는 융합이어야 할 것입니다. 융합은 화쟁입니다.

화쟁은 원효(元曉, 617~686) 대사의 사상이자 불법(佛法)으로서 배울 바가 있습니다. 융합과 같은 의미로 해석됩니다. 원효의 화쟁은 공(空)과 중도(中道)의 원칙에서 제반 해석을 하나로 합치자는 것입니다. 육지의 온갖 강물을 받아들인 바다처럼 하나의 성질로 융합하자는 것이다. 서해 바다는 압록강과 예성강, 한강, 금강, 영산강, 그리고 중국의 양자강과 황하의 물이 모인 것입니다. 서해 바다를 두고 어느 곳에서 온 물이냐고 따지지 않습니다. 그냥 서해 바다입니다.

원효는 의상 대사와 함께 당나라로 공부하러 가다가 깨달은 바가 있어 유학을 포기하고 돌아와 토착불교의 큰 흐름을 형성했지요. 유학을 다녀온 의상이나 포기한 원효나 깨달은 바가 다르지 않습니다. 융합했기 때문입니다. 미국 이론만 붙들고 있으면 머지 않아 도태될 것입니다. 원효는 『금강삼매

경론』에서 화쟁의 논증방식에 대해 다음과 같이 설명했습니다.

> 만일 모든 이견과 쟁론이 일어날 때에 유견(有見)과 동일하게 말하면 공견(空見)과 다르게 되고, 공집(空執)과 동일하게 말하면 유집(有執)과 다르게 되니, 같다고 하는 것과 다르다고 하는 것이 더욱 그 쟁론을 일으키게 된다. 또한 저 둘과 다 같다고 하면 내부에서 서로 논쟁하게 되고, 저 둘과 다르다고 하면 두 가지가 서로 논쟁하게 된다. 이때문에 같지도 않고 다르지도 않은 것으로 말해야 한다. '같지 않다'는 것은 취하여 모두 인정하지 않는다는 말이고, '다르지 않다'는 것은 인정하지 못할 것이 없는 뜻이다. 다르지 않기 때문에 저들의 정서에 어긋나지 않고 같지 않기 때문에 도리에 어긋나지 않는다. (송진현, 2005, 142쪽)

동양의 철학은 서양의 철학과 달리 일원론입니다. 유교나 불교나 공통적으로 실재와 현상을 구분하지 않습니다. 살펴보았듯이 서양의 존재론은 존재(실재, 본질)와 비존재(현상)를 구분해 진실은 실재의 세계에 있다고 생각합니다. 그러나 동양은 현상 속에서 실재를 찾습니다. 그래서 "색이 공과 다르지 않고 공이 색과 다르지 않다. 색이 곧 공이요 공이 곧 색이다.(色不異空 空不異色, 色卽是空 空卽是色)"가 되는 것입니다. 색이 현상이고, 공이 실재로서 둘이 다르지 않다는 게 불교의 철학입니다.

유교와 도교도 비슷합니다. 유와 무가 다르지 않으니 인간이 언어로써 구분할 따름이라는 게 『도덕경』의 이야기지요. 여기서는 색을 유(有)라고 표현했습니다. 중도는 공(空)과 유(有)를 초월하여 깨달음을 얻는 것입니다. 중도는 중립이 아니라 해탈의 경지에 오른 상태입니다. 같지 않고 다르지 않은 것을 알아 버린 것입니다. 인문학과 사회과학, 자연과학이 같지도 않고 다르지도 않은 하나가 아니겠습니까? 원효는 다음과 같이 화쟁의 사상을 설명합니다.

> '공상(空相)도 공(空)하다'고 한 것은, '공상'은 속제(俗)를 버려 진제(眞)를 나타낸 것으로서 평등한 상이고, '또한 공하다'는 것은 곧 진제를 융합하여 속제를 삼은 것으로서 공공(空空)의 뜻이니, 마치 진금을 녹여 장엄구를 만드는 것과 같다. … 이것은 속제의 유와 무, 옳음과 그름의 차별의 상이 바로 공공의 뜻임을 밝힌 것이다. 평등공에서 공하다고 하는 것은 속제의 차별을 나타낸 것이니, 그러므로 이 차별을 '공공'이라고 한 것이다. '공공도 공하다'고 한 것은 '공공'은 속제의 차별이고 '또한 공하다'고 한 것은 다시 속제를 융합하여 진제를 삼은 것이니 마치 장엄구를 녹여 다시 금덩어리를 만드는 것과 같다. 세 번째 가운데 '소공(所空)도 공하다'고 한 것은 처음 공 가운데의 공이 속제를 드러낸 것과 두 번째 공 가운데 공이 진제를 드러낸 이 둘이 다른 게 아니기 때문에 '또한 공하다'고 한 것이다. 이것은 두 제(諦)를 융합하여 하나의 법계(法界)를 나타낸 것이니, 하나의 법계라는 것은 일심(一心)을 말하는 것이다.

공상은 진제(실재)로서 현상계의 모든 차별적인 모습을 부정함으로써 드러나는 무차별과 평등의 세계를 가리키고, 공공은 속제로서 무차별과 평등의 세계를 부정함으로써 드러나는 차별적인 현상계의 모습입니다. 그리고 소공은 공공과 공상을 함께 가리킵니다.(송진현, 2005, 143쪽) 이것이 삼공의 부정을 통해 일심을 현양하는 화쟁의 사상입니다. 화쟁이란 존재와 비존재,

진여와 세속에 대한 잘못된 인식의 틀을 타파하여 보다 높은 인식의 차원을 제공해줌으로써 궁극의 도달점을 지향하여 끊임없이 정진하는 것입니다.(송진현, 2005, 146쪽) 바로 지식과 학문의 융합이 지향하는 지점입니다.

동양의 종교는 신을 섬기는 서양의 종교와 달리 논리적으로 진리를 추구하는 철학이요 사상입니다. 여기서 종교는 부처(宗)의 가르침(教)을 의미하는 것으로 인격신을 섬기는 서양의 religion과 다릅니다. 진리를 추구한다는 점에서 오히려 과학과 상통합니다. 수학이나 실험과 관측을 통해 증명하지는 못해도 사유의 방법은 배울 바가 있습니다. 과학자들이 실재(眞)의 단면(현상)을 보고 논쟁의 평행선을 달릴 때 원효의 화쟁 사상은 실재의 진리에 도달하는 데 필요한 지혜를 제공해 줍니다. 21세기의 사회과학과 역사 서술은 화쟁의 방법과 정신으로 융합하는 가운데 참다운 지식을 생산하는 진정한 과학으로 발전해야 할 것입니다.

인문학과 사회과학, 자연과학은 본래 하나의 학문이었습니다. 같지 않지만 다르지도 않은 하나라는 인식에만 동의한다면 학문의 융합도 가능할 것입니다. 모든 학문 분야를 하나의 학문으로 통합하자는 것은 아닙니다. 융합의 정신에 동의하기만 한다면 융합형 전문가가 될 수 있을 겁니다. 역사학이라고 해서 인류 역사만 고집할 것도 아니고, 미디어 역사라고 해서 미디어 관련 사료만 들여다볼 일이 아닙니다. 이로써 미디어 빅히스토리의 새 장을 여는 장정을 마무리하고자 합니다.

참고문헌

곽영직 · 이문남(2005),『자연과학의 역사』, 북 힐스.

김동민(2016),「마셜 맥루언의 '지구촌' 개념에 관한 연구: 상대성이론과의 관계를 중심으로」, 방송문화진흥회,『방송과 커뮤니케이션』.

김동민(2019),『매클루언 미디어론의 자연과학적 해석』, 커뮤니케이션북스.

김용옥(2008),『논어 한글역주』, 통나무.

김동춘(1997),『한국 사회과학의 새로운 모색』, 창작과비평사.

김대식 · 노영기 · 안국신(2003),『현대경제학원론』, 박영사.

김서형(2017),『김서형의 빅히스토리-Fe 연대기』, 동아시아.

김승혜(2008),『유교의 뿌리를 찾아서』, 지식의 풍경.

김영식(2009),『인문학과 과학』, 돌베개.

김준호 외(2008),『현대생태학』, 교문사.

소련과학아카데미 편(1979), 홍성욱 역(1990),『세계기술사』, 동지.

송진현(2005),「원효의 화쟁 사상」, 한국불교원전연구회,『인물로 보는 한국의 불교 사상』, 예문서원.

신채호(1986),『조선상고사』, 일신서적공사.

심광현(2005),『프랙탈』, 현실문화연구.

안수찬(2015),「한국 언론에 필요한 미래의 보도준칙」, 한국언론진흥재단,『신문과 방송』, 2015년 12월호.

윤한택 · 조형제 외(1987),『사회과학개론』, 백산서당.

원용진(1996),『대중문화의 패러다임』, 한나래.

이정모(2015),『공생 멸종 진화』, 나무+나무.

이정우(2004),『개념-뿌리들』, 철학아카데미.

이정전(2011),『경제학을 리콜하라-왜 경제학자는 위기를 예측하지 못 하는가』, 김영사.

이종필(2014),『이종필 교수의 인터스텔라』, 동아시아.

이준구 · 이창용(2015),『경제학원론』, 문우사.

이지유(2012),『처음 읽는 우주의 역사』, 휴머니스트.

장병주(1986),『과학 · 기술사』, 동명사.

정승현(2009),『경제학의 탈을 쓴 자본주의』, 황매.

정운찬(1992),『巨視經濟學』, 다산출판사.

정재승(2006),「비합리적인 인간들의 경제 상호작용을 설명하는 이론적 틀 개발 시급」, 민병원 · 김창욱 편(2006),『복잡계 워크샵: 복잡계 이론의 사회과학적 적용』, 삼성경제연구소.

정재승(2008),『과학 콘서트』, 동아시아.

정재승(2014),「우리는 어떻게 선택하는가?」, 카이스트 명강 02,『1.4킬로그램의 우주, 뇌』,

사이언스북스.
정하웅(2006),「경제물리학과 복잡계 네트워크」, 민병원 · 김창욱 편(2006),『복잡계 워크샵: 복잡계 이론의 사회과학적 적용』, 삼성경제연구소.
조항제(2019),『한국 언론의 공정성』, 컬처룩.
차배근(1983),『美國新聞史』, 서울대학교출판부.
최동식(2004),『사회열역학』, 고려대학교출판부.
최동희 · 김영철 · 신일철(1990),『철학』, 일신사.
최동희 · 김영철 · 신일철 · 윤사순(1997),『철학개론』, 고려대학교출판부.
최무영(2011),『최무영 교수의 물리학 강의』, 책갈피.
최제우(1888), 김용옥 역주(2004),『도올심득 東經大全』, 통나무.
최천식(2010),『동경대전』, 풀빛.
표영삼(2014),『표영삼의 동학이야기』, 모시는사람들.
한국심리학회 편(2003),『현대심리학의 이해』, 학문사.
한국역사연구회(1992),『한국역사』, 역사비평사.
홍성욱(2008),『홍성욱의 과학에세이-과학, 인간과 사회를 말하다』, 동아시아.
홍원식(2016),「Rhetorical Understanding of Objective Journalism」, 1월 14일 한국방송학회 저널리즘연구회 발표 논문.
화령(2008),『불교, 교양으로 읽다』, 민족사.
湯川秀樹(1992), 目に見えないもの, 김성근 옮김(2012),『보이지 않는 것의 발견』, 김영사.
朱伯崑(1997), 易學漫步, 김학권 옮김(1999),『주역산책』, 예문서원.
方立天(1986), 佛敎哲學, 유영희 옮김(1992),『불교철학개론』, 민족사.
劉少泉, 이승민 편역(1988),『인문과학 개론』, 청년사.
塩澤由展(1997), 複雜系經濟學入門, 임채성 외 '기술과 진화의 경제학 연구회' 옮김(1999),『왜 복잡계 경제학인가』, 푸른길.
玉井 茂, 김승균 · 김승국 옮김(1986),『서양철학사』, 일월서각.
友野典男(2006), 이명희 옮김(2007),『행동경제학』, 지형.
箱田裕司, 都築譽史, 川畑秀明, 萩原滋(2010), *Cognitive Psychology: Brain, Modeling and Evidence*, 강윤봉 옮김(2014),『인지심리학』, 교육을 바꾸는 책.
Anderson R. J., Hughes J. A., Sharrock W. W., *Philosophy and the Human Science*, 양성만 역(1988),『철학과 인문과학』, 문예출판사.
Aristoteles, *Ethica Nicomachea*, 최명관 옮김(1984),『니코마코스 윤리학』, 서광사.
Arthur, Brian W.(1997), *Lectures in Complex Systems*, 김웅철 옮김(1997),『복잡계 경제학 I』, 평범사.
Ball, Philip(1994), *Designing the Molecular World: Chemistry at the Frontier*, 고원용 옮김(2001),『화학의 시대』, 사이언스북스.
Ball, Philip(2004), *Critical Mass : How One Thing Leads to Another*, 이덕환 옮김(2014),『물리학으로 보는 사회 : 임계질량에서 이어지는 사건들』, 까치.

Barabási, A. L.(2002), *LINKED: The New Science of Networks*, 강병남 · 김기훈 옮김(2002), 『링크-21세기를 지배하는 네트워크 과학』, 동아시아.
Bronowski, Jacob(1973), *The Ascent of Man*, 김은국 옮김(1985), 『인간 등정의 발자취』, 범양사출판부.
Brown, Cynthia S.(2007), *Big History : From the Big Bang to the Present*, 이근영 옮김(2011), 『빅히스토리 : 우주, 지구, 생명, 인간의 역사를 통합하다』, 웅진 지식하우스.
Buchanan, Mark(2002), *Nexus : Small Worlds and the Groundbreaking Theory of Networks*, 강수정 옮김(2003), 『넥서스-여섯개의 고리로 읽는 세상』, 세종연구원.
Buchanan, Mark(2007), *The Social Atom*, 김희봉 옮김(2011), 『사회적 원자』, 사이언스북스.
Cambell, Neil A.(1999), *Biology: concepts & connections*, 김명원 역(2001), 『생명과학: 이론과 현상의 이해』, 라이프사이언스.
Capra, Fritjof(1975), *The Tao of Physics: An exploration of the parallels between modern physics and Eastern mysticism*, 이성범 · 김용정 옮김(1996), 『현대물리학과 동양사상』, 범양사 출판부.
Carr, E. H.(1961), *What is History?*, 길현모 역(1966), 『역사란 무엇인가』, 탐구당.
Chritian, David and Bob Bain(2011), *Big History*, 조지형 옮김(2013), 『빅히스토리』, 해나무.
Crofton, Ian and Jeremy Black(2016), *The Little Book of Big History*, 이정민 옮김(2017), 『빅히스토리 : 빅뱅에서 인류의 미래까지』, 생각 정거장.
Dawkins, Richard(2006), *The Selfish Gene*, 홍영남 · 이상임 옮김(2010), 『이기적 유전자』, 을유문화사.
Dawkins, Richard(2009), *The Greatest Show on Earth: The Evidence for Evolution*, 김명남 옮김(2009), 『지상 최대의 쇼』, 김영사.
Diamond, Jared(1997), *Guns, Germs, and Steel*, 김진준 옮김(1998), 『총, 균, 쇠』, 문학사상사.
Eco, Umberto(1980), *The Name of the Rose*, 이윤기 옮김(1992), 『장미의 이름』, 열린 책들.
Ehrlich, Paul R.(2001), *HUMAN NATURES : Genes, Cultures, and the Human Prospect,* 전방욱 옮김(2008), 『인간의 본성(들)』, 이마고.
Einstein, Albert(1922), *The Meanung of Relativity*, 고중숙 옮김(2011), 『상대성이란 무엇인가』, 김영사.
Einstein, Albert, 김세영 · 정명진 옮김(2013), 『아인슈타인의 생각』, 부글북스 .
Feynman, Richard, *Robert Leighton, Matthew Sands(2007), The Feynman Lectures On Physics*, 박병철 옮김(2007), 『파인만의 물리학 강의』, 승산.
Frank, Thomas(2004), *What's the matter with Kansas?: Middle America's Thirty-Year War with Liberalism*, 김병순 옮김(2012), 『왜 가난한 사람들은 부자를 위해 투표하는가: 캔자스에서 도대체 무슨 일이 있었나』, 갈라파고스.
Frith, Chris(2007), *Making up the Mind : How the Brain Creates Our Mental World*, 장호연 옮김(2009), 『인문학에게 뇌 과학을 말하다』, 동녘 사이언스.
Fukuyama, Francis(1992), *The End of History and the Last Man*, 이상훈 옮김(2003), 『역사의

종말-역사의 종점에 선 최후의 인간』, 한마음사.
Gregory, Andrew(2001), EUREKA! The Birth of Science.
Gribbin, John(1998), *A Brief History of Science*, 최주연 옮김(2005), 『과학의 역사』, 에코리브르.
Griffin, Em(2009), *A First Look at Communication Theory*, 김동윤 · 오소현 옮김(2012), 『첫눈에 반한 커뮤니케이션 이론』, 커뮤니케이션북스.
Halliday, Resnick, Walker(2006), *Principles of Physics*, 경상대학교 등 물리학과 공역, 『일반물리학』, 범한서적주식회사.
Harvey, David(1990), *The Condition of Postmodernity*, 구동회 · 박영민 옮김(1994), 『포스트모더니티의 조건』, 한울.
Hawking, W. Stephen(1988), *A Brief History of Time-From Big Bang to Black Holes*, 현정준 역(1988), 『시간의 역사』, 삼성이데아.
Hawking, W. Stephen(1991), *A Brief History of Time-A Reader's Companion*, 현정준 옮김(1995), 『시간의 역사 2』, 청림출판.
Hawking, Stephen(2001), *The Universe in Nutshell*, 김동광 옮김(2002), 『호두껍질 속의 우주』, 까치.
Hawking, Stephen and Leonard Mlodinow(2010), *The Grand Design*, 전대호 옮김(2010), 『위대한 설계』, 까치.
Heisenberg, Werner(1958), *Physics and Philosophy*, 최종덕 옮김(1985), 『철학과 물리학의 만남』, 한겨레.
Heisenberg, Werner(1969), *Der Teil und das Ganze: Gespräche im Umkreis der Atomphysik*, 김용준(2011), 『부분과 전체』, 지식산업사.
Holmes, Hannah(2008), *The Well-Dressed Ape*, 박종성 옮김(2010), 『인간생태보고서』, 웅진지식하우스.
Illiin, Mikhail(1946), 『인간의 역사 II』, 연구사.
Kahneman, Daniel(2011), *Thinking fast and slow*, 이진원(2012), 『생각에 관한 생각』, 김영사.
Kaku, Michio(2014), *The Future of The Mind*, 박병철 옮김(2015), 『마음의 미래』, 김영사.
Kida, Thomas(2006), *Don't Believe Everything You Think*, 박윤정 옮김(2007), 『생각의 오류』, 열음사.
Kittler, Friedrich(1986), *Grammophon Film Typewriter*, 유현주 · 김만시 옮김(2019), 『축음기, 영화, 타자기』, 문학과지성사.
Klein, Stefan(2004), *Alees Zufall*, 유영미 옮김(2006), 『우연의 법칙』, 웅진 지식하우스.
Knoll, Andrew H.(2003), *Life on a young planet : the first three billion years of evolution on earth*, 김명주 옮김(2007), 『생명 - 최초의 30억 년』, 뿌리와 이파리.
Kopnin, D. V.(1966), 김현근 옮김(1988), 『마르크스주의 인식론』, 이성과 현실사.
Kovach, Bill and Tom Rosenstiel(2001), *The Elements of Journalism : What Newspeople*

Should Know and the Public Should Expect, 이종욱 옮김(2014),『저널리즘의 기본 요소』, 한국언론재단.
Krugman, Paul R. & Diamond, Inc.(1997), *Economics of Complexity*, 김극수 옮김(1998),『복잡계 경제학 II』, 평범사.
Kuhn, Thomas(1970), *The Structure of Scientific Revolutions*, 김명자 역(1994),『과학혁명의 구조』, 동아출판사.
Lamprecht, S. P.(1955), *A Brief History of Philosophy in Western Civilization*, 김태길 · 윤명로 · 최명관 옮김(1963),『서양철학사』, 을유문화사.
Lenin, W. I.(1981), *Werke*, 홍영두 옮김(1989),『철학노트-헤겔철학 비판』, 논장.
Lovelock, J. E.(1995), *GAIA: A New Look at Life on Earth*, 홍욱희 옮김(2007),『가이아: 살아있는 생명체로서의 지구』, 갈라파고스.
Lovelock, James(2006), *The Revenge of Gaia*, 이한음 옮김(2008),『가이아의 복수』, 세종서적.
McLuhan, Marshall & Bruce R. Powers(1998), *The Global Village*, 박기순 옮김(2005),『지구촌』, 커뮤니케이션북스.
McLuhan, Marshall(2003), Understanding Media: The Extentions of Man, edited by W. Terrence Gordon, Critical Edition, Ginko Press.
Margulis, Lynn & Sagan, Dorion(1986), *Microcosmos*, 홍욱희 옮김(2011),『마이크로코스모스: 40억 년에 걸친 미생물의 진화사』, 김영사.
Margulis, Lynn(1998), *Symbiotic Planet-A New Look At Evolution*, 이한음 옮김(2007),『공생자 행성』, 사이언스 북스.
Marx, K. (1867), CAPITAL, Vol. I, Moscow(1977), Progress Publishers.
Monod, Jacques(1970), *Le hasard et la nécessité*, 김진욱 옮김(1985),『우연과 필연』, 궁리출판
Müller, Klaus(1986), *Wo das Gelt die Welt regiert*, 편집부 옮김(1988),『돈은 어떻게 세계를 지배하는가』, 들불.
Nasar, Sylvia(1998), *A Beautiful Mind*, 신현용 · 이종인 · 승영조 옮김(2002),『뷰티풀 마인드』, 승산.
Newton, Isaac(1687), *PHILOSOPHIÆ NATURALIS PRINCIPIA MATHEMATICA*, 이무현 옮김(2012),『프린키피아-자연과학의 수학적 원리』, 교우사.
Penrose, Roger(2004), *The Road to Reality*, 박병철 옮김(2010),『실체에 이르는 길』, 승산.
Ridley, Matt(1996), *The Origins of Virtue*, 신좌섭 옮김(2001),『이타적 유전자』, 사이언스북스.
Ridley, Matt(2003), *Nature Via Nurture: Genes, Experience, and What Makes Us Human*, 김한영 옮김(2004),『본성과 양육-인간은 태어나는가 만들어지는가』, 김영사.
Rifkin, Jeremy(1989), *Entropy: A New World View*, 이창희(2015),『엔트로피』, 세종연구원.
Rovelli, Carlo(2014), *Reality is not what it seems*, 김정훈 옮김(2018),『보이는 세상은 실재가

아니다』, 쌤앤파커스.
Russell, Bertrand(1912), *The Problems of Philosophy*, 박영태 옮김(1989), 『철학의 문제들』, 서광사.
Russell, Bertrand(1961), *History of Western Philosophy*, 서상복(1996), 『서양철학사』, 을유문화사.
Sagan, Carl(1977), *The Dragons of Eden: Speculations on The Evolution of Human Intelligence*, 임지원 옮김(2006), 『에덴의 용: 인간 지성의 기원을 찾아서』, 사이언스북스.
Sagan, Carl(1980), *Cosmos*, 홍승수 옮김(2006), 『코스모스』, 사이언스북스.
Sandel, Michael J.(2009), *Justice*, 이창신 옮김(2010), 『정의란 무엇인가』, 김영사.
Schelling, C. Thomas(2006), *Micromotives and Macrobehavior*, 이한중 옮김(2009), 『미시동기와 거시행동』, 21세기북스.
Schneider, Michael(1994), *A Beginner's Guide to Constructing the Universe*, 이충호 옮김(2002), 『자연, 예술, 과학의 수학적 원형』, 경문사.
Shermer, Michael(2008), *The Mind of Market*, 박종성 옮김(2009), 『진화경제학』, 한국경제신문.
Shubin, Neil(2008), *Your Inner Fish: A Journey into the 3.5-Billion-Year History of the Human Body*, 김명남(2009), 『내 안의 물고기-물고기에서 인간까지, 35억 년 진화의 비밀』, 김영사.
Smith, Adam(1776), *An Inquiry into the Nature and Causes of the Wealth of Nations,* 최호진 · 정해동 역(2006), 『國富論』, 범우사.
Stephens, Mitchell(2007), *A History of News*, 이광재 · 이인희 옮김(2010), 『뉴스의 역사』, 커뮤니케이션북스.
Stewart, Ian(1995), *Nature's Numbers,* 김동광 · 과학세대 옮김(1996), 『자연의 수학적 본성』, 동아출판.
Veblen, Thorstein(1899), *The Theory of the Leisure Class,* 김성균 옮김(2014), 『유한계급론』, 우물이 있는 집.
Volkenstein, M. V.(1982), *Physics and Biology*, 홍영남 · 강주상 옮김(2000), 『생물물리학』, 을유문화사.
Warldrop, Mitchell(1992), *COMPLEXITY: The Emerging Science at the Edge of Order and Chaos*, 김기식 · 박형규 옮김(1995), 『카오스에서 인공생명으로』, 범양사출판부.
Watts, Duncan J.(2003), *Six Degrees*, 강수정 옮김(2004), 『Small World』, 세종연구원.
Weber, Max(1905), *Die Protestantische Ethik und der Geist des Kapitalismus*, 김덕영 역(2010), 『프로테스탄티즘의 윤리와 자본주의 정신』, 길.
Whitehead, A. N.(1926), *Science and the Modern World*, 오영환 옮김(2008), 『과학과 근대세계』, 서광사.
Wilson, Edward(1998), *Consilience: The Unity of Knowledge*, 최재천 · 장대익 옮김(2009), 『통섭: 지식의 대통합』, 사이언스북스.

찾아보기

[ㅂ]

[ㅅ]

[ㅈ]

[ㅊ]

[ㅋ]

[ㅌ]